JN260112

提言
倒産法改正

一般社団法人 金融財政事情研究会 刊

推薦の辞

　本書は、大阪の倒産法改正研究会のメンバーによって執筆された、倒産法改正の提言に関する論文集である。

　倒産法制の抜本改正が実現してから、既に一定の歳月が経過した。改正作業の嚆矢であった民事再生法が施行されて12年が経っているし、その悼尾を飾る破産法の施行から数えても、7年を経過している。その間の経済状況の変動には大きなものがあるが、倒産手続の実務運用はようやく安定しつつある。事件数は、近時は消費者に関する過払金問題や事業者に対する金融円滑化法などの影響で減少しているが、改正前に比べれば法的手続による処理は社会に定着してきているといえる。総体的に見れば、倒産法抜本改正は大きな成果を上げたといえるが、なお再改正の必要がないとはいえない（私自身の倒産法再改正に向けた認識については、山本和彦「浮かび上がった諸問題と再改正の必要性」伊藤眞ほか編『新倒産法制の10年を検証する』（金融財政事情研究会、2011年）143頁以下参照）。

　第1に、当然のことであるが、改正法運用後に問題点が表面化してきている点である。判例・学説・実務の様々な部分で、改正時に検討されなかった問題や検討はされたが採用されず、結果としてやはり問題が生じた部分など、再改正を要する点が生じている。

　第2に、事業再生等に関する新たな動向が活発に生じてきている点である。私的整理ガイドラインや産業再生機構を経て、事業再生ADR、中小企業再生支援協議会、企業再生支援機構、個人版私的整理ガイドラインなど百花繚乱の発展ぶりである。さらに、2011年3月の東日本大震災は緊急時の事業再生の在り方という問題も突きつけている。

　第3に、他の法制の発展である。「大立法時代」などと呼ばれる状況の中で、様々な民事法が改正されているが、それらの多くは倒産法にも影響を与えうる。整備法において一定の対応はされているが、なお抜本的な検討を要する点もあろう。最大の問題は、言うまでもなく現在進行中の債権法改正に対する対応である（倒産法の観点から、債権法改正に対する対応を論じた大阪弁護士会の検討として、既に、

大阪弁護士会編『民法（債権法）改正の論点と実務〈下〉』（商事法務、2011年）700頁以下参照）。

　本書は、そのような倒産法再改正に向けた実務家及び研究者の研究会による提言集である。本書の特色は、まず何よりも信頼できる執筆陣が集まった点である。執筆者は、倒産実務に精通し、今最も脂の乗り切っている関西を代表する中堅若手の倒産弁護士を中心とし、さらに若手の研究者がそれぞれの研究分野において理論的な観点から検討を付加する形となっている。それらの執筆者が研究会における徹底した討議に基づき提案を作成している。提案の中身はいずれも現状の仔細な分析に基づく精緻なもので説得力を有し、実務と理論の双方から練り上げられたものといえる。

　そして、本書の取り上げる課題は、極めて網羅的なものであり、実務や理論に表れている様々な問題に応じるものとなっている。一方では、近時実務で問題となっている商取引債権の弁済、私的整理と法的整理の関係、いわゆるDIP型会社更生、ABLにおける譲渡担保の倒産手続における扱いなど最前線の話題もあり、他方では、公序に反する契約条項の扱いや倒産手続における優先権の問題など理論的に困難な課題に対する立法的対応策も示されている。また、前回の改正時には様々な理由で規定が見送られた問題、たとえば、リース契約の取扱いや留置権の処遇などにも大胆に切り込んでいる。

　以上のように、本書は、現下の倒産手続が抱える問題点を明らかにし、それに対する対処方策を示すものであり、立法論のみならず、現在の倒産実務・倒産理論の1つの到達点を示すものとして、倒産法に関心を持つすべての実務家・研究者にとって大変有益な書物といえる。本書を契機として倒産法の再改正に向けた議論が更に発展することを祈念し、衷心より本書を推薦するものである。

2012年1月

一橋大学大学院 法学研究科教授　山本　和彦

はしがき

　本書は、民事再生法の世代の倒産実務者からの倒産法改正の提言である。
　倒産法を変えてほしいと一番感じているのが、現場で倒産実務に携わる者であることは当然であるが、その中でも、その感覚がビビッドなのは、民事再生法の世代であり、本書の執筆者は、いずれも、民事再生法を倒産法の母法として実務を経験してきている中堅・若手の世代に属している。
　現行の倒産法制の形成は、平成8年（1996年）にはじまった法制審議会倒産法部会による倒産法制の見直しによるものであるが、その最初の成果が、平成11年（1999年）成立の民事再生法であった。和議法からの根本的な大改正であり、立法過程の途中でも、ダイナミックな改正が行われた。平成9年（1997年）12月の「倒産法制に関する改正検討事項」には全く登場していなかった担保権消滅請求制度が民事再生法に盛り込まれたのも、その一例である。その頃のファイルを取り出してみると、私が当時の大阪弁護士会での討議の資料として平成10年（1998年）6月に作成したメモがあった。「担保権の新再建手続への取り込み」と表題して、鍋、釜や大工道具を質にとるのは近代法の担保権ではない、企業の中心設備を失わせて企業に死刑を宣告するという圧力で担保物の価値以上の弁済を受けようというのは、鍋、釜や大工道具を質にとるのとどこが違うのか、という問題意識を書いたものであり、担保権消滅請求の制度はこの問題意識の延長線上に位置している。
　そのような経験を経ていると、ついつい、現行の倒産法制について、改正によって大きな成果をあげたという評価に安心してしまう。
　これに対して、だからといってそのままでよいのか、という民事再生法の世代からの改正提案が本書なのである。
　13の論文の項目をみていただくとわかるが、取り上げたテーマのほとんどが、平等分配に服さない担保権、相殺、優先債権等についてのものである。権利の存在が確認できればその権利は実現されるという資産超過の領域の規律ではなく、権利が確定しても分配の問題が残るという債務超過の領域の規律が倒産法であ

る。そのような倒産法にとっては、平等分配と異なる分配ルールとして何が正しいのかということが、おそらく、もっとも重要なテーマであろう。この点に倒産実務家の悩みがあることが当然であることをおわかりいただけると思う。

　なお、この研究会（倒産法改正研究会）には、弁護士だけでなく、研究者も参加している。研究者といっても、倒産実務家からの情報収集、実務記録の分析などに実に熱心に取り組み、実務家以上に実務を知っているといってよい。その研究者の論文にも注目していただきたい。

　法改正の提言は、平成8年以降の倒産法改正の過程を振り返っても、なかなか難しい。まず、改正の必要性の理解を得るという第一段階があり、次に、改正案の内容が、法制度としての整合性が取れていなければならないという第二段階がある。本書による提言がその二つを完備しているとはいえないかもしれないが、各執筆者がその経験・研究を踏まえて真摯に検討した結果であり、倒産法の再改正の方向を大きく進めるものといえる。

2012年1月

弁護士　木内　道祥

倒産法改正研究会会員紹介

木内　道祥	弁護士（木内・谷池法律事務所）
中井　康之	弁護士（堂島法律事務所）
山本　和彦	一橋大学大学院 法学研究科教授

（以下、50音順）

稲田　正毅	弁護士（共栄法律事務所）
北野　知広	弁護士（弁護士法人大江橋法律事務所）
木村　真也	弁護士（はばたき綜合法律事務所）
倉部　真由美	同志社大学法学部准教授
軸丸　欣哉	弁護士（弁護士法人淀屋橋・山上合同）
清水　良寛	弁護士（弁護士法人淀屋橋・山上合同）
新宅　正人	弁護士（新宅法律事務所）
杉本　純子	日本大学法学部助教
高田　賢治	大阪市立大学法学部・大学院法学研究科准教授
赫　　高規	弁護士（弁護士法人関西法律特許事務所）
中森　　亘	弁護士（北浜法律事務所・外国法共同事業）
野上　昌樹	弁護士（弁護士法人大江橋法律事務所）
野村　剛司	弁護士（なのはな法律事務所）
平井　信二	弁護士（アクト大阪法律事務所）
藤本　利一	大阪大学大学院高等司法研究科教授
堀野　桂子	弁護士（北浜法律事務所・外国法共同事業）
山形　康郎	弁護士（弁護士法人関西法律特許事務所）

（以上、弁護士はいずれも大阪弁護士会所属）

凡　例

<法令>

括弧内で条文を参照する際は、以下の略称を用いた。

民法→民
商法→商
会社法→会社
民事再生法→民再
民事再生規則→民再規
会社更生法→会更
会社更生規則→会更規
破産法→破
民事執行法→民執
建物の区分所有等に関する法律→区分所有
賃金の支払の確保等に関する法律→賃確
賃金の支払の確保等に関する法律施行規則→賃確規則
労働基準法→労基
産業活力の再生及び産業活動の革新に関する特別措置法→産活法　※本文中も略称を用いた

<書籍>（略称の50音順）

始関正光編著『一問一答個人再生手続』（商事法務、2001年）
　→『一問一答個再』
深山卓也編著『一問一答新会社更生法』（商事法務、2003年）
　→『一問一答新会社更生法』
小川秀樹編著『一問一答新しい破産法』（商事法務、2004年）
　→『一問一答破産』
深山卓也ほか『一問一答民事再生法』（商事法務研究会、2000年）
　→『一問一答民再』
伊藤眞『破産法・民事再生法〔第2版〕』（有斐閣、2009年）
　→『伊藤』
大阪地方裁判所・大阪弁護士会破産管財運用検討プロジェクトチーム編『新版破産管財手続の運用と書式』（新日本法規出版、2009年）
　→『運用と書式』
大阪地方裁判所・大阪弁護士会個人再生手続運用研究会編『改正法対応　事例解説　個人再生〜大阪

再生物語〜』（新日本法規、2006年）
　　→『大阪再生物語』
全国倒産処理弁護士ネットワーク編『個人再生の実務Q&A100問』（金融財政事情研究会、2008年）
　　→『個再100問』
鹿子木康ほか編『個人再生の手引』（判例タイムズ社、2011年）
　　→『個人再生の手引』
野村剛司ほか『破産管財実践マニュアル』（青林書院、2009年）
　　→『実践マニュアル』
伊藤眞ほか『条解破産法』（弘文堂、2010年）
　　→『条解破産』
四宮章夫ほか『詳解民事再生法―理論と実務の交錯―〔第2版〕』（民事法研究会、2009年）
　　→『詳解民再』
園尾隆司・小林秀之編『条解民事再生法〔第2版〕』（弘文堂、2007年）
　　→『条解民再』
伊藤眞ほか編『新会社更生法の基本構造と平成16年改正』（有斐閣、2005年）
　　→『新会社更生法の基本構造』
才口千晴ほか監修『新注釈民事再生法〔第2版〕（上）』（金融財政事情研究会、2010年）
　　→『新注釈民再（上）』
伊藤眞ほか編『新破産法の基本構造と実務』（有斐閣、2007年）
→『新破産法の基本構造』
伊藤眞編集代表『民事再生法逐条研究　解釈と運用』（ジュリスト増刊・有斐閣、2002年）
　　→『逐条研究』
高木新二郎ほか編『講座　倒産の法システム第2巻　清算型倒産処理手続・個人再生手続』（日本評論社、2010年）
　　→『倒産の法システム(2)』
高木新二郎ほか編『講座　倒産の法システム第3巻　再建型倒産処理手続』（日本評論社、2010年）
　　→『倒産の法システム(3)』
山本和彦ほか『倒産法概説〔第2版〕』（弘文堂、2010年）
　　→『倒産法概説』
櫻井孝一ほか編『倒産処理法制の理論と実務』（経済法令研究会、2006年）
　　→『倒産処理法制の理論と実務』
大阪地方裁判所第6民事部編『破産・個人再生の実務Q&A　はい6民です　お答えします』（大阪弁護士協同組合、2008年）
　　→『はい6民』

鹿子木康ほか編『破産管財の手引』(金融財政事情研究会、2011年)
　　→『破産管財の手引』
西謙二ほか編『破産・民事再生の実務(上)(中)(下)〔新版〕』(金融財政事情研究会、2008年)
　　→『破産・民再の実務(上)(中)(下)』
花村良一『民事再生法要説』(商事法務研究会、2000年)
　　→『要説』
才口千晴ほか編『民事再生法の理論と実務(下)』(ぎょうせい、2000年)
　　→『理論と実務(下)』

＜判例誌・紀要等＞
最高裁判所民事判例集→民集
金融法務事情→金法
銀行法務21→銀法
ジュリスト→ジュリ
法曹時報→曹時
判例タイムズ→判タ
金融・商事判例→金判
法律時報→法時
民事訴訟雑誌→民訴雑誌
民商法雑誌→民商

目　次

推薦の辞　　　　　　　　　　　　　　　　　　　　　　　　　　山本和彦
はしがき　　　　　　　　　　　　　　　　　　　　　　　　　　木内道祥
倒産法改正研究会会員紹介
凡　例

第 1 部　プライオリティについて

I　倒産手続におけるプライオリティ体系修正の試み
　　　―租税債権・労働債権・商取引債権について― 　　　　　杉本純子

1　はじめに……………………………………………………………………2
2　各手続における各種債権の改正経緯と現状……………………………3
3　現代における理想的なプライオリティ体系……………………………14
4　商取引債権に関する倒産法改正提案……………………………………24
5　おわりに……………………………………………………………………28

II　実務的観点から見た租税債権、労働債権等に関する改正検討事項
　　　　　　　　　　　　　　　　　　　　　　　　　　　　　　木村真也

はじめに………………………………………………………………………29
1　破産手続関係………………………………………………………………29
2　再生手続関係………………………………………………………………39
3　更生手続関係………………………………………………………………41
4　結　論………………………………………………………………………48

第2部 再建手続の規律及び相殺、倒産手続における公序について

Ⅲ 担保権・優先債権を拘束するDIP型再建手続に関する試論
野上昌樹／北野知広

1 提言の趣旨 …………………………………………………………… 50
2 開始決定 ……………………………………………………………… 54
3 開始決定後の監督権限 ……………………………………………… 57
4 担保権の拘束とその緩和 …………………………………………… 60
5 優先債権の取扱いについて ………………………………………… 66
6 その他の検討事項 …………………………………………………… 67
7 最後に ………………………………………………………………… 73

Ⅳ 私的整理から法的整理に移行する場合の問題点と私的整理からみた倒産法の準則のあり方
軸丸欣哉／清水良寛

1 序 ……………………………………………………………………… 74
2 私的整理から法的整理に移行する場合の問題 …………………… 74
3 私的整理から法的整理に移行した場合の問題に関する議論・対応の現状 …………………………………………………………… 77
4 倒産法改正に向けた提言 …………………………………………… 94
5 最後に ………………………………………………………………… 101

Ⅴ 民事再生手続における敷金返還請求権の取扱いに関する改正提案
山形康郎

1 本稿の目的 …………………………………………………………… 102
2 具体的問題意識 ……………………………………………………… 103
3 設例検討 ……………………………………………………………… 103
4 設例への現行法及び現行解釈のあてはめ ………………………… 106
5 比較検討 ……………………………………………………………… 112

	6	立法提案 ……………………………………………………………… 114
	7	再生計画における敷金返還請求権の権利変更に関する考え方 ……… 118
	8	民事再生法92条3項 …………………………………………………… 119
	9	設例へのあてはめ ……………………………………………………… 120
	10	まとめ ………………………………………………………………… 123

Ⅵ 公序（倒産法秩序）を害する契約条項の効力否定規定の創設　　稲田正毅

	1	はじめに ……………………………………………………………… 124
	2	裁判例の検討 ………………………………………………………… 125
	3	確立した判例法理の抽出 …………………………………………… 137
	4	立法提言 ……………………………………………………………… 137
	5	最後に ………………………………………………………………… 140

第3部　担保権等の規律について

Ⅶ 更生担保権の評価基準の再検討　　藤本利一

	1	はじめに ……………………………………………………………… 142
	2	会社更生法における担保目的物の評価基準をめぐる変遷 ………… 143
	3	「処分連動方式」（更生実務）の適法性 …………………………… 150
	4	「時価」基準をめぐる理論上の問題点 ……………………………… 152
	5	アメリカ倒産法における担保目的物の評価 ………………………… 155
	6	まとめと展望 ………………………………………………………… 163

Ⅷ 実務からみた民事再生法上の担保権消滅請求制度の課題　　中森亘

	1	制度の概要等 ………………………………………………………… 168
	2	実務上の課題と対応策の検討 ……………………………………… 171

IX 担保権の実行方法の倒産手続における制約の可否　　　野村剛司

1 はじめに……………………………………………………………180
2 具体的な倒産法改正提案…………………………………………183
3 現行法における担保権の実行方法………………………………185
4 破産手続と民事執行手続の連動…………………………………188
5 倒産手続開始後の担保物件管理費用及び担保価値維持費用の担保権者負担……………………………………………………191
6 倒産手続開始後の物上代位権の行使の制限……………………195
7 任意売却時の財団組入れ…………………………………………200
8 質権の実行方法の明確化…………………………………………201
9 最後に………………………………………………………………202

X 集合動産、将来債権譲渡担保の再生手続、更生手続における取扱い
―各譲渡担保の実体法上の効力を踏まえて―　　　赫　高規

1 問題の所在…………………………………………………………204
2 集合動産譲渡担保の意義、法的構成及び倒産手続外（平時）における効力………………………………………………………205
3 将来債権譲渡担保の意義、法的構成及び倒産手続外（平時）における効力………………………………………………………211
4 倒産手続における集合動産、将来債権譲渡担保の効力（総論）……216
5 再生手続における集合動産、将来債権譲渡担保の効力………219
6 更生手続における集合動産、将来債権譲渡担保の効力………227

XI 倒産手続とリース　　　堀野桂子

1 はじめに……………………………………………………………231
2 リース契約とは何か………………………………………………231
3 リース契約をめぐる立法状況……………………………………232
4 リース債権の法的性質に関連する問題…………………………234
5 リース契約における担保権実行行為と対抗手段………………238

		6	再リース契約に関する問題	247
		7	フルペイアウト方式以外のリース契約に関する問題	248
		8	最後に	248

XII 民事留置権・商事留置権に関する改正提案（付：先取特権）　平井信二

  1 はじめに　249
  2 現行法等の概観及び民事留置権・商事留置権の沿革　250
  3 立法及び改正経過　252
  4 改正検討にあたっての視点　259
  5 改正提案内容　262
  6 終わりに　276

XIII 個人再生・個人の破産に関する改正提案
―住宅資金特別条項を中心に―　新宅正人

  1 はじめに　277
  2 住宅資金特別条項の硬直性（個人再生）　277
  3 住宅資金特別条項における後順位担保権の存在（個人再生）　284
  4 住宅資金特別条項における住宅資金貸付債権者の保護の範囲
    （個人再生）　286
  5 支払不能後の住宅資金貸付債権の弁済と否認（個人再生）　288
  6 消費者と担保権消滅・別除権協定（個人再生）　289
  7 清算価値と自由財産拡張制度（個人再生）　290
  8 否認権の行使（個人再生）　291
  9 同時廃止と自由財産拡張（破産）　293
  10 ライフライン契約・賃貸借契約等と財団の管理権（破産）　294

あとがきに代えて　中井康之

第1部
プライオリティについて

I 倒産手続におけるプライオリティ体系修正の試み
―租税債権・労働債権・商取引債権について―

日本大学法学部　杉本純子

1　はじめに

　倒産手続における理想的なプライオリティの構築は、倒産法の立法論上、解釈論上の重要な課題である。そして、このプライオリティは、時代とともに変わり、また倒産手続の種類によって変わる。各手続は達成しようとする目的に従って独自のプライオリティを持ち、これらは時代と社会の変遷とともに常に修正を加えながら、より良い体系へと改変されていかなければならない[1]。

　平成16年破産法改正から7年経った現在、各手続のプライオリティ体系は、改変検討の時期を迎えていると思われる。特に、昨今、会社更生手続等において多額の優先弁済がなされている商取引債権[2]について、そのプライオリティ体系における位置付けを明確にする必要が生じてきている。また、新破産法で大きく改正された租税債権や労働債権についても、改正後の現状を確認し、問題点の抽出を図る必要があるのではないか。

　本稿では、主に租税債権・労働債権・商取引債権について、プライオリティに関するこれまでの改正の経緯と現状を整理した上で、現代社会におけるこれらの債権の理想的なプライオリティ体系を検討してみたいと思う。そして、その体系

1　谷口安平『倒産処理法〔第2版〕』（筑摩書房、1980年）11頁。
2　本稿で対象とする商取引債権としては、まず、商人間の売買に基づく取引債権が挙げられる。商人間の売買とは、「原材料が製品化され、それが小売業者またはユーザーである商人の手に渡るまでの間、加工を加える製造業者または加工を加えず転売する卸売業者等の間で連鎖的に行われる売買である」（江頭憲治郎『商取引法〔第6版〕』（弘文堂、2010年）1頁）。加えて、事業者間の売買に基づく取引債権、サービス等の提供に基づく取引債権等も本稿における商取引債権に含めることとする。

を実現するために必要な立法措置について若干の試論を行いたい。

2 各手続における各種債権の改正経緯と現状

(1) 租税債権
a 破産手続

　旧破産法において、破産手続開始決定前の原因に基づいて生じた租税等の請求権[3]は全て財団債権とされていたが、平成16年破産法改正において、その財団債権の範囲が、破産手続開始当時まだ納期限の到来していないもの、あるいは納期限から1年[4]を経過していないものに限定され、その他の租税等の請求権は優先的破産債権とされた（破148条1項3号）。破産手続における租税債権の優先的取扱いについては従来から批判が多かったところであるが[5]、この改正によって、破産手続においては租税債権のプライオリティが一部下げられたこととなった。しかし、優先的破産債権間の優先順位は、実体法の順序によるとされているため、租税債権はその他の優先的破産債権に優先する（破98条2項[6]、国税徴収法8条、地方税法14条、民308条）。また、破産手続開始前に破産財団に属する財産に対して既に開始していた滞納処分については、手続開始決定後も続行することが認められている（破43条2項）。

　加えて、租税債権については、その徴収権限を有する者に対してした担保供与、債務消滅に関する行為に対して否認権の行使が排除されている（破163条3項）。そのため、優先的破産債権となる租税等の請求権について、破産手続開始決定直

---

[3] 破97条5項に掲げる請求権を除く（破148条1項3号第1括弧書）。
[4] その期間中に包括的禁止命令が発せられたことにより国税滞納処分をすることができない期間がある場合には、当該期間を除く（破148条1項3号第2括弧書）。
　さらに、更生手続から破産手続への移行に際して租税等の請求権について更生手続上の包括的禁止命令や更生手続開始の効力として滞納処分をなし得ない期間は、財団債権となる1年間の算定から除外（会更254条5項、破148条1項3号）される（『一問一答破産』427頁）。
[5] 中西正「租税債権の取扱い」ジュリ1111号150頁（1997年）。
[6] 破産法98条2項に相当する条文は旧破産法にはなかったが、旧破産法下の解釈を明文化したものであると説明される（『一問一答破産』145頁）。

前に多額の回収や担保提供がなされた場合等でも否認権を行使することはできず、その意味においても、他の破産債権よりも租税債権が優先的に取り扱われていることがうかがえる。

破産手続における租税債権は、確かに平成16年改正後の新破産法において、一部が優先的破産債権とされたことによりプライオリティが下げられたものの、その他の取扱いを鑑みると、実体法上の要請もあることから、その実質的プライオリティはまだ非常に高く、優先的な取扱いがなされていると言えよう。

b 民事再生手続

再生手続においては、租税債権に関する特別の規定はなく一般の規定が適用される。そのため、租税債権は、共益債権となるものを除いて、一般優先債権として再生手続によらず随時弁済される（民再122条1項、2項）。また、再生手続申立て後も、滞納処分は中止命令や包括的禁止命令の対象とはならず、滞納処分を停止することはできない（民再26条、27条）。再生手続開始後の租税債権は、再生債務者の業務、生活、財産の管理・処分に関する費用（民再119条2号）に該当すると考えられるため、共益債権となる[7]。さらに、租税債権は、再生計画において権利変更をすることができない。

したがって、再生手続における租税債権は、手続開始決定の影響をほとんど受けることなく、手続開始前と変わらず、弁済を受け、滞納処分を行うことができる。再生計画による権利変更の対象にもならないため、債権額にも影響を及ぼすことはない。手続開始の影響を受けないという点において、再生手続における租税債権のプライオリティは非常に高いと言えよう。

c 会社更生手続

更生手続における租税債権については、他の倒産手続と比較すると条文上の規定は多い。原則的に、更生手続開始決定前の原因に基づいて生じた租税債権は更生債権となるが、手続開始決定前の原因に生じた源泉徴収にかかる所得税、消費税、酒税、たばこ税、揮発油税、地方道路税、石油ガス税、石油石炭税、地方消

---

[7] 『倒産法概説』102頁。

費税、申告納付の方法により徴収する道府県たばこ税（都たばこ税を含む。）及び市町村たばこ税（特別区たばこ税を含む。）並びに特別徴収義務者が徴収して納入すべき地方税の請求権で、更生手続開始当時まだ納期限の到来していないものは、共益債権となる（会更129条）。また、更生手続開始申立後、開始前会社の財産に対して既にされていた滞納処分を中止命令によって中止することができる（会更24条2項）[8]。裁判所が、開始前会社の事業の継続のために特に必要であると認めるときは、中止した滞納処分を取り消すこともできる（同条5項）。ただし、滞納処分の中止・取消しを行う際には、あらかじめ徴収の権限を有する者の意見を聴かなければならない（同条2項ただし書、5項ただし書）。更生手続開始決定後も、開始決定日から1年間（一年経過前に更生計画が認可されることなく更生手続が終了し、又は更生計画が認可されたときは、当該終了又は当該認可の時までの間）は、会更24条2項に規定する滞納処分を行うことはできず、更生会社の財産に対して既にされている同項に規定する滞納処分も中止する（会更50条2項）。この1年間という期間は、裁判所が必要があると認めるときは、伸長することができるが、その際には、あらかじめ徴収の権限を有する者の同意を得なければならない（同条3項）。また、裁判所が更生に支障を来さないと認めるときは、管財人もしくは租税等の請求権につき徴収の権限を有する者の申立て等により、会社更生法50条2項に基づいて中止した滞納処分の続行を命じることもできる（同条5項2号）。さらに、破産手続と同様に、更生会社が更生手続開始決定前の租税債権について、その徴収の権限を有する者に対してした担保の供与又は債務の消滅に関する行為に対しては、否認権を行使することができない（会更87条3項）。更生計画においては、租税債権について、その権利に影響を及ぼす定めをするには、徴収の権限を有する者の同意を得なければならない（会更169条1項本文）[9]。

以上のように、更生手続における租税債権は、原則的に更生債権として扱われ、

---

[8] 共益債権を徴収するための滞納処分は除く（会更24条2項括弧書）。
[9] 租税債権ついて、3年以下の期間の納税の猶予若しくは滞納処分による財産の換価の猶予の定めをする場合又は一定の滞納税及び延滞金の請求権についてその権利に影響を及ぼす定めをする場合には、徴収の権限を有する者の意見を聴けば足りる（会更169条1項ただし書）。

中止命令の対象にもなり、手続開始決定後も1年間は滞納処分を行うことができないことから、他の手続における租税債権よりも比較的そのプライオリティは下げられていると解することもできよう。しかし、一方で、否認権の行使は排除され、徴収権限を有する者の同意を得なければ、更生計画において一定の免除等を内容とする権利変更ができない。さらに、手続開始決定後1年間は滞納処分が中止されるものの、1年を超えれば、たとえその時に更生計画がまだ認可等されていなくとも、過去に租税を滞納している更生会社では、他の更生債権者等が執行を禁止される状況下で（会更47条1項）、滞納処分が可能となってしまう。また、滞納処分も中止命令の対象とはなるものの、中止を命ずる際には、他の更生債権者とは異なり、あらかじめ徴収の権限を有する者の意見聴取が必要となる。したがって、条文上の制約はあるものの、更生手続における実質的な租税債権のプライオリティも他の更生債権に比して高く、優先的に取り扱われていると言える。

(2) 労働債権
a 破産手続

破産手続における労働債権は、旧破産法において全て優先的破産債権とされていたが（旧破産法39条、民308条）、労働者の生活保障の観点から、平成16年破産法改正において、①破産手続開始前3月間の破産者の使用人の給料の請求権、及び、②破産手続の終了前に退職した破産者の使用人の退職手当の請求権[10]のうち、退職前3月間の給料の総額[11]に相当する額は財団債権として優先的に弁済されることとなった（破149条）。また、同改正において、労働債権のうち財団債権部分を弁済されるだけでは、生活の維持を図るのに困難を生ずるおそれがある場合には、裁判所の許可を得て優先的破産債権となるものにつきその全部又は一部の弁済をすることができる制度も用意された（破101条）。さらに同じく同改正におい

---

10 当該請求権の全額が破産債権であるとした場合に劣後的破産債権となるべき部分を除く（破149条2項第1括弧書）。
11 その総額が破産手続開始前3月間の給料の総額より少ない場合にあっては、破産手続開始前3月間の給料の総額（破149条2項第2括弧書）。

て、牽連破産の場合において、破産手続開始決定より前に再生手続開始決定があるときは、再生手続における共益債権が破産手続においても財団債権とされることに加えて、再生手続開始決定前3月間の給料についても財団債権とされることとなった[12]（民再252条5項）。

破産手続における労働債権は、平成16年破産法改正において従来よりもプライオリティが高くなった。条文上において労働債権の一部が財団債権化されたことに加えて、原則的に配当段階で得られる優先的破産債権部分の労働債権についても、配当を前倒しして弁済を受けることができる点からも、労働債権の取扱いは、労働者保護の観点が非常に反映されているものと言える。

b 民事再生手続

再生手続における労働債権の取扱いについても、租税債権と同様に特別の規定がなく、一般の規律が適用される。よって、労働債権の取扱いは、その全額が一般先取特権の被担保債権となる限りにおいて（民306条2号、308条）、租税債権の取扱いと基本的には同様である。すなわち、再生手続開始前の原因に基づいて生じた労働債権は、共益債権に該当し得るものを除いて、一般優先債権となる（民再122条1項）。再生手続開始後の労働債権は、再生債務者の業務に関する費用であり、共益債権となる（民再119条2号）。

租税債権の取扱いと異なる点は、破産手続における労働債権でも述べたとおり、牽連破産の場合の処理である。労働者の生活保障を図るという観点から、再生手続において共益債権であったものは移行した破産手続でも財団債権となり（民再252条6項）、一般優先債権についてもその一部が財団債権として優先的に取り扱われることとなっている（民再252条5項）。

再生手続では、原則として手続開始決定後も事業の継続を念頭に置いているため、雇用契約も継続することが多く、労働債権も手続開始決定後はもちろんのこと、手続開始決定前の労働債権も一般先取特権の被担保債権となる範囲で保護さ

---

[12] 更生手続から破産手続への移行の場合には、更生手続上労働債権は会更130条により保護されていることから、特段の手当てはされていない（『一問一答破産』418頁）。

れており、優先的に取り扱われている。民事再生法上に労働債権に関する特別規定がないことから、牽連破産に至った場合も想定して労働債権の保護が図られており、再生手続においても労働債権のプライオリティは高い。

c 会社更生手続

更生手続における労働債権についても、そのプライオリティは高い。更生手続開始決定前の原因に基づいて生じた労働債権は、更生担保権または共益債権となるものを除いて、優先的更生債権となる（会更2条8項、168条1項2号・3項、民306条2号、308条）。また、共益債権となる労働債権の範囲についても特別の規定があり、①更生手続開始前6月間の給料の請求権、②更生手続開始前の原因に基づいて生じた使用人の身元保証金の返還請求権、③更生計画認可決定前に退職した使用人の退職手当の請求権（退職前6月間の給料の総額に相当する額又は退職手当の額の3分の1に相当する額のいずれか多い額[13]）、④更生手続開始前の原因に基づいて生じた使用人の預り金の返還請求権（更生手続開始前6月間の給料の総額に相当する額か当該預り金の額の3分の1に相当額のいずれか多い額）が共益債権となる（会更130条）。注意すべきは、給料債権と退職金債権につき、破産手続では財団債権の範囲が3カ月分であるのに対して、更生手続では6カ月分が共益債権となる点である。さらに、退職金債権についてはその総額を基準とした上限が設けられ、退職前6カ月間の給料債権のいずれか多い方が保護されること、また、更生手続では給料債権・退職金債権以外の労働債権も共益債権として保護されていることも、破産手続とは異なる。

更生手続開始決定後の労働債権は、基本的に共益債権となる（会更127条2号）[14]。共益債権・更生担保権・優先的更生債権となる労働債権の取扱いは、それぞれ一

---

13 定期金の場合は、各期における定期金につき、その額の3分の1に相当する額が共益債権となる（会更130条3項）。
14 退職手当の請求権のうち、更生手続開始後の労働対価の後払いの性格を有するもの、更生手続開始決定後更生計画認可決定前に会社都合で退職した場合の請求権、更生手続開始後に新規に雇用され更生計画認可決定前に退職した場合の請求権は、いずれも会社更生法127条2号により相応する全額が共益債権となり、同法130条の対象からは除外される（会更130条4項）（『倒産法概説』107頁参照）。

般の共益債権、更生担保権、優先的更生債権の取扱いと同様であり、租税債権に関するような特別規定は設けられていない。

更生手続においても事業の継続が念頭に置かれており、更生会社となる会社は規模が大きいことが想定されるため、労働債権の取扱いについては条文において細かく分類して定められている。共益債権となる労働債権の範囲については、既に述べたとおり、破産手続に比してその保護範囲が拡大されていることから、更生手続における労働債権のプライオリティは他の倒産手続よりも高く設定されているとも考えられる。

d 労働者健康福祉機構による未払賃金立替払制度

以上のように、各手続における労働債権の取扱いは、労働者保護の観点からいずれの手続においてもそのプライオリティは高く設定されていることがわかる。しかし、労働債権のプライオリティについて検討する際に、各手続に共通して非常に大きな影響を与えるのが、労働者健康福祉機構による未払賃金立替払制度である。

未払賃金立替払制度とは、賃金の支払の確保等に関する法律に基づき、企業が倒産したために、賃金が支払われないまま退職した労働者に対して、その生活の安定に資することを目的として、その未払賃金の一定範囲について、公的機関（労働者健康福祉機構）が事業主に代わって支払う制度[15]である。立替払いを受けるためには様々な要件[16]が必要であるが、労働者健康福祉機構が立替払いを行った場合には、その限度において労働者の事業主に対する賃金請求権を取得し、各倒産手続上も労働者健康福祉機構が代位取得した当該請求権は優先権を有する債権として取り扱われるとされている[17]。

しかし、何ら明文の根拠がないにもかかわらず、なぜ代位取得した労働債権の優先権を労働者健康福祉機構は当然に行使できるのか。未払賃金請求権、すなわち倒産手続開始決定前の原因に基づいて生じた労働債権は、本来は一般の倒産債

---

15 全国労働基準関係団体連合会『諸外国における未払賃金救済措置及び労働債権の優先順位に関する調査研究』（1999年）12頁。
16 立替払いの要件については、全国労働基準関係団体連合会前掲注15・4頁参照。

権となるべきところ、労働者保護という政策的観点からプライオリティを高くして優先的に取り扱っている点については既に述べたとおりである。そして、労働者健康福祉機構による未払賃金の立替払いによって、その労働者保護の目的は実現されることになる。にもかかわらず、労働者健康福祉機構は代位取得した労働債権の優先権を行使でき、限りある配当原資からその他の一般の倒産債権者に優先して、立替払代金を回収していく。これは妥当なのか。

この点については以前から問題視されていたが[18]、近年この点を争った裁判例が出てきている[19]。通常、多くの倒産事件において、労働債権はこの未払賃金立替払制度を用いて倒産手続開始後早期に弁済されている。したがって、倒産手続開始決定前の原因に基づく労働債権のプライオリティを検討する際には、労働債権に関する実際の利害関係人を、労働者本人というよりも、むしろ労働者健康福祉機構として考える必要があると言えよう。

(3) 商取引債権
a 破産手続

破産手続における商取引債権は、破産手続開始決定前の原因に基づいて生じた財産上の請求権として破産債権となる（破2条5項）。通常、破産手続開始決定によってそれまでの商取引は全て終了することから、商取引債権者は破産債権者として破産手続に参加して配当を得るしかないことになる。したがって、破産手続

---

17 労働者健康福祉機構ホームページ上の「未払賃金立替制度の内容について」においても、労働者健康福祉機構が代位取得した賃金請求権と労働者の賃金請求権は、その性質において同一である旨述べられている（http://www.rofuku.go.jp/kinrosyashien/miharai.html、平成24年1月10日確認）。
18 池田辰夫「労働倒産法の成立と具体化」原井龍一郎先生古稀祝賀『改革期の民事手続法』（法律文化社、2000年）1頁、山本和彦「倒産企業従業員の生活保障」林屋古稀『倒産法大系』（弘文堂、2001年）95頁等）。『新破産法の基本構造』第13回各種債権の優先順位〔山本和彦発言〕107頁。山本和彦「労働債権の立替払いと財団債権」判タ1314号5頁（2010年）。
19 横浜地川崎支判平成22.4.23金判1342号14頁。第三者たる私人が破産会社の従業員の給料を立替払いした場合に、当該私人が代位取得した財団債権たる労働債権を行使することを認めた判例として、最三小判平成23.11.22金判1380号12頁。

における商取引債権のプライオリティは、一般の破産債権と同一である。

b 民事再生手続

再生手続においては、手続開始後いかに事業価値を毀損することなく事業を継続していけるかが最重要課題となる。そのためには、それまでの取引関係を維持することが必要不可欠であり、取引関係を維持するためには、商取引債権を手続開始後迅速に保護する必要が生じる。本来、商取引債権は一般の再生債権であり、再生手続開始決定後は原則として弁済が禁止される（民再85条1項）。しかし、再生手続においても、上述のように事業価値の維持を図るべく、商取引債権を保護し優先的に取り扱うことが認められている。その方法としてはいくつか考えられるが[20]、昨今実務的に活用されているのが、商取引債権を「早期に弁済しなければ再生債務者の事業の継続に著しい支障を来す」少額債権として、裁判所の許可を得て優先弁済する方法である（民再85条5項後半）。民再85条5項後半は、後述のように、平成14年会社更生法改正の際に47条5項後半と同じくして新設された条文である。この改正までは、「早期に弁済することにより再生手続を円滑に進行することができる」少額債権（民再85条5項前半）の規定を類推適用して商取引債権の弁済を認めていたところ[21]、改正により事業の継続に必要不可欠な再生債権を弁済する運用に明文の根拠が与えられた。しかし、いかなる場合を「事業の継続に著しい支障を来す」と解するのかについては解釈に委ねられている[22]。また、いかなる範囲の債権を「少額」というのかも解釈による所が大きい。こられの解釈については、更生手続でも同様の議論があるため詳細は後述するが、解釈に委ねる点が多いために、その運用が裁判所によってかなり異なるのが実情となっ

---

20 本稿で主に検討する少額債権の弁済規定の活用（民再47条5項）のほかに、①中小企業者に対する弁済（民再47条2項）、③弁済禁止の保全処分の一部解除（民再30条1項・2項）、③和解契約による弁済、④再生計画における弁済等が考えられる。
21 『条解民再』〔山本弘・山田明美〕362頁。
22 具体的には、債権者平等を原則とする倒産手続の公正さを確保する見地から、要件の解釈は厳格になされるべきとの見解（『条解民再』363頁）と、要件については比較的緩やかに解する見解（山本和彦ほか『Q&A民事再生法〔第2版〕』（有斐閣、2006年）191頁〔中井康之〕）がある。

ている[23]。ただ、後述する更生手続に比べると、再生手続における再生債務者の規模は比較的小さいため、資金の余剰も少なく、商取引債権を優先弁済できる状況にない場合が多い。そのため、商取引債権保護の要請は非常に高くとも、優先弁済できないのが現実といえる。この点において、同様の議論がある更生手続とは若干異なるであろう。

しかしながら、条文上認められている商取引債権のプライオリティは、原則的には、一般の再生債権と同様である。民事再生法85条5項後半が認めている優先的取扱いは、一般の再生債権を例外的に優先弁済するという形での取扱いであり、条文上プライオリティが高い租税債権や労働債権には劣後している。ところが、実際には商取引債権は事業継続のために最も優先的に弁済されることが求められている債権であるとも言える。まず商取引債権を優先的に取り扱うことによって取引関係を維持し、手続開始直後の混乱を乗り切ることが、結果的には租税債権や労働債権、ひいては一般の再生債権への迅速な弁済を促すとも考えられるからである。その意味において、現民事再生法上の商取引債権のプライオリティは、実際の要請に対応しきれていないと考えられよう。

c 会社更生手続

更生手続においても、事業継続のために商取引債権保護が必要となるのは再生手続と同様である。商取引債権保護の方法も、再生手続と同様にいくつか用意されており（会更28条1項・2項、会更47条2項等）、昨今では、平成14年会社更生法改正の際に新設された47条5項後半の「早期に弁済しなければ更生会社の事業の継続に著しい支障を来す」少額債権として、裁判所の許可を得て商取引債権を優先弁済する方法が活用されている。同項における「事業の継続に著しい支障を来す」ないし「少額」について解釈に委ねられている点も再生手続と同様である。

ただ、同項による商取引債権保護は、現在、特に更生手続において、より注目されている。というのも、再生手続よりも債務者の規模が大きい場合が多い更

---

[23] 上田裕康＝杉本純子「再建型倒産手続における商取引債権の優先的取扱い」銀法711号43頁（2010年）参照。

生手続では、手続開始決定後も比較的資金に余力があり、「事業の継続に著しい支障を来す」商取引債権を選別せずとも、全ての商取引債権を弁済することも可能な場合があるからである。本来、更生手続では手続開始決定がなされると、原則的に更生債権は更生計画によらなければ弁済を受けること等ができないところ（会更47条1項）、事業の継続に必要不可欠な少額債権のみ例外的に優先弁済が許されるのが会社更生法47条5項後半の趣旨である。しかし、実際には、事業の規模から取引先数が膨大で事業継続に必要不可欠な商取引債権者を選択することが非常に困難であること、資金にまだ余力がある場合が多いことから、手続開始前に既に発生していた更生債権となるべき商取引債権を全て弁済してしまうことがある。その事例として、近年では、日本航空やウィルコム、林原の更生事件等が挙げられる[24]。

　商取引債権を100％保護できれば、従来の取引先と取引関係を維持することができ、事業価値を毀損することなく迅速に事業継続ひいては事業再生を実現することができる。加えて、商取引債権を保護することによって、結果的には優先弁済されないその他の更生債権者への弁済率も向上する。これらが、昨今更生手続において、債権者平等の原則を修正して商取引債権を100％保護する正当化根拠とされている[25]。ただ、商取引債権を100％保護する場合でも、会社更生法上の保護の方法は、条文で規定されている方法によるしかないため、商取引債権全てを「早期に弁済しなければ更生会社の事業の継続に著しい支障を来す」少額債権に該当するとして全額優先弁済することになってしまっているのが原状である。例外的に特定の更生債権を優先的に取り扱うべき規定が、全更生債権の大半に適用されてしまうため、会社更生法47条5項後半の本来の趣旨と矛盾が生ぜざるを得なくなっている。加えて、何をもって「少額」というのか、あるいは最終的な「弁済率の向上」はどのように認定するのかについてもやはり明確な基準等はな

---

[24] 腰塚和男ほか「事業再生ADRから会社更生への手続移行に際しての問題点と課題(1)〜(3)」NBL953号11頁、同954号52頁、同955条68頁（2011年）。
[25] 事業再生迅速化研究会第3PT「商取引債権の保護と事業再生の迅速化」NBL923号14頁（2010年）。

く、解釈に委ねられている[26]。

　更生手続における商取引債権も、条文上のプライオリティは一般の更生債権でありながら、実質的には手続開始決定の影響をほとんど受けることなく迅速に優先弁済がなされる場合がある。再生手続よりも資金的に余力がある債務者が多い更生手続において、事業継続を目的とする商取引債権保護の要請はより高いものであり、実際にその要請を実現することが資金的に可能であるのであれば、会社更生法上も商取引債権のプライオリティを高くし、商取引債権保護の要請と方法を更生手続に反映させるべきであろう。

3　現代における理想的なプライオリティ体系

　これまで、各倒産手続における租税債権、労働債権、商取引債権の現在のプライオリティと現状を確認してきた。各債権のプライオリティは、改正を経て変遷してきてはいるが、いまだその現状には問題点も生じている。はじめに述べたとおり、倒産手続におけるプライオリティは、時代と社会の変遷とともに、常に修正を加えながら、より良い体系へと変化していかなければならない。そこで、現代社会における各倒産手続の理想的なプライオリティ体系とはいかなるものなのかを検討してみたい。租税債権、労働債権、そして昨今特に再建型倒産手続においてその保護の要請が高い商取引債権をふまえて検討したいと思う。その際には、倒産法上の財団債権ないし共益債権としてのプライオリティだけではなく、前で確認したその他各倒産手続で認められている優先的措置や制度も併せた上で、各倒産手続全体におけるプライオリティ体系を考える必要があろう。

(1)　租税債権

　既に指摘したとおり、租税債権のプライオリティは依然として各倒産手続において非常に高い。租税債権の優先については、これまでにも多くの批判があり[27]、

26　事業再生迅速化研究会第3PT　前掲注25・16頁。

平成16年破産法改正においては、それらの批判を踏まえながら、財団債権となる租税債権の範囲を「納期限から１年を経過していないもの」に限定した（破148条１項３号）。しかし、それでもなお租税債権には優先的措置が多く設けられており、租税債権のプライオリティの高さは実質的にはあまり変化がないようにも思われる。特に、再生手続においては中止命令等の対象にもなることなく、基本的には全てが手続外で優先的に弁済を受けられる。この取扱いは妥当であろうか。

　租税債権に優先権が与えられるのは、実体法上の優先権が付与されているからである。すなわち、滞納処分において、租税債権と他の私債権とが競合する場合には、原則として租税債権は他の債権に優先して徴収される（国税徴収法８条、地方税法14条）。加えて、租税債権は法定納期限と担保権の設定日の先後によっては、特定財産に対する担保権にも優先する場合がある（国税徴収法15条以下）。では、現在の租税債権の優先権は、どのような経緯を経て付与されるに至ったのであろうか。倒産手続における租税債権のプライオリティを検討する前に、その根拠たる実体法上の租税債権の優先権の沿革と変遷をたどってみたい。

　租税債権の優先権がはじめて法令上に具体化されたのは、明治10年の租税不納規則だとされている。この法令によりはじめて滞納処分を行政処分として自力執行することが認められ、かつ、この法令では租税債権は一般の私債権はもとより、担保権付債権にも無条件に優先するとされていた[28]。その後、明治22年に制定された国税徴収法及び国税滞納処分法において、明文にて実体法上の租税債権の優先権を宣言し、同時に担保権付債権（ただし、質権及び抵当権）に対して租税債権の優先権を制限した（国税滞納処分法６条）[29]。つまり、現在の租税債権の優先権は、明治中期から実体法上で付与されていることがわかる。また、ここで同時に注目すべきは、それまで無条件に優先していた租税債権が、一定の担保権付債権に対して制限された点である。この規定の立法趣旨については争いがあるが、日本の

27　近藤隆司「各倒産手続と租税債権の処遇」櫻井孝一ほか編『倒産処理法制の理論と実務』（経済法令研究会、2006年）146頁、中西前掲注５・149頁、佐藤英明「倒産手続における租税債権の扱い」ジュリ1222号191頁（2002年）、中西正「債権の優先順位」ジュリ1273号68頁（2004年）等。

経済的基盤が前近代的な農業経済から資本主義に推移するに伴って、近代的な取引安全の要請から私債権者を保護する必要が生じたことが背景にあったとされている[30]。この明治22年制定の国税徴収法・国税滞納処分法における租税債権の優先権が、現国税徴収法の基礎となる明治30年国税徴収法2条・3条に承継され、当該国税徴収法を昭和34年に全文改正したものが現行の国税徴収法である。そして、昭和34年改正における重要なテーマの一つが、「租税債権の優先権の見直し」であった。

昭和34年改正以前にも一定の担保権付債権に制限されることもあった租税債権ではあるが、それでも依然として租税は特殊なものであって、一般の私債権とは全く性格を異にするものであり、租税債権の優先は当然に容認されるべきものであるという考え方が一般的であった[31]。一方、民法学の分野では、既に古くから、租税債権についても私債権と同じ土俵で優劣を決すべきであるという主張が有力に展開されており[32]、租税債権の優先権の問題にかかる改正作業は、こうした民法学の側からのアプローチから出発した。ただ、調査会全体としては租税債権の

---

28 この法令では、租税優先権を正面から規定してはいないが、徴収期限から30日を経過しても、なお国税を納付しない場合には、財産を公売するとし、公売代金の配当にあたっては、手続費用を除いてまず国税府県税民費の徴収に充てるとされており（租税不納処分規則4条）、これを実体法として再構成すれば、現国税徴収法8条にほかならないといわれる（ただし、この当時は明治30年制定の旧国税徴収法2条1項）。また、当時の担保物権として、現在の質権又は抵当権に相当する質入権又は書入権があったが、この規則では「質入書入ノ財産ニ未納税アルトキ其ノ債主ニ於テ弁済スヘシト申立テル者ハ、其ノ意ニ任セ公売ヲ行ハス」（同規則1条）とし、あたかも特定の担保権付債権に譲歩するかにみえて、実は「債主ニ其ノ未納税アル旨ヲ通知シ、之ヲ弁納セサルトキハ公売ヲ行フ儀」であるため、租税債権は、質入書入の時期のいかんを問わず、常に特定担保権にも優先していたとされる（佐上武弘「租税優先権の沿革と外国制度」法時328号43頁（1957年））。
29 明治22年国税滞納処分法6条「滞納処分費国税ニ付テハ、他ノ債主ニ対シ先取権アルモノトス。但シ滞納シタル税金ノ納期限ヨリ一箇年前ニ質書入ヲ為シタル財産ニ付テハ此ノ限ニ在ラス」。
30 佐上前掲注28・44頁。
31 公法学的には、租税法律関係を公法上の権力関係、すなわち、国民が国家の行使する課税権に服従する関係であるという「租税権力関係説」として分類される（金子宏『租税法〔第16版〕』（弘文堂、2011年）26頁）。
32 代表的なものとして、我妻栄『民法研究Ⅳ－2担保物権』（有斐閣、1967年）11頁以下。

優先権を端的に否定する立場ではなく、民法学側も租税債権に特殊性があることは認めた上で、「租税債権の優先を認めることによって私債権者が被ることになる不利益を考慮した場合、どこまでその優先を許容することができるのか」という観点から審議は進められた。そうして、主に担保権付債権と租税債権との優劣の調整について審議がなされ、法定納期限等を基準とした現行国税徴収法の規定が設けられた（国税徴収法15条以下参照）。この昭和34年改正によって、それまで租税債権の優先が認められていた多くの場面で、私債権と租税債権のプライオリティが逆転することになったのである[33]。

このように、租税債権は、当初は全ての私債権に無条件に優先していたが、社会情勢や金融取引の発展から私債権を保護する必要性が高くなり、徐々に租税債権の優先権が制限されていった。租税債権に優先権が付与されていることは明治期から変わりないが、その内容には時代の変遷とともに修正が加えられ、現国税徴収法に至ったことがわかる。したがって、倒産手続における租税債権の優先的取扱いについても、その内容に修正を加えていくことは認められると考える。実際、平成16年破産法は改正において租税債権は一部プライオリティが格下げされてはいるが、依然として倒産手続全体における租税債権のプライオリティは高く設定されすぎてはいないだろうか。現代社会における倒産手続の目的や社会的要請を考慮した上で、再度租税債権の優先的取扱いについて検討を行い、その他の労働債権や商取引債権を保護するために租税債権の優先権を制限する場面があっても良いと考える。ただ、やはり租税債権の特殊性ゆえに実体法上の優先権が付与されている点は尊重する必要があり、ただ租税債権のプライオリティを全て一般の倒産債権に下げるという取扱いに修正することはできないと思われる。租税債権の実体法上の優先権を尊重しながら、労働債権や商取引債権等の私債権との優劣を調整することは非常に困難であるが、検討の際には、国税徴収法の改正作業において用いられた「租税債権の優先を認めることによって私債権者が被るこ

---

[33] 一連の改正経緯については、廣木華代「債権者間の競合に関する一考察—租税債権と譲渡担保との競合を素材として—」http://mitizane.ll.chiba-u.jp/metadb/up/irwg10/Jinshaken-04QD1010.pdf（平成24年1月10日確認）20頁以下参照（2007年）。

とになる不利益を考慮した場合、どこまでその優先を許容することができるのか」という観点が参考になろう。

(2) 労働債権

　労働債権は、平成16年破産法改正においてその一部が財団債権に格上げされ、再生手続や更生手続でも随時弁済される優先債権として扱われており、各倒産手続において労働債権の条文上のプライオリティは高い。加えて、実際には各手続において労働者健康福祉機構による未払賃金立替払制度が利用されることが多く、倒産手続における労働債権の保護は実現されていると言えよう。したがって、倒産手続における労働債権の条文上のプライオリティは現代においても修正する必要はないように思える。ただ、労働者健康福祉機構による未払賃金立替払制度が利用されることが大半である現状においては、労働債権のプライオリティを検討するには、条文上のプライオリティの妥当性だけではなく、労働債権の優先弁済が実現される未払賃金立替払制度を含める必要があるように思われる。すなわち、未払賃金立替払制度が利用された場合、倒産手続において実際に労働債権を行使するのは立替払いによって労働債権を代位取得した労働者健康福祉機構となり、先にも述べたとおり、現在、当機構は代位取得した労働債権の優先権を明文の根拠なく行使できることとなっている。未払賃金の立替払いによって労働者保護の目的は実現されたにもかかわらず、限りある配当原資からその他の一般倒産債権者に優先して、機構が立替払金を回収していくことは認められるのか、この検討が労働債権のプライオリティ再考には不可欠となろう[34]。

　未払賃金立替払制度は、労働者災害補償保険法29条1項3号に掲げる「賃金の支払の確保を図るために必要な事業」として行われ（賃確9条）、事業に要する費用は、全額事業主負担とされている労働者災害補償保険（以下、「労災保険」という）に係る労災保険料によって賄われている。そして、事業の実施主体となっているの

---

[34]　機構による優先権行使の可否について検討を試みたものとして、拙稿「優先権の代位と倒産手続─日米の比較による一考察─」同法59巻1号173頁（2007年）参照。

が労働者健康福祉機構である。未払賃金の立替払いは、労働者の保護を目的とするものであり、事業主の賃金の支払義務を緩和するためのものではない[35]。賃金の支払義務は事業主の基本的義務であるので、事業主が倒産して国が未払賃金を弁済した場合であっても、当該事業主はその義務を免れるべきではないとするのが賃確法の根本的思考である[36]。労働者が機構から未払賃金の弁済を受けるには、事業主の倒産手続開始後に請求すれば足り、倒産手続開始前に機構と保証契約を締結する必要はない。したがって、機構は、事業主に立替払いを受けるための要件さえ満たされれば、常に労働者からの請求に応えなければならないことになる。また、既述のとおり、機構の立替払いは労災保険料を原資として行われており、事業主による労災保険料の負担は立替払いを受けるためには不可欠である。事業主が労働保険料を負担し、機構は事業主から徴収した労災保険料を原資として、労働者の未払賃金を事業主に代わって弁済し、弁済に要した費用を事業主から回収するというのが賃確法の想定する機構と事業主との関係であるが[37]、事業主から徴収した労災保険料の範囲内という限定はないことから、ある事業主の未払賃金の弁済が他の健全な企業の負担した労災保険料から行われているとも言える[38]。

　このような未払賃金立替払制度において、機構の倒産手続における労働債権の優先権の承継と行使の可否についての見解は、肯定説と否定説に分かれている。肯定説は、財団債権等の趣旨から優先権の承継を否定するのは、財団債権等の趣旨と財団債権等の地位とを区別しないために生ずる結果であるとし、仮に原債権の財団債権性等を否定した場合、それによって保護されるのは、その他の一般の倒産債権者等の利益となるが、その他の倒産債権者等としては、原債権を本来どおり原債権者が行使した場合には財団債権等としての負担を受忍せざるを得な

35　菊地好司「『賃金の支払の確保等に関する法律案』について」ジュリ611号103頁（1976年）。
36　長谷部由紀子「弁済による代位（民法501条）と倒産手続」学習院46巻2号240頁（2011年）。
37　長谷部前掲注36・241頁。
38　大山和寿「各倒産手続と労働債権の処理」『倒産処理法制の理論と実務』142頁。

かったものを、代位弁済がなされたという偶然の事実に基づいて「棚ぼた」的に自分たちの配当原資とするべき利益は認められないと主張する[39]。一方、否定説は、労働債権は労働者保護という政策的理由から財団債権等としたものであるから、「この種の財団債権等は、債権自体の性質のみならず、債権者の性質から特別の保護が認められたものであ[40]」り、それゆえ当該債権が譲渡等により移転して、異なる債権者に帰属した場合には、債権としての同一性は維持されていても、特別の要保護性はもはや認められず、その場合には、倒産手続上、財団債権等という特別扱いを例外的に認める根拠は失われ、本来の性質たる破産債権等として取扱いがなされれば足りるとする[41]。

確かに、機構による未払賃金立替払いによって、労働者保護は実現され、労働債権のプライオリティが高く設定されている趣旨は果たされているため、もはや労働債権を代位取得した機構には優先権行使を認める必要はないとも考えられる。ただ、機構による立替払いは事前に事業主の委託等の行為は必要とされず、要件さえ満たせば立替払いの請求に応じなければならないこと、未払賃金立替払制度の目的は決して事業主の賃金の支払義務を緩和することではないところ、機構の優先権行使を否定してしまうと、立替払いした金額分だけ債務者たる事業主の財団が増殖するため（一般の倒産債権として配当等される金額は除く）、倒産手続開始時に未払賃金が多ければ多いほど財団が増殖する可能性があり、事業主の賃金未払いを促すおそれがある。したがって、優先権の行使の可否について現時点で結論を出すことは非常に難しいが、いずれにせよ賃確法に何らかの明文の根拠を設ける必要があろう。その意味において、労働債権の倒産手続全体におけるプライオリティは修正の余地があると思われる。

(3) 商取引債権

商取引債権のプライオリティについては、主に再生手続と更生手続で問題とな

---

39 伊藤眞「財団債権（共益債権）の地位再考」金法1897号24頁（2010年）。
40 山本前掲注18判タ1314号7頁。
41 山本前掲注18判タ1314号8頁。

る。破産手続では、もはや事業の継続は見込まれないため、商取引債権は一般の倒産債権として配当するからである。先に述べたとおり、再建型倒産手続における商取引債権の優先的取扱いは、昨今非常に大きな関心事となっている[42]。特に、大型の更生事件では、商取引債権を100％保護して優先的に取り扱う実務が活用されている。商取引債権の条文上のプライオリティは一般の倒産債権と同様であるため、原則的には倒産手続が開始されると弁済禁止の対象となる（民再85条1項、会更47条1項）。ところが、昨今の実務的傾向により、商取引債権のプライオリティは徐々に高くなってきているように思われる。しかし、高いプライオリティの要請がある一方で、再生手続・更生手続ともに商取引債権保護の法的措置は、民事再生法85条5項後半や会社更生法47条5項後半等で認められる裁判所の許可による優先弁済しか認められていない。しかも、既述のとおり、民事再生法85条5項後半ないし会社更生法47条5項後半に規定される「早期に弁済しなければ事業の継続に著しい支障を来す少額債権」の解釈は非常に曖昧であり、逆に曖昧ゆえに同項を用いて商取引債権を100％保護してしまっているようにも見受けられる。迅速な事業再生を実現させるために商取引債権保護が重要であることに異論はない。ただ、やはり特定のあるいは全ての商取引債権を保護することは、債権者平等の原則を修正していることにほかならない。したがって、その他の倒産債権者にとっても債権者平等の修正が許容できるものとなるよう、商取引債権保護の法的措置について改めて検討を行い、現在の商取引債権に求められているプライオリティを再生手続・更生手続にしっかり反映させる必要があると考える。

　現在、商取引債権を保護する場合には、保全段階においても、手続開始後においても、実務上は、一般的に以下の基準を満たす必要があると考えられている[43]。すなわち、①商取引債権を弁済することにより、事業価値の毀損が防止され、商

---

[42] 伊藤眞「新倒産法制10年の成果と課題〜商取引債権保護の光と陰〜」伊藤眞ほか編『新倒産法制10年を検証する―事業再生実務の深化と課題』（金融財政事情研究会、2011年）2頁以下参照。
[43] 難波幸一ほか「会社更生手続における調査命令を活用した商取引債権保護モデル（調査命令活用型）の提言に対する東京地裁民事第8部（商事部）の検討結果」NBL890号49頁（2008年）。

取引債権の弁済を行わない場合に比べて商取引債権者以外の債権者に対する弁済率も向上すると合理的に見込まれること、②商取引債権者が従来どおりの約定及び支払条件での取引を承諾すること、③商取引債権を弁済することにつき特段の支障がないこと（当該債権を弁済することにつき資金繰り上問題ないと相当程度見込めること、また、将来の更生計画等の作成に支障を来さないことが相当程度見込めること等）である。これら三つの要件は、厳密には「早期に弁済しなければ事業の継続に著しい支障を来す」の文言解釈から設けられた要件ではないと思われるが、これらの要件を満たしていれば、民事再生法85条5項後半ないし会社更生法47条5項後半による裁判所の弁済許可が得られることになっているようである。上記文言との関係では、「商取引の継続が事業価値の維持またはその毀損を避けるために不可欠であり、仮に更生債権等である相手方の商取引債権に対する弁済を更生計画（等）の定めによらせることとすれば、必然的に、相手方は本来の弁済木における入金が期待できず、また、さらに更生計画（等）によって弁済期が繰り延べられ、あるいは債権額が減免されることとなれば、著しい経済的不利益を受けることとなる、その結果として相手方は、将来の取引の継続を拒絶することとなり、事業継続に必要な資材や役務が納入されなくなるために、事業価値が毀損する[44]」ことが商取引債権保護の実質的根拠となるとされている。さらに、「少額」については、負債総額の中での当該債権の割合、事業継続の上での弁済の必要性、資金繰りの状況、将来の更生計画による弁済の見込み等の要素を考慮して決するとされる[45]。従来は、これらの事項を考慮しても数百万円のレベルが「少額」として許可されていたが、昨今では数億円、場合によってはそれ以上の額が「少額債権」として認められ、弁済許可が与えられている[46]。

このように、現在実務で行われている商取引債権保護と条文上予定されていた

---

[44] 伊藤前掲注42・18～19頁。
[45] 東京地裁会社更生実務研究会編『会社更生の実務（上）』（金融財政事情研究会、2005年）178頁〔鹿子木康〕。
[46] 小畑英一「再生債権をめぐる諸問題」事業再生研究機構編『民事再生の実務と理論』（商事法務、2010年）120頁以下、菅野博之ほか「東京地裁におけるDIP型会社更生手続の運用」事業再生と債権管理127号29頁（2010年）参照。

保護の措置が乖離してきてしまっているため、矛盾が生じている。この状態を回避するために考えられる方法としては、まず、商取引債権のプライオリティを格上げしてしまう、つまり、共益債権化してしまうことが挙げられる。そうすれば、優先弁済する条文上の根拠が与えられる。ただ、共益債権化してしまうと手続開始後も随時弁済しなければならないため、商取引債権を保護する余力のない企業等には逆に大きな負担となってしまい、手続の進行に支障を来すおそれが生じる。特に再生手続を利用する企業等には負担が大きいであろう。もう一つは、現在と同じ裁判所の許可による優先弁済を維持し、条文上の文言をより明確にする、あるいは明確な要件を設けることである。ただ、文言の明確化、要件定立が非常に困難であることは否めない[47]。いずれも容易な修正ではないが、商取引債権保護の要請を明確に手続に反映し、現状の矛盾を改善するためにも、早急な対応が必要である。

(4) 現代における理想的なプライオリティ体系

これまでみてきたように、現代社会における倒産手続、特に再建型倒産手続においては、商取引債権のプライオリティを高くする要請が強くなってきているように思われる。まず、手続開始後迅速に商取引債権を保護することで事業継続を図り、最終的な弁済率の向上を図っている。手続開始直後の優先弁済の順序としては、租税債権や労働債権にも優先して商取引債権を弁済する場合もあろう。したがって、現代社会において事業再生を実現するためには、共益費用等を除いた倒産手続における債権のプライオリティは、もはや、租税債権・労働債権だけでなく、商取引債権を踏まえて検討する必要が生じているのではないだろうか。ところが、既述のとおり、現行倒産法上の債権のプライオリティは、商取引債権を原則的に一般の倒産債権として扱っているため、条文上の商取引債権のプライオリティが低い。では、どのようにプライオリティを修正すればよいだろうか。

---

[47] 要件定立については、拙稿「事業再生とプライオリティ修正の試み—Critical Vendor Ordersにみる商取引債権優先化プロセスの透明性—」同法60巻4号151頁（2008年）にて検討を試みている。さらに、事業再生迅速化研究会第3PT前掲注25・14頁も参照。

ただ単純に商取引債権のプライオリティを上げれば解決するわけではない。一部の大型更生事件を除いては、債務者の弁済原資には限りがあり、租税債権・労働債権のプライオリティを現行法どおり維持した上で、さらに商取引債権も優先的に取り扱わなければならないとすれば、資金繰りが瞬く間に悪化し、事業再生どころか牽連破産のおそれも生じてしまうだろう。したがって、商取引債権を保護した上で迅速な事業再生を図るためには、現在条文上も実質的な取扱いも非常に優遇されている租税債権のプライオリティを見直す必要があると考える。さらに、労働者健康福祉機構の優先権行使の根拠と範囲を明確化し、労働債権の機構への配当限度を検討する。そして、商取引債権保護の制度や要件を明確化して倒産法上の商取引債権のプライオリティを高くする必要があろう。

　なお、破産手続については、プライオリティ体系に商取引債権を含めることはできないが、破産手続の債務者が再建型倒産手続よりもさらに配当原資がひっ迫している状況にあることを考慮すれば、租税債権と労働債権のプライオリティの見直しについては、上記と同様に考えてもよいと思われる。

4　商取引債権に関する倒産法改正提案

　以下では、これまで検討してきた現代社会における理想的なプライオリティ体系を実現させるべく、現行法の改正案を若干提案してみたいと思う。なお、租税債権、労働債権の改正案については、木村真也弁護士による論稿（本書29頁）に詳しいため、本稿では商取引債権に関する改正案を検討する。

　商取引債権については、まず早急に民事再生法85条5項後半・会社更生法47条5項後半の文言と運用を改める必要がある。ただ、現行法の「早期に弁済をしなければ事業の継続に著しい支障を来す」の文言を修正したとしても、文言自体が抽象的な表現になっているため、やはり文言解釈に委ねざるを得なくなってしまうだろう。また、「少額」についても、債務者企業の規模に相違がある以上、ある金額を上限として「少額」の基準を設けることも合理的ではないように思える。ただ、やはり現行法に「少額」という文言がありながら、数億円ないしそれ以上

の金額の商取引債権の弁済が許可されているのは明らかに妥当ではない。

そもそも、民事再生法85条5項後半・会社更生法47条5項後半が本来予定しているのは、「早期に弁済しなければ事業の継続に著しい支障を来す」債権を優先弁済することであり、これに該当する債権のみを弁済するべきなのである。同項は、決して商取引債権を100％優先弁済できるツールとして設けられたものではなかったはずである。この点について、日本航空など大型の更生事件においては、商取引債権者の数が膨大なことから、「事業の継続に著しい支障を来す」の判断について、個別の債権者ごとに検討するのではなく、商取引債権者を包括的に弁済許可の対象とすることも検討されてよいとの見解もある[48]。確かに、大型の更生事件において手続開始直後の混乱期に、膨大な商取引債権者につき個別に判断していくことは実質不可能であろうし、事業価値の毀損も招いてしまう。しかし、そうだとしても、やはりそのような包括的な弁済許可を民事再生法85条5項後半や会社更生法47条5項後半に求めるのは現行法では難しく、包括許可を認める新たな法的措置を設けなければならないと考える。包括許可の是非については改めて別稿にて検討を行うとし、以下では、現行法の「早期に弁済しなければ事業の継続に著しい支障を来す」少額債権の弁済許可制度を前提とした上で、優先弁済の範囲をより明確化できるような改正案をいくつか検討してみたい。

(1) 期間で区切る方法

まずは、優先弁済の範囲を期間で区切る方法である。これは2005年アメリカ連邦倒産法改正で新設された503条(b)(9)に示唆を得ることができる[49]。同条では、倒産手続申立日より20日前までに納入された物品に対する代金請求権を一律共益債権とした。したがって、手続申立日より20日前までに物品が債務者に納入されてさえいれば、当該商取引債権は共益債権として優先弁済されることになったの

---

[48] 腰塚和男ほか「事業再生ADRから会社更生への手続移行に際しての問題点と課題(2)」NBL954号53頁（2011年）。
[49] アメリカにおける商取引債権保護の経緯と2005年改正については、拙稿前掲注47・151頁参照。

である。このような規定を設けることで、債務者は当該期間に生じた商取引債権については、「早期に弁済しなければ事業の継続に著しい支障を来す」ことを示す必要がなくなることになる。期間内に生じた商取引債権を機械的に優先弁済することができる点で非常に明確であり、かつ債権者側にとっても予測可能性を担保できることになろう。ただ、ではわが国ではどの程度の期間で区切るのかを決するのが困難である。というのも、日本における商取引の支払猶予期間は、アメリカに比して長期に及ぶことが多く、また業種によっても異なるため、全ての業種に妥当する期間の基準を設けることが容易ではないからである[50]。しかし、期間で区切ることが困難であれば、例えば、直近の取引1回分の商取引債権を優先弁済するなどと回数で決することも可能であるように思われる。また、共益債権化するという点もさらなる検討を要する点である。確かに、共益債権として条文上のプライオリティを上げてしまうことが最も明確に商取引債権保護につながる方法であるが、共益債権となれば、必ず当該商取引債権を優先弁済しなければならなくなってしまう。特に再生手続を用いる債務者等には、商取引債権を優先弁済する資産的余力がないものも多いため、一部とはいえ商取引債権を共益債権化してしまうと、その弁済で逆に事業が継続できなくなってしまうおそれも生じてしまう[51]。

(2) 負債総額との比率で区切る方法

さらに、負債総額との比率で区切る方法も考えられよう。日本航空の事例によれば、優先弁済された商取引債権約2,453億円は、結果的には負債総額の約9.2%であった。なお、優先弁済の許可が出された更生手続開始決定時点で想定されていた負債総額に対する弁済許可の対象となった商取引債権総額は約30%、最大商取引債権者の債権額は約2%であったようである[52]。このように、例えば、「優

---

[50] 通常、アメリカにおける支払猶予期間は15〜30日であることが多いが、日本では2〜3カ月に及ぶ場合がある。

[51] 現に、アメリカでは506条(b)(9)の新設に伴い、倒産手続開始直後に本条に該当する商取引債権を弁済するための費用が莫大に要するようになったと言われている。

先弁済する各商取引債権の債権額は負債総額の1〜2％以内であること、かつ、優先弁済する商取引債権の総額が負債総額の30％以内であること」などと基準を設けて優先弁済の範囲を機械的に区切ってしまうこともできよう。この方法が最も明快な基準であるように思われる。ただ、やはりその具体的基準の数値を決するのが困難であることは否めない。

(3) 「早期に弁済しなければ事業の継続に著しい支障を来す」の要件を設定する方法

最後は、やはり現行法を維持した上で、現在解釈が曖昧である「早期に弁済しなければ事業の継続に著しい支障を来す」場合の要件を具体的に設ける方法が考えられる。アメリカにおける商取引債権保護においては、2000年以降から裁判例において商取引債権を保護するための要件が明示されるようになり、債務者が裁判所に弁済許可を求める際には、それらの要件の提示が求められている[53]。この要件の検討はこれまでにも試みられてきたところであるが[54]、明確な要件を定立し、かつそれを実際に示すことが非常に難しい。特に、「商取引債権を弁済することにより、結果的に商取引債権者以外の債権者に対する弁済率が向上する合理的な見込み」（弁済率の向上）を手続開始時点で数値的に厳密に示すことは事実上不可能である[55]。したがって、「早期に弁済しなければ事業の継続に著しい支障を来す」の要件を定立しても、結局は裁判所による運用に委ねることになってしまいそうである。

以上、いくつかの方法を提案してみたが、最善策はいまだ見出せていない状態ではある。優先弁済の要件定立や範囲の明確化を厳格に行いすぎると、今度はそ

---

[52] 山本和彦「日本における本格的な事前調整型会社更生手続の幕開きへ」事業再生と債権管理128号6頁（2010年）。
[53] 拙稿前掲注47・168頁以下。
[54] 拙稿前掲注47・197頁以下、事業再生迅速化研究会第3PT前掲注25・16頁以下参照。
[55] 事業再生迅速化研究会第3PT前掲注25・16頁。

れらに束縛されてかえって事業再生に支障を来してしまうことも考慮する必要がある。しかし、商取引債権を保護することでより迅速な事業再生を実現するという社会の要請が生じている以上、その要請に対応しきれない現行制度の修正が不可欠であることは間違いないであろう。

5 おわりに

　本稿では、倒産手続の中でも、特に債権のプライオリティに焦点をあて、現代社会における理想的なプライオリティ体系の検討を試みた。原則的には債権者平等原則が適用されるべき一般の倒産債権たる租税債権、労働債権、そして昨今迅速な事業再生のために非常に重視されてきた商取引債権、この三種の債権を他の倒産債権よりも優先的に扱う場合、そのプライオリティはいかに調整すればよいのか。各々の債権には倒産手続において高いプライオリティを要請される目的や根拠があり、それを軽視することはできない。しかし、債務者の財団や弁済原資にも限りがあり、全てを同等に優先することも難しい。非常に難しい問題意識であったため、あくまで自らが考える理想的なプライオリティ体系とそれを実現させるための商取引債権に関する現行倒産法の改正案を若干提案するにとどまってしまったが、今後もさらなる研鑽を積み、実務的観点からも理想的なプライオリティ体系の模索に励んでゆきたいと思う。

II 実務的観点から見た租税債権、労働債権等に関する改正検討事項

弁護士　木村真也

はじめに

本稿では、杉本純子助教の論文「倒産手続におけるプライオリティ体系修正の試み―租税債権・労働債権・商取引債権について―」によるプライオリティにかかる改正の経過と今後の方向性を踏まえて、プライオリティに関連する事項として、労働、租税等の関係で実務上問題となる具体的事項について、問題点を指摘するとともに、改正の方向性について提案を試みたい。

1　破産手続関係

(1) 労働債権について
a　財団債権となる範囲の計算方法の明確化
ア　特殊事情により賃金額が減少していた場合の計算方法

退職直前に特殊事情により賃金額が減少していた場合の3カ月間の賃金の計算方法が、破産法上明確ではない。この点、平均賃金の計算方法（労基12条3項）に準拠する旨の改正をすることとすれば、基準の明確化と解雇予告手当等の算定方法との共通性が図れるとの利点があり、労働者の保護に資する[1]。

イ　破産手続開始前に一部の退職金が支払われていた場合の財団債権の範囲の明確化

1　問題点を指摘するものとして、『条解破産』966頁。この点について、労働基準法12条3項による平均賃金の算定方法を参考とするべきとするものとして、『基本構造』347頁〔山本和彦発言、花村良一発言〕参照。

破産手続開始前の一部弁済がなされていた場合、退職金債権のうちどの範囲で財団債権となるかが条文上明確ではないが[2]、開始決定時点での残額について破産法149条を適用して財団債権の範囲を定めることが労働者の保護の趣旨に沿うと思われ、その旨（財団債権の成立基準時）を条文上明確にすることが望ましい。

b 租税債権との優劣関係の統一性の確保

労働債権は、財団債権相互間の順位は手続費用等に次ぐが（破152条2項）、優先的破産債権相互間の順位は実体法の順序によるので、租税債権に劣後することとされている（破98条2項[3]、国税徴収法8条、地方税法14条、民308条）。

倒産手続の中での優先順位は、実体法上の優先順位が基礎となるとしてもそれをもとに倒産手続の特性に応じて定められるべきものであり、かつ、倒産手続の迅速な進行の観点からできる限り単純明快であることが望ましい。財団債権内部の優先順位は実体法上の順位によらずに破産法上の性質に応じて単純化されているのに対して（破152条2項）、優先的破産債権内部では実体法上の優先順位をそのまま採用することについては合理性が乏しい。現に、優先的破産債権たる租税等の請求権内部についても、倒産手続外で認められる交付要求先着主義[4]は採用されていないところである[5]。更生手続においても、優先的更生債権内部での細かな順位分けはなされない（会更168条1項本文）。

以上からすると、優先的破産債権の内部においても、倒産法上の要請に従い優先順位を定めるべきであり、このような観点から見ると優先的破産債権においても労働債権を租税等の請求権に劣後させることは相当ではなく、実体法上の順位に従うとの現行法を改め、優先的破産債権に含まれる債権の順位は同順位とするべきである。

---

2 問題点を指摘するものとして、『条解破産』966頁。
3 破産法98条2項に相当する条文は旧破産法にはなかったが、旧破産法下の解釈を明文化したものであると説明される（『一問一答破産』145頁）。
4 交付要求先着主義については、国税徴収法13条、地方税法14条の7、金子宏『租税法〔第16版〕』（弘文堂、1997年）780頁参照。
5 優先的破産債権としての租税の優先順位に関し、交付要求先着主義については合理性がなく、また、煩雑であるため採用されなかったことにつき、『一問一答破産』193頁。

c 労働債権の弁済許可の制度（破101条）の合理化

　労働債権の早期弁済の制度として活用が期待されるところであるが、実務運用上、労働債権の弁済許可制度に代えて、和解許可の制度による庁がある[6]。

　現行制度上の問題点として、①労働債権の弁済許可に際して債権届出を要件とすることは適切ではないこと[7]、②債権者の生活の維持を図るのに困難を生ずるおそれについての要件は、現実には個別的に認定することが困難でありまたは相当ではなく、要件として機能しないこと[8]、③適用対象として解雇予告手当が含まれることを明示するべきこと[9]等を指摘することができる。そこで、①債権届出及び②債権者の生活の維持を図るのに困難を生ずるおそれについての要件を緩和し、③適用対象として解雇予告手当を含める旨の改正をすることが適当である。

d 解雇予告手当を提示しない即時解雇による解雇予告手当の財団債権化

　現行法下では従業員の解雇には予告手当の支払をすることを要するとしつつ（労基20条）、破産申立てに際しての解雇の場合には解雇予告手当の支払がなくとも解雇は有効であり[10]、かつ解雇予告手当は優先的破産債権にとどまるものとして扱う例が多いと思われる[11]。

　しかしながら、解雇予告手当の制度が従業員の生活費等の確保のための基本的な解雇規制[12]であること、予告期間をおいて解雇した場合にはその間賃金が発生

---

6 『運用と書式』276頁。『破産・民再の実務（中）』104頁〔杉田薫〕では、平成19年10月までに5件の許可をしたとされるが、やはり利用件数は少ないようである。
7 とりわけ、いわゆる留保型の運用を基本とする場合には、労働債権の弁済のために全債権者に債権届出を促すということは必ずしも適当ではないこと等から、労働債権の弁済許可の前提として破産債権の届出を必要とすることは支障を来す。
8 特段の事情のない限り個別に認定をする必要がないとするものとして、『運用と書式』218頁。
9 破産法101条を解雇予告手当に類推適用するべきとするものとして、『運用と書式』218頁。
10 解雇予告手当の支払をしない即時解雇の有効性について、菅野和夫『労働法〔第9版〕』478頁は、判例は、解雇を有効として30日分の賃金または解雇予告手当の請求を認めるとする。
11 『はい6民』208頁、『条解破産』963頁、『実践マニュアル』275頁。
　なお、解雇予告手当の支払なくしてなされた即時解雇は、その後30日を経過するまで効力を生じないとして（最判昭和35.3.11民集14巻3号403頁）、解雇後30日の未払給料は、破産法149条による財団債権となるとするものとして、『運用と書式』214頁、『破産・民再の実務（中）』85頁〔大野祐輔〕、『破産管財の手引』196頁〔島岡大雄〕。

するものであることとの均衡を図るべきことから、解雇予告手当を破産手続上財団債権として取り扱うべきである。

解雇予告手当は、現行破産法上、優先的破産債権にとどまり、労働債権の弁済許可の制度（破101条）の直接適用もなく、独立行政法人労働者健康福祉機構（以下、「機構」という。）の未払賃金等の立替払いの対象ともならない等倒産手続上の保護が薄い。その結果、破産手続開始前に従業員に一部の賃金等を支払う場合に優先的破産債権から弁済をするという取扱いをして労働者を保護する対応もみられるが、制度自体に問題があるというべきであろう。

e 労働者健康福祉機構の立替払手続の整備

ア 解雇予告手当の立替払対象性

賃金の支払の確保等に関する法律（以下、「賃確法」という。）7条では、立替払いの対象は「未払賃金」とされ、解雇予告手当が含まれていない[13]。しかしながら、上記のとおり解雇予告手当は賃金に代わる重要な意味を持つ債権であり、解雇予告手当も立替払いの対象に含めるべきである。

イ 立替払金の充当関係と代位の法律関係の明確化

現在の運用においては、機構は未払賃金の立替払いをすることにより、機構所定の方法により未払賃金等に充当され[14]、機構はその債権に代位するものとされている。しかしながら、このような充当方法の根拠及び労働債権への代位の可能性については法律上根拠が明確ではない。これらの点は、立替払制度の基本的内容をなし関係者に重要な影響を及ぼすものであるので、賃確法等において明文の定めを置くことが適当である。

ウ 特別徴収住民税、社会保険料の引去り不足の問題の対応

---

12 菅野和夫『労働法〔第9版〕』（弘文堂、2010年）477頁。解雇予行義務に反した解雇の有効性についても諸説あることにつき、同書478頁参照。
13 機構のホームページにおいても、その旨解説がなされている（http://www.rofuku.go.jp/kinrosyashien/miharai.html#sec4）。
14 退職手当、未払賃金の順に充当され、未払賃金は古い順に充当される（機構の業務方法書）。また、実務上、退職金は財団債権部分と優先債権部分に按分して充当される（『運用と書式』221頁）。

機構は、未払賃金の額面額（社会保険料、特別徴収住民税の控除前の額）の証明を管財人に求め[15]、その金額の8割相当額等所定の限度額の範囲で立替払いを実施する。これは、賃確法7条において「未払賃金（支払期日の経過後まだ支払われていない賃金をいう。）があるときは、…当該労働者（…）の請求に基づき、当該未払賃金に係る債務のうち政令で定める範囲内のものを当該事業主に代わって弁済するものとする。」との定めがあることをふまえて、未払賃金とは法定控除前の額面額であるとの解釈に基づき実施されているものであると思われる。

　しかるに、法定控除額が多額である場合には、法定控除前の額面額の8割部分を現金で支払うと、支払額が過剰となるという引去り不足の状態が生じる。このような場合にも機構は現実の立替払実施額につき破産財団に対する求償権を主張するが、破産財団としてはその全額の支払に応じると本来の破産財団が毀損されるため問題が生じる。

　この問題の根本は、機構が上記法定控除を行わない賃金等の額面額を前提に立替払い額を算定することにあり、未払賃金額の算定方法を改める必要がある。賃確法7条における立替払いの対象を未払賃金のうち法定控除額を除くものと定めることにより上記のような不都合を回避する必要がある。

エ　保全管理人への未払賃金の証明権限の付与

　未払賃金等の立替払いの請求は、「裁判所の証明書又は当該事業主について破産手続開始の決定があつた場合にあっては破産管財人、特別清算開始の命令があつた場合にあっては清算人、再生手続開始の決定があつた場合にあっては再生債務者等、更生手続開始の決定があつた場合にあっては管財人の証明書」を添付してしなければならず、保全管理人は上記のような証明の権限を認められていない（賃確規則17条2項、12条1号）。

　しかしながら、再生手続の廃止決定に伴う破産手続のための保全処分（民再

15　機構作成のパンフレット「未払賃金立替払制度の概要と管財人等が証明する際の留意事項及び記載要領」参照。そのパンフレットの11頁に「差引額」とは事業主の債権（例えば、社宅料、物品購入代金、貸付金返済金等）に基づく差引額をいいます。」とされており、社会保険料、特別徴収住民税を控除しない金額の記載を求めている。

251条1項、破91条2項)、更生手続の棄却決定や廃止決定の確定に伴う破産手続のための保全処分（会更253条1項、破91条2項）等の場面において、速やかに労働者（とりわけこの場面は再生手続、更生手続のために尽力した労働者が問題となっている。）の賃金等の立替払いの手続を整備する必要がある。ここで、保全管理人が未払賃金等の証明をなし得ないことは重大な支障となるため、保全管理人にも証明の権限を認める必要がある。

(2) 租税債権について

a 破産手続開始決定前に開始した滞納処分の取扱い

破産手続開始決定により滞納処分は続行するものとされている（破43条2項）。これは、財団債権のみならず優先的破産債権たる租税等の請求権についても同様とされる。この点について、滞納処分が開始決定に先行している場合、「別除権的地位」があると説明がされるが[16]、破産手続開始決定後には新たな滞納処分をなし得ないこと（破43条1項）との均衡を欠く。その結果、破産手続開始の申立て予定との情報が漏れるや、至急に滞納処分がなされるという事例もあり、その結果破産財団が大幅に毀損されることとなる[17]。

このように、開始前に滞納処分がなされた租税等の請求権をそこまで保護する必要はなく、他の財団債権に基づく強制執行（破42条2項参照）と同様に滞納処分を失効させるべきである。

b 否認権の排除（破163条3項）の見直し

現行法下では、破産者が租税等の請求権または罰金等の請求権につき、その徴収の権限を有する者に対してした担保の供与または債務の消滅に関する行為については否認権が排除されるが、これらの債権についても一切の否認の可能性が排

---

16 『一問一答破産』191頁。
17 滞納処分の係属中に破産手続が開始した場合が本文の問題であるのに対して、破産手続開始決定前に滞納処分による回収が終了した場合には、否認権の問題となり、後述（b）するように租税債権の回収行為について否認権行使の余地を認めるべきであることと関係する提案である。

除されることは相当ではない。優先的破産債権たるべき租税等の請求権について、破産手続開始決定直前に多額の回収や担保提供がなされた場合等を考えれば、否認の可能性を残しておくべきである[18]。

具体的に問題となる場面として、以下のようなものがある。

第1に、債務者の信用不安の情報が広まった段階で、滞納処分により重要資産からの回収がなされる場合である。他の破産債権者が同じ時期に回収行為をしたときに否認権が行使され得るのに対して、租税債権については否認権が一切行使され得ないというのは均衡を失する。

第2に、更生手続の係属中、とりわけ更生手続の廃止決定等により牽連破産手続に移行する過程における滞納処分が問題となる。すなわち、現行法上は、更生手続において滞納処分が禁止されるのは原則として1年間にとどまり、その後は他の更生債権者等の権利行使が禁止される中で滞納処分による偏頗的な回収がなされる可能性がある。しかも、更生手続廃止決定または更生計画不認可決定がなされてもその確定までは破産手続のための保全処分がなされ得ないため、これらの場面において滞納処分により偏頗的な回収がなされるおそれがあり、破産手続において否認権により是正する必要性が高い場合が生じ得る。この点は、更生手続上の租税債権の滞納処分の制限と更生手続廃止等に伴う保全処分について後述（3⑵）する立法提案と関係する

　c　清算所得課税

　ア　清算法人税の財団債権非該当性の明確化

清算法人税の財団債権性については見解が分かれているが、破産財団の管理換価費用等に該当するとは思われず、劣後的破産債権とする等明文規定を置くことが望ましい。

　イ　第2会社方式を採用するスキームでの支障

いわゆる第2会社方式による事業再生は広く使われてきたが、清算所得課税の

18　同条の立法論的検討の余地を指摘するものとして、『条解破産』1050頁、『新破産法の基本構造』419頁以下参照。

改正の結果、第2会社方式の下で旧会社に免除益課税がなお回避できない懸念が残る場合には、旧会社は破産手続等に入ることを検討するほかない状況となる[19]。このような事態は望ましいことではなく、少なくとも更生手続、再生手続、特別清算手続ないし一定の私的整理手続のなかでは、清算法人の免除益その他の各年度の所得に対して法人税を課税する制度は廃止するべきである。

d 源泉徴収の要件等関する整備
ア 源泉徴収義務の範囲の明確化

破産管財人の源泉徴収義務について判断した最判平成23.1.14民集65巻1号1頁のもとでも、例えば、個人破産者の破産管財人の源泉徴収義務の有無、源泉徴収義務の判断基準を破産者とするか破産管財人とするか、破産者固有の源泉徴収義務が残るか、納税地をどのようにするか、納付実務において納付書に破産者の整理番号を記載することが求められているところ破産者に整理番号がない場合の取扱い等[20]、源泉徴収義務の内容や範囲が明確ではなく、議論がなされている[21]。各地の税務署の指導も区々であることが指摘されている。

また、上記判決の射程外の制度として、財団債権たる労働債権の弁済、優先的破産債権たる労働債権の許可（破101条）による弁済の場合における源泉徴収義務の有無、破産管財人が雇用契約について履行選択した場合における破産手続開

---

[19] 第2会社方式につき、木内道祥監修『民事再生実践マニュアル』（青林書院、2010年）263頁参照。清算所得課税の改正法のもとでも、期限切れ欠損金の活用等により免除益課税を回避しうる場合があることが指摘されるが（事業再生研究機構編『事業再生における税務・会計Q&A〔増補改訂版〕』（商事法務、2011年）6頁〔稲葉孝史〕）、なお免除益課税の懸念が払拭しきれない場合が残りうると思われる。

[20] 源泉徴収にかかる所得税の納付方法（整理番号の記載を要することを含む）について、国税庁『源泉徴収の仕方 平成22年版』3頁参照。

[21] 長屋憲一「倒産実務家の立場から－最二小判平23.1.14を契機として」金法1916号60頁（2011年）、山本和彦「破産管財人の源泉徴収義務―最高裁判決への所感」金法1916号57頁（2011年）、垂井英夫「破産管財人の源泉徴収義務〜最高裁平成23年1月14日判決の解釈」税理2011年5月号106頁（2011年）、古田孝夫「時の判例」ジュリ1432号100頁。『破産管財の手引』382頁以下〔島岡大雄〕は、法人、個人の破産管財人を区別することなく、破産管財人報酬につき源泉徴収義務があると指摘するので、破産管財人を「支払をする者」と解する立場に立つものとも理解し得る。

始前後の賃金支払等についての源泉徴収義務の有無等が問題となり得る。

　そのほか、給与等の支払をする者は、その支払を命ずる判決に基づく強制執行によりその回収を受ける場合であっても、所得税法183条1項所定の源泉徴収義務を負う旨を判示した、最判平成23.3.22民集65巻2号735頁との間で、所得税法204条1項にいう「支払いをする者」の判断方法の整合的理解[22]、執行手続との統一的処理をも視野に入れる必要がある。

　租税法律主義（日本国憲法84条）のもとで、源泉徴収義務は法律上明確に定められるべきであり、上記の問題を含めて要件、義務の範囲を明確化することが重要である[23]。

　イ　源泉徴収所得税の財団債権としての順位の明確化

　例えば破産管財人報酬の源泉徴収について、破産管財人報酬と同順位か否かが明確ではなく議論されている[24]。この点についても源泉徴収所得税が財団債権としてどのような順序によるものかについて立法上明確にすることが望ましい。

　e　消費税、法人税、所得税の申告方法の合理化

　ア　清算法人の消費税の申告、納税方法の合理化

---

[22] 同最判は、強制執行の場面においては債務者を「支払いをする者」としていると解され、破産手続に置き換えると破産者を「支払をする者」とする立場になじむとも思われ、平成23年1月最判の判断方法との間に相違点がみられる。

[23] 破産管財人の源泉徴収義務に関して立法論的解決の必要性を指摘するものとして、岡正晶「破産管財人の源泉徴収義務に関する立法論的検討」金法1845号16頁（2008年）、須藤典明「破産管財人の源泉徴収義務」金判1360号1頁（2011年）参照。

　なお、独立行政法人労働者健康福祉機構が未払賃金の立替払いを行う際には、租税特別措置法29条の5により、退職手当等とみなされるとの規定が置かれており、退職所得の受給に関する申告書・退職所得申告書を提出することにより所得税及び源泉徴収の範囲が限定される。同機構は未払賃金の立替払いにつき、この特例の範囲での源泉徴収を行っているのであり（http://www.rofuku.go.jp/kinrosyashien/miharai.html#sec8）、破産管財人が労働者の賃金について源泉徴収義務を負う場面においても、同様な特例措置を設けることが考えられる。

[24] 前掲最判平成23.1.14は、この点について、「弁護士である破産管財人の報酬に係る源泉所得税の債権は、旧破産法47条2号ただし書にいう「破産財団ニ関シテ生シタルモノ」として、財団債権に当たるというべきである」と判断しており、破産管財人報酬が解釈上最優先順位の財団債権であるとしても、これにかかる源泉所得税が同順位であることは必ずしも理論上明確であるとは言えない。

清算法人が破産財団から放棄された建物等を売却した場合のように、破産手続の係属する清算法人が課税取引を行った際の消費税の申告、納税の方法を明確化するべきである。

　現在の運用では、破産管財人の管理処分権が及ばないため破産管財人には申告、納税義務はないと解されるところ、清算法人についても清算人はいわゆるスポット清算人として、ある特定の財産の売買の実行等に限って選任される運用であるため[25]、消費税の申告等を行わないまま選任決定の取消決定がなされる例が見られ、申告主体と方法に混乱がある。

　実務的には、税務署の指導により、清算人が財産の売却行為に伴い売却先から受領した消費税を破産管財人に預託して破産管財人が便宜上破産財団にかかる消費税の申告と併せて申告、納税をする例も見られるが、破産財団から放棄した財産にかかる消費税は財団債権に該当するものではないのであって当該財産を破産財団から放棄して破産手続の迅速な進行を目指した趣旨と矛盾する面がある。いわゆるスポット清算人の実務運用を前提としつつ、清算人が適切かつ簡便な申告・納税をなし得る方法を構築することが重要である。

イ　個人破産者の消費税の申告、納付手続合理化

　個人事業者の破産事件で、破産管財人が財団帰属建物等を売却した場合、事業用の建物であること等により[26]消費税が課税される場合に、消費税の申告の方法が明確でない[27]。

　この点も破産管財人として申告をし、破産財団から財団債権として納付すること（破148条1項2号）との取扱いを可能とするために、破産管財人が申告をすることを可能とし、かつ、申告時期についても必ずしも毎年3月とするのではなく、任意の時期における申告を可能とすることが望ましい。

---

[25] スポット清算人の運用については、『実践マニュアル』389頁参照。
[26] 消費税の課税要件については、金子前掲注4・600頁以下参照。
[27] 個人の破産管財人は個人の所得税、消費税等の申告義務を負わないと解されていることにつき、『実践マニュアル』319頁。

(3) 優先権の及ぶ範囲についての合理化

a 手続間の移行と優先権の承継方法の合理化

先行する手続の共益債権・財団債権は、後行する手続の共益債権、財団債権とする制度が整備されている（民再39条3項、252条6項、会更50条9項、254条6項）。

ところで、先行手続の共益債権等の中には手続費用とその他種々の共益債権が含まれるところ、これらが後行手続の財団債権等とみなされる際に、全て同列の財産債権等と扱われ、財産が不足する場合には按分弁済の対象となることとなる（破152条2項）。

しかるに、先行手続、後行手続を通じて手続費用等手続の運営に不可欠な費用の部分についての他の共益債権及び財団債権からの優先性を認め、先行手続の費用も後行手続（とりわけ破産手続）の中で優先的に回収されるという制度構築が、手続の安定に資すると思われる[28]。

b 優先権の代位の認められる範囲の合理化

租税債権、労働債権、その他の共益債権について、法定代位（民501条）、債権譲渡の可否について、判例及び学説上明確でない部分があり[29]、それらの代位の可否及び範囲を明確化する必要が高い。

2 再生手続関係

(1) 租税債権について

a 中止命令等の可能性

再生手続上の中止命令、包括的禁止命令は、滞納処分を停止する効力を有しないが（民再26条、27条）、事業の再生のために一時的に滞納処分を停止して協議を

---

[28] 牽連破産の場合における先行手続の共益債権の中にも、牽連破産手続において共益性の強いものとそうではないものがあることを指摘するものとして、松下淳一「財団債権の弁済」民訴雑誌53巻63頁。
[29] 最判平成23.11.22金法1935号52頁、最判平成23.11.24金法1935号50頁、杉本純子「優先権の代位と倒産手続―日米比較による一考察」同志社法学第59巻1号173頁（2007年）、裁判例及び学説につき、『条解破産』944頁、967頁参照。

することが必要である場合もあるため、限られた範囲ではあれ中止命令、包括的禁止命令により滞納処分を禁止、停止、取消しすることを可能とする必要があると思われる。

　b　再生計画における租税債権の権利変更の可能性

　再生手続においても、租税債権者の同意を得て租税債権者の権利変更をする旨の再生計画を定めることを可能とすることが事業再生に資する。現行会社更生法169条のように重要な権利の変更については徴税の権限を有する者の同意を要することとすれば、租税債権の回収の利益を侵害する虞もない。

(2)　その他

　a　再生手続開始申立後の債権の共益債権化（民再121条）の制度の合理化

　再生債務者が、再生手続開始の申立後再生手続開始前に、資金の借入れ、原材料の購入その他再生債務者の事業の継続に欠くことができない行為をする場合には、裁判所は、その行為によって生ずべき相手方の請求権を共益債権とする旨の許可をすることができ、裁判所は、監督委員に対し、許可に代わる承認をする権限を付与することができるものとされる（民再120条1項、2項）[30]。

　しかしながら、再生手続開始申立直後の混乱期において、事業の継続のための緊急対応を迫られる中で、個々の債権を特定して事前に裁判所の許可または監督委員の同意を得ることは極めて困難である。その結果、事後の同意が許容され、かつ、その場合にもある程度包括的な同意をすることで実務的な対応が図られる場合が多い[31]。

　そもそも、再生手続開始申立直後の混乱期に、事業の再生のために取引先への取引の協力を要請する場面において、今後継続する取引による債権についてすら

---

[30]　DIPファイナンスの取扱につき、瀬戸英雄「事業再生における資金調達」『倒産の法システム（3）』125頁以下参照。

[31]　木内監修前掲注19・149頁。東京地裁では口頭で承認申請をし、書面を追完するとの運用もあるとされる（民事再生実務合同研究会編『民事再生手続と監督委員』（商事法務、2008年）102頁参照）。

明確に共益債権であると断言することができない制度では、事業再生の肝要の時期における取引先の信用回復の機会を損なう虞がある。共益債権に該当するには、もとより「再生債務者の事業の継続に欠くことができない行為」である必要があるが、保全管理人が選任されている場合（民再120条4項）と同じく、上記の要件を満たす行為による債権は特段の許可、承認の手続を経ることなく共益債権とするべきである[32]。過大な共益債権を負担することを防止する方法としては、重要な行為を裁判所の許可事項、監督委員の同意事項とすること（民再41条、54条2項）でたりる。または、少なくとも監督命令が発令され監督委員の監督を受けている場合（その場合には再生手続開始申立ての取下げが制限される。民再32条）には開始前の再生債務者の行為による債権を当然に共益債権化することが考えられる。

3 更生手続関係

(1) 労働債権について

a 共益債権となる労働債権の範囲の明確化[33]

更生計画認可の決定前に退職した当該株式会社の使用人の退職手当の請求権は、退職前6月間の給料の総額に相当する額またはその退職手当の額の3分の1に相当する額のいずれか多い額を共益債権とするものとされる（会更130条2項）。

退職前6月間の給料の算定について、破産法149条2項につき上述したのと同様な問題（1⑴aア　特殊事情により賃金額が減少していた場合の計算方法、イ　破産手続開始前に一部の退職金が支払われていた場合の財団債権の範囲の明確化）がある。

---

[32] ほかにも、民事再生法50条2項等、再生手続開始申立後開始決定までの間の再生債務者の行為に基づく請求権を開始決定後共益債権とする規定はあり、開始決定前の行為が当然に開始決定後共益債権となることは背理ではない。

[33] 会社更生法130条4項では本来的共益債権となる退職手当については全額共益債権とする規定があるのに対して、破産法149条ではこのような規定がないが、破産手続上雇用契約を破産手続開始後にわたって長期間継続することはあまり想定されないことから、この相違は適当であろう。

b 認可決定後の退職者の退職手当の権利変更方法の合理化

更生手続においては、認可決定前に退職した使用人の退職手当の請求権は退職前6月間の給料の総額に相当する額またはその退職手当の額の3分の1に相当する額のいずれか多い額を共益債権とするものとされ、その余が優先的更生債権とされて（会更130条2項）、退職後1月以内に届出をし、調査をするものとされている（会更140条、149条）。他方、認可決定後に退職した使用人及び取締役等の退職手当の請求権は、認可決定による免責の効力が及ばないものとされている（会更204条1項2号）。

認可決定前に退職した使用人に関する規律は使用人の保護と手続の迅速を図るものとして適当であるが、認可決定後に退職した使用人及び取締役等の退職手当については、その権利の性質が更生債権であるのか否か、権利変更を受けないのか、どのように支払がなされるかが明確ではない。現行法下の解釈としては、更生計画認可決定後に退職した使用人の退職手当は優先的更生債権、取締役等の退職慰労金は一般更生債権と解した上で更生計画による免責の効果が及ばず（会更204条1項2号）、更生計画認可決定により弁済禁止効もなくなるとして随時全額の弁済がなされるとの見解が有力であると思われる[34]。

しかしながら、優先的更生債権となる使用人の退職手当の請求権と、一般的更生債権となる取締役等の退職手当の請求権が同様の取扱いを受けるとすると相当とは言えないこと、使用人の退職手当の請求権が一切共益債権とされないとするとその後更生手続が廃止されて破産手続に移行した場合における保護にかけることが問題となる。

この点については、使用人の退職手当については、会社更生法130条と同様に一部の共益債権化をし、残額を優先的更生債権部分とする旨の規律を設ける必要がある。また、使用人の退職手当のうち優先的更生債権部分及び役員の退職手当としての更生債権の更生計画における取扱いについては、民事再生法181条のように届出のない更生債権について更生計画に定める一般的基準に従い権利変更がなされるべき旨の規定を置くことが適当ではないかと思われる。なお、この場合、併せて、更生計画案の必要的記載事項として、民事再生法156条と同様に権利変

更に関する一般的定めを設けるべき旨の改正を要することとなる。

(2) **租税債権**について
  a **更生手続開始決定により滞納処分が中止等される期間の制限**
    （原則 1 年、会更50条 2 項）

更生手続開始決定により、新たな滞納処分が許されずまたは既になされている滞納処分が中止される期間が原則として 1 年間とされること（会更50条 2 項）は短きに失する[35]。更生手続の迅速な運用が図られているものの、更生手続開始決定から更生計画認可決定まで 1 年間を経過する事案は少なくない。

過去に租税を滞納した会社の更生手続が 1 年を超える場合に、滞納処分の禁止の期間を延長するには、裁判所が徴収の権限を有する者から事前に同意を得て期間の伸長決定をすることを要するが、徴収の権限を有する者の同意を得ることは

---

[34] 議論の詳細は、兼子一監修『条解会社更生法（下）』739頁以下、同（中）596頁参照。見解の対立があるが、更生手続開始前から雇用され認可決定後に退職した使用人の退職手当については、全額優先的更生債権とされ（ただし、会社都合退職の場合には全額共益債権）、更生計画による権利変更はなされず、認可決定により個別権利行使が可能となるとされる。牽連破産の場合に、認可決定前の退職者と比較して共益債権の範囲が狭い点が問題であるが立法的に解決するほかないとする。他方、更生手続開始前から就任し認可決定後に退任した役員の退職手当については、その成立につき株主総会決議（または定款の記載）を要するほか、管理処分権が専属する管財人の同意を得るべきであるとした上で、その請求権は更生債権となるとされ、更生計画による権利変更はなされず、認可決定により個別権利行使が可能となるとされる。

なお、会社更生法66条 1 項本文、34条 5 項により、保全管理人及び管財人の選任期間中には取締役等は会社法361条にいう報酬等を請求することができないとされる。会社法361条の報酬等には退職慰労金が含まれるため（江頭憲治郎『株式会社法〔第 4 版〕』432頁（有斐閣、2011年））、上記期間中に対応する退職慰労金の支給決議は許されないと解される。また、認可決定後に退職する使用人及び取締役の退職手当について、更生計画案に権利変更の条項を盛り込んでおくことにより実務的に対応することも想定し得るが、会社更生法205条 1 項が更生計画により変更し得る権利を明文上「届出をした更生債権者等及び株主の権利」に限定している以上このような対応の適法性についても疑義が残ると言わざるを得ない。

[35] 立法趣旨については、わが国の集団的債務処理の法体系中、租税債権は常に最優先の地位を保障されてきたが、会社更生法は、企業の社会的価値を認め、その解体換価による社会的損失を防止することを目的とし、租税等の請求権も共益債権とせず、更生債権（または更生担保権）としつつただその特殊性を考慮して手続上、実体上の特例を定めたものとされる（兼子一監修『条解会社更生法（上）』581頁）。

実際には極めて困難である。そうすると、更生手続中に滞納処分が可能となり事業の更生が困難となるばかりか、他の更生債権者等が個別執行を禁止される状況のもとで（会更47条1項）、偏頗的な滞納処分がなされることとなり相当ではない[36]。

とりわけ、更生手続廃止決定等がなされたのち、その確定までは後述(b)のとおり破産手続のための保全処分の余地もない（会更253条1項2号、3号）。租税等の請求権に基づく滞納処分は、更生手続開始決定後2年または更生計画認可決定までの期間中止等の効力が存続するものとするか、裁判所は徴収の権限を有する者の同意を要することなくその期間を延長し得ることとするべきである。

b　破産手続等への移行に際しての保全処分

現行法下では、更生手続の開始決定の取消し、更生手続の廃止、更生計画の不認可の決定がなされた場合には、その確定までの間、破産手続のための保全処分をなし得ない（会更253条1項2号、3号）。この点は、更生手続においては、担保権や租税等の請求権を含めて個別権利行使が許されず、また原則として管財人が選任されていることから、各決定の確定までの間に破産手続上の保全処分を行う必要が少ないことによると解される[37]。

しかしながら、上記のとおり、更生手続上、租税等の請求権の滞納処分の禁止は、原則として更生手続開始後1年間に制限されており（会更50条2項）、その期間を経過した更生会社について廃止決定、不認可決定等がなされて確定するまでの間に滞納処分がなされるならば、牽連破産手続（会更252条等参照）における破産財団を大きく毀損することとなる。なお、この場合、破産手続開始決定前の更生会社が更生手続終了前の破産手続開始の申立てを行い、これに伴う保全処分が

---

[36] 現行法のもとでは、更生手続下での滞納処分により租税債権の偏頗的な回収が行われ、その後、更生手続が廃止されて破産手続に移行した場合においても、破産手続下でそのような執行行為を否認することができないと解されること（破163条3項）から、さらに問題が大きいといわなければならない。

[37] 再生手続から破産手続へ移行する場面における保全処分は、再生手続廃止、再生計画不認可、再生計画取消の決定の時点でなし得るものであり、確定を要しないことと異なる（民再251条1項）。

なされる余地があるが（会更251条）、そのような申立てがなされない場合における問題は残る[38]。

よって、更生手続の開始決定の取消し、更生手続の廃止、更生計画の不認可の決定がなされた段階で（確定前において）、破産法28条2項による包括的禁止命令等の保全処分をなし得るよう改正するべきである[39]。

　c　否認権の排除（会更87条3項）の見直し

破産について述べた（1(2)b）のと同様である。

　d　租税債権の共益債権の範囲（会更129条）の合理性

更生会社に対して更生手続開始前の原因に基づいて生じた源泉徴収に係る所得税、消費税、酒税、たばこ税、揮発油税、地方揮発油税、石油ガス税、石油石炭税、地方消費税、申告納付の方法により徴収する道府県たばこ税（都たばこ税を含む。）および市町村たばこ税（特別区たばこ税を含む。）ならびに特別徴収義務者が徴収して納入すべき地方税の請求権で、更生手続開始当時まだ納期限の到来していないものは、共益債権とされている（会更129条）。

しかしながら、租税等の請求権は、更生手続上同意を得なければ一定の免除等を内容とする更生計画案を作成できないこと（会更169条）等、十分に優遇されており、それ以上に保護を厚くする必要はない。

さらに、上記の各種租税が優遇される根拠として、実質的納税義務者から徴収するものとして取戻権に類する性質を有するとの説明がなされるが[40]、「取戻権」というのであれば129条所定の期間に限定すること、及び、破産手続等他の手続でもそのような取扱いはみられないことの説明がつかない。かつ、更生手続開始

---

[38] さらに、破産手続開始決定後の更生会社、及び、既に開始された再生手続のある更生会社については、更生手続終了前の破産手続開始の申立てをすることができない点でも（会更251条1項、2項）、やはり保全しきれない場面が残る。

[39] 上記の問題点は、本文記載の改正による他、①更生手続における租税等の請求権の滞納処分の期間制限を撤廃することや、破産手続開始決定に先行する滞納処分について開始決定により停止するとの改正をすること等別の改正によりある程度対応が可能であるが、併せて保全処分の制度の拡充をすることが望ましい。

[40] 最判昭和49.7.22民集28巻5号1008頁、兼子監修前掲注34（中）430頁。

直後の混乱期であり資金のひっ迫する時期に、複雑な租税の取扱いと納付を問題とすることは、事業の更生の上でも支障となりかねない。

よって、会社更生法129条を削除することが相当である。

e　更生計画における租税債権の権利変更

更生計画において、租税等の請求権につき、その権利に影響を及ぼす定めをするには、徴収の権限を有する者の同意を得なければならないものとされる（会更169条1項本文）。ただし、当該請求権について3年以下の期間の納税の猶予若しくは滞納処分による財産の換価の猶予の定めをする場合または一定の延滞税及び延滞金の請求権についてその権利に影響を及ぼす定めをする場合には、徴収の権限を有する者の意見を聴けば足りる（同ただし書）[41]。

この結果、租税等の請求権の滞納額を一括して支払うことができない更生会社は、租税等の請求権の取扱いについて徴収の権限を有するものの個別の同意を得ることを要する。この同意が得られない場合には、たとえ更生計画につき更生債権者等の圧倒的多数の同意を得ても、更生計画は認可されないのであり[42]、実体法上租税等の請求権に優先する余地のある更生担保権者[43]の取扱いと比較してもバランスを失しており、事業の更生に対する大きな制約となる。租税等の請求権についても一定の範囲において多数決原理を導入することが相当である。さらには、租税債権についても権利保護条項の適用の余地も認めるべきである[44]。

---

[41]　前身となる旧会社更生法122条の趣旨につき、兼子監修前掲注34（中）499頁において、このような処理に改めたことは日本の税制の流れに一つのくさびを打ち込んだものであって、税の問題を抜きにしてはもはや現代企業の運営は論じられないという現実問題が反映しているということができるが、他面、これを他の更生債権と全く同様に取り扱うことは、財政上必要な資金の調達のための大きな柱である国税等の請求権の特殊性に鑑みて妥当ではないという理由で、更生手続上いくつかの例外が認められているとされる。

[42]　租税等の請求権について回収に影響を及ぼす更生計画につき、徴収の権限を有する者の同意を得ていない場合には、仮に更生債権者等の圧倒的多数が同意しても、権利保護条項による認可の余地はない（200条）。

[43]　租税債権と抵当権等の実体法上の優先関係については、抵当権が租税の法定納期限等以前に設定されたものであるときは、その租税はその換価代金につきその抵当権等によって担保されている債権に劣後する（国税徴収法15条1項、16条、地方税法14条の9、14条の10）、金子前掲注4・780頁参照。

また、現行法上、同意を得るべき事項と意見を聴けば足りる事項の範囲が複雑であり、延滞税及び延滞金を細かく算定し、同意を得る範囲と意見を聴く範囲を特定する必要がある点でも煩雑である[45]。同意を得るべき事項（ないし決議を行うべき事項）と意見を聴くべき事項の区分けを単純化することが更生手続の迅速な進行に資する。

(3) その他

a　更生手続開始申立後の債権の共益債権化（会更128条）の制度の合理化

保全管理人が選任されていない場合には、更生手続開始後開始決定前の開始前会社の行為に基づく請求権を共益債権化するには、裁判所の許可またはこれに代わる監督委員の承認を要するが（会更128条2項、3項）、このような制度が事業の更生の支障となること、合意理性に欠けることは、再生手続について述べた（2 (2) 9）のと同様である。

b　財産不足の場合の弁済方法に関する会社更生法133条の合理性

更生会社財産が共益債権の総額を弁済するのに足りないことが明らかになった場合における共益債権の弁済は、法令に定める優先権にかかわらず、債権額の割合による（ただし、共益債権について存する留置権、特別の先取特権、質権及び抵当権の効力を妨げない）ものとされる（会更133条1項）。

しかし、更生会社財産が共益債権の総額を弁済するのに足りないことが明らかになった場合には、更生手続の廃止事由が認められ更生手続が廃止されて破産手続に移行する可能性が高い（会更236条、252条）。その場合には、牽連破産手続の中で財団債権が所定の順位により弁済されるのであり（破152条）、その配分ルールとの齟齬を生じる虞がある。仮に、更生手続において共益債権の按分弁済を実施するならば、破産法152条と同様に、手続費用等共益債権の一部について優先

---

[44] 租税等の請求権に権利保護条項の類推適用の可能性を示唆するものとして、兼子監修前掲注34（下）615頁参照。

[45] 租税等の請求権に関する更生計画案の作成要領と実務処理につき、事業再生研究機構編『更生計画の実務と理論』（商事法務、2004年）335頁参照。

的な取扱いを定めることも必要となるが、分配ルールを複雑化すると牽連破産手続移行との処理との整合性確保が一層複雑となる。また、再生手続上は、共益債権の按分弁済に関する規定はない。

　よって、上記のような場面における共益債権の弁済は、牽連破産手続においてなされることを前提として、会社更生法133条を削除することが相当である。

4　結　論

　以上、破産手続、再生手続及び更生手続に関する、労働債権及び租税債権等の取り扱いを中心に、実務上改正の必要を感じる点を列挙した。読者諸賢よりご批判を頂戴したい。

第2部
再建手続の規律及び相殺、倒産手続における公序について

III 担保権・優先債権を拘束する DIP 型再建手続に関する試論

弁護士 野上昌樹／弁護士 北野知広

1 提言の趣旨

(1) DIP 型手続における担保権・優先債権拘束の必要性

　民事再生法が制定されて10年余りが経過し、債務者が事業経営権・財産管理処分権を有しつつ手続を遂行する DIP 型の手続である民事再生手続が再建型法的手続における中心的な地位を占めるようになった。これは、バブル経済崩壊後の状況の中、申立てにより自らの地位を失わないことが民事再生手続の活用を促し早期申立てのインセンティブとなったことが大きく作用した結果であると同時に、申立前後において当事者の変更なく手続遂行がなされることにより、処理方針の連続性が確保され、事業価値の毀損を防止できるという DIP 型手続の有用性を示す結果と考えられる。民事再生手続の施行が我が国における事業再生の発展に大きく貢献したことは論をまたないところであり、今後も法的再建手続の中心的役割を果たしていくと考えられる。

　しかし、会社更生手続とは異なり、民事再生手続は原則として担保権及び優先債権を手続内に取り込んでいないため、別除権者や優先債権者との交渉が奏功せず事業再建を果たせない例が少なからず見受けられる。また、別除権行使を梃子として不合理な主張を行う別除権者と妥協し、担保目的物の価値を大幅に超える弁済をせざるを得なくなった結果、一般債権者が害されている事例も散見される。別除権者に対する対抗手段として設けられた担保権消滅請求制度についても、担保目的物の価額に相当する金銭を一括納付しなければならないため、資力の十分なスポンサーによる支援を受けることができない場合にはその活用に難点が残る。

一方、工場や本社ビルなどに担保設定した資金調達だけでなく、売掛金譲渡担保や在庫譲渡担保など会社の流動資産を包括的に担保目的物とする方法による資金調達も拡大するなど担保権の有り様も従来とは大きく異なってきている。例えば、流動資産に設定された担保権が行使されれば、忽ち当該企業は事業継続を行うことが困難となってしまう。

　そのような意味で、DIP型手続の持つ特性を活かしつつ、担保権や優先債権に一定の合理的な拘束を加える手続に対するニーズは相当程度あると考えられる。

(2) DIP型会社更生手続

　会社更生手続において、平成21年1月以降、旧経営陣を管財人に選任することを可能とするいわゆるDIP型会社更生手続（以下、「DIP型会社更生手続」という。）の運用が開始されるに至り[1]、運用開始後僅か3年余りで法的再建手続における重要なメニューとなっている[2]。DIP型会社更生手続に関しては批判的な意見もあるが、実際に手続に関与した申立代理人や調査委員らはDIP型会社更生手続について概ね肯定的な評価を下しているし[3]、実際のところ、早期に裁判所への事前相談に来る事例が増えているとのことであり[4]、DIP型会社更生手続の有用性は否定できないところである。筆者らも調査委員代理としてDIP型会社更生手続に携わったが[5]、DIP型会社更生手続は、事業再建手法を多様化させ、事業再建の可能性を増加させるものであり、管財人を選任するという会社更生法の枠組みの中で、運用上様々な工夫を行うことにより再建型法的手続を大きく進歩さ

---

[1] 難波孝一ほか「会社更生事件の最近の実情と今後の新たな展開」金法1853号24頁以下（2008年）。会社更生手続開始申立てと同時に監督委員兼調査委員を選任し、いわゆる4要件を調査した上で、旧経営陣を管財人に選任することを内容とする。旧経営陣を管財人に選任するためのいわゆる4要件として、①現経営陣に不正行為等の違法な経営責任の問題がないこと、②主要債権者が現経営陣の経営関与に反対していないこと、③スポンサーとなるべき者がいる場合はその了解があること、④現経営陣の経営関与によって会社更生手続の適正な遂行が損なわれるような事情が認められないこと、が挙げられている。

[2] 大門匡ほか「導入後2年を経過したDIP型会社更生手続の運用状況」NBL963号33頁（2011年）では、「DIP型会社更生手続は、多様な倒産手続の中の重要な選択肢の1つとして定着しつつある」とされている。

せたと考えている。

(3) 新たな手続の提言

　DIP型会社更生手続は、経営責任の有無や主要債権者の意向など、いわゆる4要件の調査を経て進められることにより利害関係人の理解を得ている[6]。一方、純粋なDIP型手続と言える民事再生手続においても、一部の例外を除けば、債権者を中心とする利害関係人の理解と納得を得るため、大きな経営責任を負担している経営陣は自発的に辞任するなどして手続遂行に携わらない実務がほぼ定着し、実質的には前記のいわゆる4要件が満たされないようなケースでは経営陣の入替えや管理型民事再生への移行が行われている。そして、このような実務は、裁判所及び監督委員の適切な指導監督により担保されている。

　その意味では、債務者に対する適切な指導監督を行う制度的裏付けがあれば、担保権や優先債権を手続に取り込みつつも、民事再生手続のように、債務者が事業経営権・財産管理処分権を有するDIP型の法的再建手続（以下「本手続」という。）を導入することは現実的でない議論とは言えないように思われる。本手続を導入することは、民事再生手続の導入がそうであったように、経済的窮境にある債務者に早期申立てのインセンティブを付与し、結果として、債務者の事業再建に資

3　具体的には、①従前の再建方針・事前準備と会社更生手続の連続性が確保できる、②先行する他の手続の結果を利用することが可能となる、③申立直後の保全業務を効率的に行うことが可能となる、④取引先や従業員との関係を維持することができる、⑤会社更生手続開始申立てによる事業の中断がなく、事業価値・資産価値の劣化を抑えつつ円滑な事業継続・事業再建が可能となるなどと論じられている（片山英二ほか「不動産会社のDIP型会社更生手続による再生～㈱クリードの場合」事業再生と債権管理126号59頁（2009年）、永沢徹「DIP型会社更生手続による再建—あおみ建設㈱の更生事件—」事業再生と債権管理128号59頁（2010年）、小畑英一ほか「DIP型更生の有用性」NBL958号132頁（2011年）など）。

4　菅野博之ほか「東京地裁におけるDIP型会社更生手続の運用～導入後1年間を振り返って」事業再生と債権管理127号34頁（2010年）。

5　上田裕康ほか「大阪地方裁判所におけるDIP型会社更生事件」金法1922号47頁（2011年）。

6　東京地裁会社更生実務研究会編『最新実務会社更生』（金融財政事情研究会、2011年）30頁では、「一般的には、現経営陣が更生手続に主体的に関与するDIP型の場合には、より一層更生担保権者等の納得を得られる合理的な更生計画案の策定や手続の透明性、公正を確保することが求められており、この点についての社会的な要請が高いということはできよう」とされている。

するもの（最終的には国民経済の維持発展に寄与する。）と考えられる[7]。

　以上のような理解に基づき、筆者らは、担保権や優先債権を手続内に取り込みつつも、債務者が事業経営権・財産管理処分権を有する手続である本手続の導入を提言するものである。

(4) 担保権拘束の緩和の必要性

　ところで、会社更生手続では、会社更生法50条7項の場合を除き担保権の実行が一律に禁止され、また、処分済みの担保目的物の換価代金についても更生計画によらない弁済は認められていない。かかる担保権の拘束は、担保権者間の形式的平等を確保するためには優れている一方、事業再生にとって無用な場面においても担保権者を拘束し、担保権者に大きな負担となることがある。事業再生目的としても、担保権の拘束は合理的な範囲に限定されることがなければ、利害関係人の理解や納得を得られない。そこで、本手続においては、一定の場合に、担保権の実行禁止を緩和し、また、換価代金を早期に弁済する必要があると考える（詳細は後述する。）。特に、DIP型手続である本手続において、無用な担保権の拘束を緩和することは、担保権者の本手続に関する理解と納得に繋がり、より調和のとれた手続を実現することにつながると考えられるため、本手続の導入に関しては、かかる視点も加味することが重要と考えている。

(5) 試論の方向性

　上記のように、筆者らは、本手続においては、適切に債務者を監督すること、及び、会社更生手続との比較において担保権への制約を合理的な範囲に留めるこ

---

[7] 平成14年12月に成立した改正会社更生法の改正要綱試案に対して、早期の申立てを促すには、民事再生並みのDIP型の申立てができるような形にする必要があるとの指摘もあった（三好康之「DIP型更生手続」伊藤眞ほか編『会社更生法の改正〔別冊NBL70号〕』（商事法務研究会、2002年）26頁）。米国においては、債務者が事業経営権と財産管理処分権を維持することを原則とするチャプターイレブン（担保権を拘束する）が1978年に制定された結果、チャプターイレブンの申立件数が爆発的に増加したとのことである（高木新二郎『アメリカ連邦倒産法』（商事法務研究会、1996年）10頁参照）。

とが非常に重要となると考えており、以下では、そのような視点に基づいて本手続の具体的な手続及び制度の検討を行うものである。手続全般については、DIP型手続の原型である民事再生手続と担保権・優先債権を拘束する会社更生手続の両制度を基礎とした。また、法的手続前後の連続性を確保し事業価値の毀損を最小限にできるDIP型手続の特質を活かすこと、担保権及び優先債権の拘束という強力な制約が加えられる利害関係人の理解・納得を得ることが手続遂行を円滑に進めるためには必須であることに留意しつつ[8]、具体的な検討作業を行ったところである[9]。

2 開始決定

(1) 開始要件と公平誠実義務

本手続においては、民事再生手続・会社更生手続と同様の開始要件（民再21条1項、会更17条1項）を満たし、棄却事由（民再25条、会更41条1項）が存在しなければ、手続開始することが相当と考えられるが、DIP型会社更生手続においていわゆる4要件の調査が必要とされた趣旨はここでも配慮される必要がある。すなわち、担保権と優先債権についても手続内に取り込み権利を大幅に制約する本手続においても、DIP型会社更生手続と同様、民事再生手続と比較してより一層利害関係人の協力と信頼を得て公正に業務を遂行される必要があり、事案によっ

---

[8] 会社更生法の改正議論の際には、会社更生手続において、一定の場合には、管財人を選任しないで取締役に引き続き事業遂行に当たらせるという提案がなされていたが、大幅な権利制約を受ける更生債権者や更生担保権者の理解を得られにくいことなどを理由に導入が見送られ、現行法のような法改正が行われたとのことである（田原睦夫「DIP型会社更生事件の管財人の欠格事由」福永有利先生古稀記念『企業紛争と民事手続法理論』（商事法務、2005年）687頁、「会社更生法改正要綱試案補足説明第21」伊藤ほか編前掲注7・113頁参照）。
[9] 本手続の対象債務者について：本手続は、経済的窮境にある債務者に早期申立てのインセンティブを付与し、債務者の事業再建を図ることを目的とするものであり、本手続を利用することができる債務者を制約することには理論的根拠は見出せず、基本的には民事再生法と同様に自然人及び法人一般とすることが本来あるべき姿と考えるが、実務的には仮に本手続または本手続類似の手続が導入される場合には、経過措置として、負債総額や債権者数などにより本手続が利用可能な債務者を限定する必要があると考えている。

ては、経営陣に事業経営権・財産管理処分権を付与することが相当ではない場合も想定されるからである。

かかる事案の選別については、民事再生手続と同様、申立てと同時に監督委員を選任し、監督委員をして開始要件及び棄却事由を調査させ、その調査結果をふまえて開始決定を行う制度とし（この点、開始要件等の調査を調査委員の職責とするDIP型会社更生手続とは異なるが、その他の監督委員の権限等については、DIP型会社更生手続における開始前会社に対する監督委員と同様となろう。）、利害関係人の協力と信頼が得られるかは、「計画案の可決の見込み」の有無という棄却事由の判断に吸収することが妥当ではないかと考える。そして、速やかな手続開始を可能とするためには、民事再生手続や会社更生手続と同様、「見込みがないことが明らかである」との要件とすることにより、監督委員に調査のために過度の負担を課さないことが相当と思われる[10]。

上記のような枠組みであれば、本手続では原則としてDIP型の手続遂行が認められることが前提とされていること、計画案の可決要件は法定されていることから、基準としての明確性は維持され、手続を利用しようとする者に対して一定の予測可能性を提供できるのではないかと考えている[11]。このような制度の場合、主要債権者ではない取引債権者の債権額の合計が一般債権の過半を占めるようなときには、債権者説明会等の場で取引債権者がDIP型手続の進行につき圧倒的に反対をする場合にも本手続について開始決定を行うことが相当ではない場合もあり得る。

---

[10] 監督委員は、現状の民事再生手続と同様の調査を行うこととなるが、本手続においては、可決要件との関係で担保権者の意向が特に重要になるため、その点の調査・確認については、民事再生手続に比して慎重に行うことが求められることになるであろう。

[11] 本手続における計画案の議決権の可決要件は、基本的に会社更生手続と同様とすることを想定しており、要件の充足を判断する際には、3分の1を超える更生担保権者がDIP型での手続遂行に強硬に反対している場合は、最終的には更生担保権者の可決が得られない可能性があると判断することになろう。ただし、債務者の手続遂行の内容次第では、債権者の意向が変更されることも十分に考えられるところであり、一部の特定の債権者が強硬に反対していたとしても、棄却決定の判断については慎重になされるべきであろう（『新注釈民再（上）』121頁〔高井章光〕参照）。

以上の結果、調査委員の選任を原則としているDIP型会社更生手続とは異なり、本手続においては開始決定前においては監督委員のみの選任が原則となる。
　なお、DIP型手続である本手続の開始が困難であっても、後述(3)の管理型の手続としての開始要件を満たす場合も想定される。その場合には、裁判所の職権または債務者の申立てにより当該手続の開始を認めることが相当であり、本手続における保全段階の取引債権等を当該手続における共益債権とする制度的手当てがなされる必要があると考えられる。

(2) 債務者の公平誠実義務等

　本手続では、利害関係人の協力と信頼を得て公正に業務を遂行することが必須であることから、民事再生手続と同様に、開始決定を受けた債務者は、債権者に対して、公平かつ誠実に、債務者の事業経営権・財産管理処分権を行使し、本手続を追行する義務を負うことが当然である（民再38条2項参照）。
　民事再生手続では、かかる公平誠実義務を受け、再生債務者は再生手続の円滑な進行に努め（民再規1条1項）、また、再生手続の進行に関する重要な事項を再生債権者に周知させるように努めることとされている（同条2項）。この点、再建手続に関しては、近時、債権者に対する情報開示の充実の必要性が指摘されているところ、利害関係人の協力と信頼を基礎とする本手続においては、情報開示のより一層の充実も検討されるべきと考える。その一案として、開示対象事項の拡充、例えば、月次報告内容の法定や、同意申請書を明示的に閲覧対象文書とすることなどが検討に値する。

(3) 管理型手続への移行

　本手続の開始決定後に、債務者が事業経営権・財産管理処分権を保持して本手続を遂行することが適当ではないと判断される場合には、債務者から経営権を剥奪し管財人による管理型の手続へ移行させる必要がある。
　管理型への移行に関しては、民事再生手続では、「再生債務者の財産の管理又は処分が失当であるとき、その他再生債務者の事業の再生のために特に必要があ

ると認めるとき」(民再64条1項)との要件により処理されており、「再生債務者の事業の再生のために特に必要があると認めるとき」とは、債権者の多数が再生手続による再生を求めながらも再生債務者自体の業務遂行に対して不信を表明しており、そのことに相当の理由があるような場合も含まれると解されている[12]。DIP型手続である本手続においても民事再生手続における上記の考え方はそのまま当てはまるものであり、同様の要件のもと管理型へ移行する制度を設けるべきである。

この点、本手続内に管理型手続を創設することは会社更生手続に屋上屋を架すので、原則的には会社更生手続への移行が望ましいとも思われるが、後述のとおり、本手続と会社更生手続とは担保権の処理等を異にする点もあり、この点の解消がなければ手続が積み重ねられてきた場合に会社更生手続への移行は困難であろう。

3 開始決定後の監督権限

(1) 監督委員制度

担保権及び優先債権を手続内に取り込む本手続においては、利害関係人の理解・納得が得られるように、債務者が公正に業務を遂行する必要がある。そのため、前述のとおり、債務者には公平誠実義務を課す必要があるが、これに加え、公正な業務遂行を担保する制度が必要である。

民事再生手続では、実務上申立てと同時に職権によって監督委員が選任され(民再54条1項)、開始決定後も再生計画が遂行され民事再生手続が終結するまで、債務者を指導監督する(民再186条2項、188条2項)。そして、監督委員は、民事再生法59条の調査権を行使しつつ、債務者に対する指導監督を行うものであるが、その核心は監督委員の同意権(民再54条2項)であり、監督命令には、債務者の業務執行及び財産の管理処分を適切に行わせるため、民事再生法41条1項各号の

---

[12] 『新注釈民再(上)』362頁〔籠池信宏〕。

行為を中心に監督委員の同意なくして債務者がすることができない行為が定められている[13]。一方、DIP型会社更生手続においては、裁判所が管財人を直接監督することを前提に、開始決定と同時に調査委員が選任され、調査委員に対して、裁判所の許可を要する管財人の行為につき管財人が裁判所に許可を求める場合に意見を述べることが命じられ[14]、裁判所による管財人に対する監督権の行使が適切に行われるよう配慮されている。

　本手続では、手続主体である債務者は開始決定の効果として公平誠実義務を負担するものとし、債務者に対して直接的・効果的に監督を及ぼすため監督委員制度を設け、開始決定前のみならず開始決定後も監督させることが相当と考えられる。そして、利害関係人は、手続の公正さと透明性を民事再生手続より一層厳格に求めると想定されることから、監督委員には民事再生手続における監督委員と同様の権限を付与するだけでなく、後記のとおり、否認権行使手続や役員責任等査定手続において、より強力な権限を監督委員に付与することが相当と考える。

(2) 否認権の行使権者

　民事再生手続においては、当該行為をした債務者本人が再生手続開始後にその行為を否認して効力を覆すことに対する抵抗感や、再生債務者には公平で適切な否認権の行使を期待できないのではないかという懸念から、再生債務者を否認権の行使権者とする規律は採用されず、監督委員に対して、特定の行為について否認権を行使する権限が裁判所から付与され（民再56条1項）、監督委員が否認権を

---

[13] そのほか、監督委員には、①民事再生法120条1項の許可に代わる承認権限が付与され、また、②再生債務者が提出する再生計画案について、民事再生法174条2項に掲げる事由の有無を調査し、裁判所に報告すべきことが命じられる。

[14] 東京地裁の運用につき、難波孝一ほか前掲注1・32頁以下、大阪地裁の運用につき、上田裕康ほか前掲5・52頁参照。いずれの裁判所でも、調査委員には、①役員の財産に対する保全処分または役員等責任査定決定を必要とする事情の有無及びその処分または決定の要否、②会社更生法83条3項に規定する貸借対照表及び財産目録の当否、③更生会社の業務及び財産の管理状況等に関する管財人の報告の当否、④会社更生法84条1項に規定する報告書の当否、⑤更生債権等についての認否書の当否等の調査が命じられ、あわせて、⑥更生計画案の当否について調査し、その結果及び意見を書面で提出することが命じられている。

行使することとされている(なお、DIP型会社更生手続における否認権の行使権者はあくまでも管財人である(会更95条1項)。)。

　民事再生手続において監督委員が否認権行使を行う趣旨は本手続においても妥当し、本手続でも、監督委員に否認権行使の権限を付与する必要がある[15]。そして、民事再生手続では、利害関係人の申立てまたは裁判所の職権により監督委員に否認権行使権限が付与されることになるが、本手続においては、債務者に対する監督をより実効的にし、利害関係人の理解・納得を得るとの観点から、監督委員に対して、否認事由の有無についての独自の調査権を付与することを明示するとともに、独自の権限として否認権の行使を認めることも検討に値すると考える。

(3) 責任査定手続等

　役員責任査定手続等については、民事再生手続では、申立権者は基本的に再生債務者であるが、DIP型で手続進行している場合には、再生債権者も役員の財産に対する保全処分や損害賠償請求権の査定申立てができる(民再142条2項、143条2項)。DIP型会社更生手続では、上記保全処分や役員責任等査定手続については申立人は管財人のみとされており(会更99条、100条)、調査委員が役員責任等査定手続の必要性等を調査することとされているものの、適切な調査や査定申立て等がなされないおそれがあると指摘されている[16]。

　本手続は担保権者や優先債権者も手続に巻き込むものであり、民事再生手続に比してより一層手続の公正さが求められていること、また、DIP型会社更生手続

---

[15] 保証債務を無償否認する場合に、債権調査手続での債権確定を防ぐために、監督委員が届出債権に異議を述べることができると解すべきとする考え(松下淳一「再生手続における監督委員の否認権行使について」新堂幸治=山本和彦編『民事手続法と商事法務』(商事法務、2006年)185頁以下)もあり、その意味では、本手続においても監督委員が届出債権に異議を述べる制度の創設は課題であるが、監督委員に過度に負担をかけないか慎重に検討する必要があると考える。

[16] DIP型会社更生の実務においては、申立代理人を法律家管財人に選任し、適切に役員責任の追及を行わしめる、管財人から独立した経営責任調査委員会を立ち上げ、調査結果を調査委員に報告するとともに、管財人は調査結果を尊重するなどの運用上の工夫がなされている(小畑英一ほか前掲注3・137頁参照。)。

に対する前記危惧について対応する必要があることから、本手続においては、債務者だけではなく債権者にも査定申立権限を付与することに加え（民再143条2項参照）、監督委員に対しても、役員責任等に関しての調査権限があることを明示し、独自の申立権限を付与することが相当ではないかと思料する。

4　担保権の拘束とその緩和

本手続においても、基本的には会社更生手続と同様の担保権の規律を設けるべきである。しかし、会社更生手続における担保権の規律が、形式的な平等を貫徹するあまり、かえって実質的な不衡平を招来していたり、必ずしも利害関係人にとって有益とは言えない点もあると考えられることについては前述1(4)のとおりである。

以下では、本手続においては、①担保権の実行禁止を緩和する必要があるのではないか、②計画によらない担保権者への弁済を認める必要があるのではないかという2点につき検討するものである[17]。

(1) 担保権実行禁止の緩和
a　担保権実行禁止解除の制度

会社更生手続では、全ての担保権につき一律にその実行が禁止されている。しかしながら、事業の再建のために必要と言えず、担保権実行を禁止する必要がない目的物も存在するところであり、一律の実行禁止は担保権者の担保権実行の時期選択権を過度に奪ってしまうおそれがある。また、担保目的物の時価の下落が著しいものである場合、牽連破産に移行した段階では、会社更生手続開始時点で担保権者が想定していたよりも担保価値が減少し、当初から破産手続が開始されていた場合に比べ、担保権者が不十分な回収しかできないおそれもある。

---

[17] ここで検討する担保権の拘束の緩和の必要性は現行の会社更生手続においても妥当するものである。

会社更生法改正の際には、担保権実行禁止を一定程度緩和することが議論されたにもかかわらず実務的な問題や技術的な問題により導入が見送られ、結果的に事業の更生のために必要でないことが明らかなものがあるときは、管財人の申立てまたは裁判所の職権で、担保権の実行の禁止を解除する旨の決定をすることができるとする、担保権の実行禁止の解除の制度のみが導入された（会更50条7項）。しかしながら、当該制度では担保権者に申立権がないために、事業に活用されることのない担保物件の処理が後回しになっている例もあるように思われる。また、価値が著しく減少するような目的物の場合であっても、事業更生のために必要でないことが明らかでない限りは担保権実行禁止の解除がなされないため、結果的に担保物の早期処分が行われないこともある。

　このような問題点に鑑みれば、本手続において、担保権者のイニシアティブにより担保権を実行することができる制度（なお、実行後の換価代金に担保変換を認める）を設けること、また、担保権実行禁止の解除をなしうる場面を拡大することが必要と思われる。

　そこで、本手続では、上記の二つの問題点に対応するために、担保権者の申立てによる担保権実行禁止の解除の制度を設けることを相当と考える[18]。

　b　担保権の実行を禁止する必要がない場合

　事業再建に必要ではないことが明らかな担保目的物にかかる担保権については、本手続においても、会社更生手続と同様の要件で、債務者の申立てまたは裁判所の職権で担保権実行禁止の解除をなしうる制度を設けることに異論はないと考えられる。加えて、本手続では、担保権者の申立権も認めるべきと考える。この点、会社更生法の改正時には、事業再建に必要であるか否かは担保権者には主張立証が困難であること、また、申立てが殺到するおそれがあることから、担保権者には申立権が認められなかったとされている[19]。しかし、前者の理由につい

---

[18]　さらに一歩進んで、担保権者のイニシアチブにより、担保権を別除権化することも一案であるが、1本の貸金債権を担保するために、事業再建に必要な物件と、そうではない物件に抵当権が設定されている場合の取扱いをどうするかなど複雑な処理にさらに検討を要するものであり、今後の課題としたい。

ては、担保権者による申立てをあえて禁止する積極的な理由とは言い難いと考えられる。後者の理由については、慎重に検討を要するものと思われるが、費用と手間をかけて競売手続を実行するよりも、債務者が任意売却することによる方がより迅速に高額での処分が可能となるため、担保権者と債務者は協同して任意売却に努めることが多いのであり、担保権者に申立権が付与されれば、債務者としてもより売却に関して適切な判断を行うようになり、申立ての殺到という事態は一定程度防止できるのではないかと考えられる。

ただし、担保目的物の価額が被担保債権額を上回ることが想定される場合、担保権者は牽連破産に移行しても損害を被ることはないため、担保権者に担保権実行禁止の解除申立てを認める必要は乏しい。むしろ、債務者が自ら処分することにより高額での処分を可能とすると考えることが合理的な場合には、余剰を債務者の事業再建に用いることができる余地を残すことが相当である。

以上のように考えれば、担保目的物が債務者の事業の再建のために必要ではないことが明らかである場合に担保権者による申立てにより担保権実行禁止の解除がなし得る制度を設け、債務者が担保目的物について担保余剰価値があることを主張立証した場合には解除は行わないとすることが担保権者と債務者の利害調整の観点からは相当である。事業の再建に必要か否かを手続開始後の早期に判断することは困難であり、担保余剰価値の有無についても一義的には財産評定をふまえることが相当と思われることから、担保権者による申立ての開始時期は、債権認否書の提出後などとする必要があり、終期についても、会社更生法50条7項と同様、計画案の付議決定前までと考えることが妥当ではないかと考える。

また、担保目的物が事業再建に必要かは本来的には債務者側の事情であるため、担保権者は、目的物が事業に現実に利用されていないことなどを主張立証すれば、これにより事業の再建のため必要ではないことが事実上推定されたものとして、裁判所は、債務者に必要性の有無や担保余剰価値の有無を主張立証させた上で、

---

19 村松秀樹「シリーズ新会社更生法の論点 2 担保権の実行禁止の一部解除」金法1672号14頁（2003年）。

監督委員の意見を聴取した上で決定を行うとの実務運用が必要となろう。

　この点については、債務者は担保目的物の必要性について安全サイドから広めに主張することが予想され、担保権者はその主張に対して効果的に反論することが難しく、有用な制度にはなり得ないとの意見も考えられるが、債務者は事業再生に無関係な財産を早期に処分しなければ担保権者から申立てを受けるリスクがあり、この制度の存在により担保権者との間で適正な緊張関係を持たせる効果を有することとなる。その意味では、適切な担保物件の処理を促すとの効果も期待できると思料する。

c　時価の下落が著しい場合

　次に、事業再建に必要な担保目的物であるか否かを問わず、目的物の時価が著しく下落する際には（季節商品などのように時期の進行により急激に陳腐化するような場合や相場が急激な下落傾向にある場合がその例として考えられる。）、一定の範囲で担保権者による担保権実行の余地を与える必要があることもあり得る。もちろん、多くの場合、債務者としても、担保権者の協力を得て適切な価額で担保目的物を処分することが通常であり、担保権者が損害を被る可能性は、実務上はあまり想定されず、適切な処分がなされない等、担保権者が適切な保護を受けられていない場合に限って、担保権の実行禁止を解除すれば足りると考えられる。

　この点、会社更生法の改正時には、「適切な保護」という概念の意味内容が不明確である上、例えば、代担保の提供や金銭の支払によって価値下落に応じた保護を図ることをその内容とすれば、価値の再評価の負担等、技術的にみて困難な問題に直面するとして、「適切な保護」を欠く場合の担保権実行禁止の解除の制度は採用が見送られたとのことである[20]。しかし、少なくとも、時価が著しく下落し、即時に処分しない場合は担保権者が回復することができない損害を被るおそれがあるにもかかわらず、債務者が適切な対応をしない場合には担保権実行の余地を与える必要があり、技術的困難を理由として担保権者の保護を図れないのは適切とは言い難いように思われる。

20　村松秀樹前掲注19・14頁。

やはり、担保権者には、時価が著しく下落し、即時に処分しない場合は回復することができない損害を被るおそれを主張立証させることにより、実行禁止の解除の余地を与え、これに対して、債務者には、適切な保護を図っていることを主張立証させることにより[21]、実行禁止の解除の必要性がないとの反論をさせるという制度を設けることが相当であろう。その場合でも、何をもって回復することができない損害というのかなど要件のハードルが相当高く、担保権者が容易に活用することは難しさを伴うと思われるが、真に解決すべき問題なケースの場合には活用できるであろうし、かかる制度を設けることにより、担保物件の適切な処理を促す効果も期待できる。

　なお、具体的な手続としては、担保権者と債務者に主張立証させた上で、監督委員の意見を聴取して裁判所が決定を行うこととなることは、担保権の実行を禁止する必要がない場合と同様である。一方、申立時期については、事案の性質上早期に担保権の実行を認める必要があるのであり、開始決定以降は申立てを行えるものとする必要がある。

(2) 計画によらない担保権者への弁済制度
a　担保権者への早期弁済制度の創設

　会社更生手続では、担保権の実行禁止の解除後になされた競売手続における競落代金や担保権消滅請求の対価は、原則として、更生計画が認可されてはじめて管財人に交付されることとなり（会更50条2項、109条）、管財人は、会更111条の場合を除き更生会社の運転資金に流用できないし、更生担保権者に対する弁済もできない。また、担保目的物を任意売却した際の売却代金も、更生計画に基づく弁済のために質権が設定された預金として更生会社内に維持されるが、管財人は、売却代金が更生担保権額を上回らない限り更生会社の運転資金に流用できないし、更生担保権者に対する弁済もできない。このような結果は、総債権者の弁

---

[21] 債務者が主張立証する「適切な保護」の内容として、即時処分に向けた速やかな売却活動を行っていることや、担保目的物の価値下落分を預金して担保権者に質権設定することによる代わり担保の提供を行う用意があることなどが考えられる。

済を計画に基づくものとし平等に取り扱うためには資するものではあるが、更生会社に特段のメリットはないし、早期回収を望む担保権者の要望にも応えないものである。

そこで、債務者または担保権者を申立権者として、裁判所の許可により、担保権者に対して、競落代金、担保変換して担保目的物を任意売却した場合の売却代金及び担保権消滅請求の対価等を早期に弁済する制度を導入することが相当と考える。なお、弁済により担保権付債権が消滅するため、弁済は担保権額の確定以降に可能となり、計画案立案との関係から、終期は更生計画案提出の一定前までにすることとなろう。

b 担保権者間の平等・衡平の問題

担保権者への早期弁済制度を設けた場合、以下の2点において、担保権者間における平等・衡平が問題となる。すなわち、①担保権者によって弁済時期が先後するという問題及び②計画案で一部の担保権付債権のみ減免される場合があり得るという問題が生じる可能性があるのである。

①について言えば、弁済時期の先後により生じる不平等の是正は、弁済が遅れる債権に金利を付すことを義務付けることも一つの解決策であろう。しかしながら、弁済時期にずれが生じることについて言えば、少額債権等の早期弁済（会更47条2項及び同5項、民再85条2項及び同5項）について同様であるし、実体法上優先弁済効が認められている担保権につき、事業再建のために政策的に優先弁済効が制限されていたものが復活するものと考えると、法に基づきずれが生じることが許容性を有さないとまでは言えないように思われる。また、そもそも担保権の目的物は個性があり換価可能な時期も千差万別であり、担保権者はそのような事情も加味した上で担保権設定をしている以上、本制度のように担保権者のための制度について弁済時期の先後があることが是正する必要がある程正義に反すると言えるのか、実質的衡平を害するのかについても検討の余地があるように思われる[22]。

②の点は、具体的に言えば、計画で担保権付債権につき減免がなされた場合、先行して換価代金全額の弁済を受けていた担保権者との間で不公平が生じるので

はないかという問題である。

この点については、裁判所の許可の要件として、計画に基づいて弁済を受ける担保権者が減免を受けることが見込まれないことなどを要件とするといった対応も可能と思われるが、担保権者としては、計画によって担保権付債権が減免されることに納得がいかないのであれば、計画案に反対し、計画案を否決して破産移行させることによって、別除権として担保目的物の価値を獲得できる手段もあるのでそれで十分と考えることもあながち不当とまでは言えないように思われる。担保権者自らが計画案に反対したとしても、多数決の結果可決されてしまう場合があるが、それは自らの有する担保権の価値と可決要件との関係の問題であり、計画によらない担保権者への早期弁済は担保権者の便宜のための制度であり、担保権者は様々な事情を考慮して担保権設定をしていることからすれば、法による本制度の創設が実質的衡平を害するとまでは言えないのではないかと考える。

5 優先債権の取扱いについて

本手続においても、基本的には会社更生手続におけると同様の優先債権を拘束するための規律を設けるべきであろう。

しかし、一般的に優先債権については更生計画において元本を全額弁済することになるのであるから、これを弁済することに資金面の問題がなく、かつ、優先債権者が多数存在するような事案（長期にわたりサービス残業が生じていた事案等）では、多くの優先債権者を手続に関与させたままで更生事件を進行することに手続的な負担を感じる場合もある。また、優先債権のうち労働債権については早期に弁済することによって従業員の協力を得ることが、事業再建につながるとも言えるし、他の優先債権についても、早期弁済の途を残しておくことが、DIP型手

---

[22] 担保権者は、自らの見識と責任で担保取得交渉をして、事業継続に必要な資産か否かなどを思案しながら担保を取得しており、そのような担保権者を弁済計画においてまったく同じような条件で公平に弁済を受けるように決めなければならないのかどうかについての疑問も呈されている（中井康之「更生担保権をめぐる諸問題(2)」伊藤眞ほか編前掲注7・15頁）。

続である本手続に対する利害関係人の理解と納得を得ることにも繋がると考えられる。

よって、担保権の拘束の緩和の場合と同様、本手続においては、計画に先立つ優先債権者への弁済を認めることが望ましい。具体的には、優先債権者に全額弁済をしたとしても、その弁済により共益債権又は他の優先債権者の利益を害するおそれがないことを要件として（破101条1項ただし書参照）、裁判所の許可により、計画に先立つ弁済を認めるべきであろう。

6 その他の検討事項

以上、本手続を特徴づける事項について検討したが、以下では、本手続に関して議論しておくことが望ましいと考えた幾つかの点について若干の検討を行うものである。

(1) 株主の手続参加・組織変更行為等[23]

会社更生手続は、債権者のみならず株主の利害も適切に調整することによって事業の維持更生を図ることを目的とし（会更1条）、開始決定の効果として組織変更を禁止し（会更45条1項）、更生計画の定めによって組織変更を行うことを予定している。それゆえ、様々な場面で株主を手続に取り込み、最終的には、更生計画案において株主の権利変更が定められる（会更167条）。これに対して、同じく事業の再生を図ることを目的（民再1条）とする民事再生手続では、株主は手続には取り込まれず、株主総会による組織変更行為も禁止されず、株主の権利変更も再生計画案の必要的記載事項ではなく、一定の組織再編行為について再生計画の定めによってなしうるとされているに過ぎない。

この点、本手続は、民事再生手続と同様に、従来の経営陣に事業経営権と財産

---

[23] 本手続は株式会社以外の法人をも対象とすることを想定しており、株式会社以外の法人の機関の在り方については別途の検討を要するものと思われるが、本稿では、主な対象となる株式会社を中心に検討することとする。

管理処分権を付与することにより、早期の申立てを促すことを目的とするため、原則として株主を手続に取り込まずに円滑に手続を遂行させ、株主の権利変更についても計画案の必要的記載事項としないことが適合的であると考える。担保権者の担保権実行が禁止され、計画案によって担保付債権の権利変更がなされるにも関わらず、計画案においても株主の権利変更が必要的記載事項とされないことについては、担保権者をはじめとする利害関係人の納得が得られにくい面もあるが、利害関係人としては、手続中の株主の行動や、計画案における任意的記載事項としての既存株式の処理内容の如何を含めて総合的に計画案の是非を判断すればよいのではなかろうか。実際のところ、民事再生手続においても、債務超過会社においては、利害関係人との衡平に配慮するなどしていわゆる100％減資がなされることも多い一方、株主の権利変更が必要的記載事項である会社更生手続においても、100％減資がなされない場合も存在するのであり、必要的記載事項とするか否かが決定的な問題ではないと考えるところである。

　管財人が選任されない本手続では、株主総会は、事業経営権・財産管理処分権を有する経営陣の選解任権を有するため、株主総会の役割は実質的な意味を有する[24]。しかし、株主総会に組織変更行為についても同様に従来通りの権限を認めるべきかは、別途の検討を要する。すなわち、会社更生手続において、開始決定の効果として組織変更行為が禁止され、更生計画において組織変更を行うべきとされた趣旨は、組織変更を自由に認めると、間接的に財産状態の変動を生じ手続の運命を左右する事態が生じることにある。この理はそのまま本手続においても妥当する。本手続はあくまでも一義的には事業の再建を行うことにより債権者に対する弁済を増大させることに意義がある。その意味において、担保権者や優先債権者までも手続内に取り込む本手続が、弁済・配当において最劣後の地位にある株主によって不安定となることはやはり債権者の理解を得られるものではな

---

[24] ただし、開始決定時に、いわゆるDIP型会社更生手続の4要件（とりわけ、主要債権者が現経営陣の経営関与に反対していないこと）の趣旨を配慮したこととの関係では、手続遂行中の経営陣の変更があることにより、場合によっては管理型手続へ移行の要件を充足する結果となることもあろう。

い。また、事業の再建のためには、多数の債権者の了解のもと計画により一定の組織変更行為がなしうることが望ましい。したがって、本手続においても、開始決定の効果として株主総会決議に基づく組織変更行為を原則として禁止し、会社更生手続と同様に計画において組織変更をなしうることが妥当と考える。

この点、株主に手続参加の機会を与えないことは株主の権利保護に欠けるとの批判も考えられるが、会社更生手続でも、更生会社が債務超過の場合は株主の手続参加が制限されている（会更114条2項、166条2項、202条2項2号）のであって、少なくとも、債務者が債務超過の場合は、上記のような制度とすることは不当とまでは言えないと考えられる。

(2) 債権認否（特に自認義務について）

民事再生手続では、再生債務者が届出未了の再生債権の存在を知りながら失権させることは、DIP型の手続において衡平の理念に反するとして、再生債務者等に自認義務を課すとともに（民再101条3項）、再生債務者が自認しなかった場合には、権利変更の一般的基準に基づき変更された上で、再生計画で定められた弁済期間が満了した後に弁済を受けることとされている（民再181条1項3号、同2項）。この点、会社更生手続では、管財人には、自認義務は課されず、債権届出期間の末日通知が義務付けられる（会更規42条）にとどまっている[25]。

民事再生手続と同じDIP型の手続である本手続においても、債務者に自認義務を課すこと（ひいては自認しない場合には免責されず、権利変更を受けた上で劣後的弁済をすること）が衡平の理念からすれば相当であるが、現実の民事再生手続

---

[25] 『一問一答新会社更生法』170頁では、会社更生手続の管財人に自認義務を認めない趣旨として、①大規模株式会社の利用が想定される更生手続では債務は多数・多額にのぼり、管財人が比較的短期間に的確に自認することは困難、②民事再生手続では再生債務者が届出の失念に乗じて事業の再生を図ることは不当視されるが、管財人や更生計画による組織再編後の更生会社にはそのような事情は必ずしも存しないという理由が挙げられている。本論からは外れるものの、管理型民事再生の場合に、管財人にも知っている債権についての自認義務があるとされていることは、上記趣旨からすると統一性を欠いており、届出期間の末日通知を行う制度とするのが妥当と考える。

において自認義務は債務者にとって相当負担のあるものとなっている。しかも、自認義務を課すと、認否書に記載され手続に関与させられることを望まないために債権届出をしなかった者までも一律に手続に関与させることになってしまう。また、債権の存在自体は認識しているものの住所不明の者に対して、弁済通知を送付しても届かず弁済ができないなど処理に窮するといった問題点も民事再生手続における実務上発生している。このような問題点からは自認義務を課すことが本手続利用のインセンティブを阻害することにもつながると思われる。

筆者らとしては、民事再生手続との整合性は欠けるところがあるが、本手続においては、債務者には自認義務を課すことなく、会社更生手続と同様に債権届出期間の末日通知義務を課すという制度にした上で、債権者の手続保障を厚くすることで対応することが妥当と考えるに至っている。具体的には、会社更生法において任意の方式によるとされている末日通知について、官報公告等の法定の方式によることとして、債権者への周知をより広く行うことや、届出期間内の届出の機会を喪失した者に対しては、現状よりも緩やかな要件で、債権届出を認め、または、特別調査期間を設定するといった方法が考えられるのではなかろうか[26]。

(3) 財産評定

民事再生手続における財産評定は原則として再生債務者が行うものとされており（民再124条1項）、実務上は、再生計画の不認可事由の有無の調査の一環として、監督委員が清算価値保障原則の判断資料としての財産評定が適正に行われているかを検証している。また、会社更生手続における財産評定は管財人が行うものとされており（会更83条1項）、DIP型会社更生手続においても、財産評定自体は管財人が行い、調査委員は財産評定の当否を調査することとされている。

この点、DIP型会社更生手続について、管財人となった旧経営陣が財産評定

---

[26] 実務上は、届出期間経過後の債権届出についても、一定の時期までの届出については、有効な届出があったとして対応している。一般調査期間開始前における認否書の補完を許容するものとして、森宏司「再生債権届出・債権調査をめぐる最近の問題点」金法1660号17頁（2002年）参照。

を行うことには違和感があるとの指摘もある。しかしながら、当該財産につきその価値を一番理解しているのは債務者自身でありDIP型会社更生手続において、旧経営陣が管財人として財産評定を行うことはやむを得ない結論と思われる。実際のところ、経営を行っていない監督委員等の第三者が計画案立案の基礎となるべき財産評定を行うことには相当困難が伴い、迅速な手続処理を害することにもなりかねない。また、担保権者の認否に関係するという意味において、財産評定の結果に直接的に利害関係を有するのは担保権者と言えるが、担保権者は担保目的物の評価額（または債権認否において認められた更生担保権額）に不満がある場合にはそれを争うことができれば[27]、手続保障の観点から問題があるとは言えないと考えられる。

以上より、本手続における財産評定についても、債務者自身が財産評定を行い、第三者が財産評定の当否を調査するという制度が適当と考えられる。この調査はその職責の内容から調査委員が行うことが相当であるが、監督委員に調査委員を兼務させることが便宜であろう。そして、担保権者を含む利害関係人のためには、財産評定の当否に関する調査は財産評定提出後計画案提出前に、なるべく速やかに提出されることが望ましく、財産評定の提出期限及びこれに対する調査期限が開始決定により定められることが望ましいと考える。

(4) 計画案の可決要件

a 頭数要件の要否

議決権額に関する可決要件については、本手続と同様に担保権を拘束する会社更生手続における可決要件と同様の要件とすることについては異論がないと思われる。問題は、本手続と同様のDIP型手続である民事再生手続にあるように可決要件として頭数要件を導入するかである（民再172条の3第1項参照）[28]。

---

[27] そのような制度として、会社更生法151条以下の更生債権等査定決定等の手続と同様の手続を本手続においても導入することを想定している。
[28] なお、少額債権者の保護の必要性という観点からして、頭数要件を導入する場合は、一般債権の組に頭数要件を導入することを想定している。

民事再生手続において頭数要件が採用されている理由は、少額債権者の保護とされている[29・30]。しかしながら、少額債権者といっても、その内容は事業内容やその規模に応じて千差万別であり、保護の必要性の程度も事案に応じて様々である。少額債権の保護は、少額債権弁済の制度、取引債権保護の拡大等といった手続により実質的平等を拡張し事案に応じた保護を図ることが重要であり、頭数要件を設けることにより、少額債権者に債権額多数を獲得できる計画案の生殺与奪権まで付与することは行き過ぎた保護と考える[31・32]。

　筆者らとしては、債権額多数決が債権者自治としての本来的な姿であり、本手続においては、計画案の決議において頭数要件を採用しないことが合理的と考える。

b　クラムダウン制度について

　計画案の決議に関しては、クラムダウンの制度（会更200条、更生計画案について、一部の組で否決されたとしても、裁判所が否決した組の債権者の権利を保護する条項を定めて更生計画認可決定をすることを可能とする制度）を設けるかも問題となるが、

29　『新注釈民再（下）』87頁〔富永浩明〕。なお、最決平成20.3.13民集62巻3号860頁も少額債権者保護の趣旨としている。
30　会社更生手続では、いわゆる組分けにより少額債権者の保護を図ることができること、大規模事案を想定している会社更生手続において頭数要件を設ければ名寄せ作業に多大な労力と時間とを要し、手続の迅速性を害するおそれがあるとして、頭数要件が採用されていない（『一問一答新会社更生法』209頁）。
31　松下淳一「再生計画案可決のためのいわゆる頭数要件について」前田重行ほか編・前田庸先生喜寿記念『企業法の変遷』（有斐閣、2009年）448頁以下参照。松下教授は、少額債権者保護の実質的根拠を「再生債権者の人的要素」に見出し、既存の取引先との取引継続が必要となる中小企業が再生債務者である場合の取引先債権者に人的要素が最も典型的に現れるとして、頭数要件は、頭数で多数を占める取引先債権者が、提出された再生計画案によっては事業の継続が不可能であると判断したことも重視する仕組みということができると指摘する一方、実質的な人的要素が観念できない場合にまで、客観的には合理性を有する再生計画案が認可されないことは実質的に不当な結果が生じないか等指摘し、少額債権者の保護を再生計画の遂行可能性の判断に吸収し頭数要件を撤廃することや、クラムダウン制度の導入に言及されている。
32　頭数要件に関して、再生債務者の経営継続に無関心な社債権者による投票や、ゴルフ場経営方針やスポンサー企業選定を巡る対立から経済合理性に依拠しない投票を行うゴルフ会員債権者による投票に伴う問題を指摘するものとして、三森仁「頭数要件の意義と弊害」事業再生研究機構編『民事再生の実務と理論』（商事法務、2010年）215頁参照。

否決した組の債権者の権利を実質的に保護しながら、客観的合理性のある計画案を認可することができ、これにより事業の再建を実現することができるという点で有益であり、クラムダウン制度は導入すべきと考える。

7 最後に

本論稿は、担保権や優先債権を拘束する DIP 型の法的手続を導入できないかとの観点から筆者らなりの試論を述べたものである。

議論が荒削りであり理論的な検討が不十分な点も多々あることは筆者ら自身も認識しており、DIP 型会社更生手続が漸く実務に定着しつつある中で時期尚早ではないか、また屋上屋を架するものではないかとの懸念も感じるところでもある。

しかしながら、実務家として、手続利用者である債務者には本手続について強いニーズがあると感じており、また、現在までの民事再生手続や DIP 型会社更生手続の実務の積み重ねを適切に活用し様々な工夫を行うことにより、本手続についても担保権者ら利害関係人の納得も十分に得られる制度たり得ると確信しており、本論稿が、より債務者の事業再建に資することを可能とし、より適切に債務者を含めた利害関係人間の利害調整を可能とする再建型倒産手続を目指すための議論のきっかけとなれば幸いである。

なお、筆者らは、将来的には民事再生手続及び会社更生手続は一本化されていくことが相当ではないかと考えており、本手続の導入はその第一歩となるとも考えているが、その導入時において、民事再生手続・会社更生手続と併存する第三の手続として位置付けるべきか、それとも、両手続を分解再構築した上で一本化した手続の一部として位置付けるべきかは、現段階では筆者らも確たる意見を有するものではなく、この点についてはさらに考察をしていきたいと考えている。

Ⅳ 私的整理から法的整理に移行する場合の問題点と私的整理からみた倒産法の準則のあり方

弁護士　軸丸欣哉／弁護士　清水良寛

1　序

　近時、いわゆる私的整理（ここでは企業・事業の再生・再建を目的とした手続を想定している）のメニューが拡充され、大規模な企業の倒産・再生についても私的整理によって処理されるケースが多くなってきた（近時における企業の私的整理の流れについて『倒産法概説』324頁以下、また、最新の動向や問題点等を含め私的整理について詳細に論じた文献として西村あさひ法律事務所およびフロンティア・マネジメント編『私的整理計画策定の実務』（商事法務、2011年））。

　しかし、そのような企業の私的整理が奏功しない場合、改めて法的整理に移行して処理されることが一般的であるが、私的整理の期間中に生じた債権債務やスポンサー選定の結果等が法的整理においていかに取り扱われるかについて実務上様々な問題が生じ議論の対象となっている。

　以下では、私的整理が奏功せずに法的整理に移行した場合に生じる問題のうち特に議論の対象となっているものを取り上げて検討した上で、今後の倒産法の改正に向けた提言を試みることとする。

2　私的整理から法的整理に移行する場合の問題

　私的整理から法的整理に移行する場合、様々な問題が生じ得るが、ここでは特に議論となっているもののうち、以下の問題点について検討する。

　① 　法的整理前に発生した商取引債権の取扱い
　② 　私的整理段階で行われたプレDIPファイナンスの取扱い

③　私的整理段階で行われたスポンサー選定結果の取扱い
　④　私的整理段階で成立した預金債権との相殺禁止
　以下、それぞれについて具体的にどのような問題があるのか概観する。

(1) 法的整理前に発生した商取引債権の取扱い

　法的整理においては、金融債権者であるか営業上の取引債権者（商取引債権者）であるかにかかわらず手続の対象債権者として個別の権利行使は制限されることが原則である。そのため、一旦法的整理の申立てがなされると、事後の営業上の取引について混乱や障害が生じ、その結果、事業価値が毀損し、場合によっては営業を継続すること自体が困難になるというリスク・問題を抱えていることが一般的に指摘されている。

　これに対して、私的整理では、商取引債権者を手続に巻き込むことなく（しかも、いわゆる非上場会社については、商取引債権者には私的整理が行われていることを知らせることすらなく）、金融債権者（いわゆる銀行だけでなく場合によりリース債権者等の実質的な金融債権者を含む。）だけを手続の対象債権者として、手続を実施することが一般的である。そのため、私的整理が開始されても、営業上の混乱や障害による企業価値の毀損は大幅に防止・回避できるのであり、このことが法的整理に対する私的整理の最大のメリットであるといわれている。

　以上の認識を前提とすると、私的整理から法的整理に移行した場合で法的整理の申立て前に生じた商取引債権が決済されないまま残存していると次のような問題が生じるものと考えられる。すなわち、①私的整理であれば防止・回避できた企業価値の毀損が生じてしまう、②私的整理が行われていることを知りながら営業上の取引を継続していた債権者については、自己の権利の保護に対する期待が破られることになる、③②のような問題があると、私的整理が行われていることを知った営業上の取引先は、取引を行わない、あるいは、代金の先払いその他自己の権利の確保が確実な条件でない限り取引に応じないという事態が生じ、私的整理による事業再生が困難になってしまう。

⑵ **私的整理段階で行われたプレ DIP ファイナンスの取扱い**

　私的整理の期間中に営業上の資金が不足することが見込まれる場合、メインバンクその他金融機関による資金の貸付（いわゆるプレ DIP ファイナンス）が実行されることがあるが、私的整理中の企業がプレ DIP ファイナンスを受けたところ、その返済をしないうちに法的整理に移行した場合、プレ DIP ファイナンスによる貸金債権は倒産債権となってしまい、個別に権利行使をできなくなるのが原則である（もっとも、プレ DIP ファイナンスが行われる場合には、いわゆる同時交換的行為（民再127条の 3 第 1 項柱書括弧書・127条 1 項柱書括弧書、会更86条の 3 第 1 項柱書括弧書・86条 1 項柱書括弧書、破162条 1 項柱書括弧書・160条 1 項柱書括弧書）として不動産に対する抵当権、売掛債権や在庫商品等に対する譲渡担保権といった担保権が設定されることが多く、担保権者は、民事再生、破産および特別清算では手続に拘束されず権利を行使することができ（民再53条 1 項・ 2 項、破65条 1 項、会社515条 1 項）、会社更生では担保価値相当部分については更生担保権として手続の中で優先的な取り扱いを受け得ることになる（会更168条 1 項・ 3 項））。

　このように、プレ DIP ファイナンスに基づく貸金債権が、法的整理に移行した場合に倒産債権として個別の権利行使を拘束されるとなると、（同時交換的行為として十分な担保をとることができない限り）債務者はプレ DIP ファイナンスを受けることができず、その結果、運転資金不足によって営業の継続が不能となって私的整理の目的を果たせないという事態が生じるという問題がある。

⑶ **私的整理段階で行われたスポンサー選定結果の取扱い**

　私的整理の期間中にスポンサー選定手続が行われ、スポンサー契約が締結されたが、その後、法的整理に移行するケースがある。右のようなスポンサー契約は、法的整理においてはいわゆる双方未履行の双務契約に該当することから、更生管財人あるいは再生債務者等はこれを解除するか否かの選択権を有している（会更61条 1 項、民再49条 1 項）。

　しかし、私的整理段階で締結されたスポンサー契約の効力が全く維持されないとすると、私的整理段階でスポンサーを選定することが難しくなったり、仮にス

ポンサーを選定したとしても人的・物的支援を受ける等の積極的な協力を得ることが難しくなる結果、債務者は事業を継続することが困難となり、場合によっては事業継続、再生の機会を逸失することも考えられる。

そこで、このようなケースでは、主として、①法的整理において私的整理段階で締結されたスポンサー契約の効力は維持されるのか、それとも、スポンサー契約はその効力を維持されず法的整理段階で改めてスポンサー選定手続を行わなければならないのか、②改めてスポンサー選定手続を行わなければならないとした場合、再度のスポンサー選定手続において私的整理段階で選定されたスポンサー候補に何がしかのアドバンテージを与えるべきか否か、③私的整理段階で選定されたスポンサー候補が最終的にスポンサーとなり得なかった場合、いわゆるブレイクアップ・フィーを支払うべきか否かが問題となる。

(4) 私的整理段階で成立した預金債権との相殺禁止

私的整理の期間中には、私的整理の対象債権者のうちメインバンクなど主要債権者たる金融機関に預金を集中させることが少なくない。このようにして集中した預金について、私的整理から法的整理に移行した後、相殺が許されるとすると、債権者間の公平を害することが著しい上、債務者は事業継続に必要な運転資金の確保がままならず事業再生の途が閉ざされるおそれも高いといわざるを得ない。そこで、私的整理期間中に集中した預金について、金融債権者の相殺を制限・禁止することができるかが問題となる。

3 私的整理から法的整理に移行した場合の問題に関する議論・対応の現状

次に2で述べた問題点について、現在の実務でどのような議論や対応がなされているのかを概観する。

(1) **法的整理前に発生した商取引債権の取扱い**
　a　類　　型
　法的整理前に発生した商取引債権の取扱いについては、近時、東京地方裁判所（以下「東京地裁」という。）における会社更生事件などにおいて、更生計画等に基づくことなく計画外で全額を弁済する例がみられるようになってきている（もっとも、これら実例は必ずしも私的整理から法的整理に移行したケースばかりではない。）。
　問題は、商取引債権に対して全額弁済するという例外的な処理をいかに法律構成するかであるが、概ね次のとおり整理される（腰塚和男ほか「会社更生における商取引債権100パーセント弁済について」NBL890号37頁（2008年）、事業再生迅速化研究会第3PT「事業再生迅速化研究会報告3　商取引債権の保護と事業再生迅速化」NBL923号15頁（2010年）など）。
　①　保全管理の段階
　会社更生手続または民事再生手続の保全管理の段階で、保全管理人が許可を得ることを要する事項に関して、商取引債権に対する弁済については裁判所の許可事項から除外して弁済を行い得るようにする。
　②　法的整理の手続開始決定後
　会社更生手続または民事再生手続の開始決定後に会社更生法47条5項後段または民事再生法85条5項後段の「少額の更生債権（再生債権）を早期に弁済しなければ更生会社（再生債務者等）の事業の継続に著しい支障を来すとき」の規定に基づき弁済する。
　③　和解による方法
　②と同じく法的整理の手続開始決定後における対応として、管財人等が裁判所の許可を得て商取引債権者と和解することにより（会更72条2項6号、民再41条1項6号）、更生債権（再生債権）である商取引債権を「更生会社の業務及び財産に関し管財人……が権限に基づいてした行為によって生じた請求権」（会更127条5号）、「再生債務者財産に関し再生債務者等が再生手続開始後にした資金の借入れその他の行為によって生じた請求権」（民再119条5号）の共益債権として弁済する。

b 実　例

　上記①の処理の実例としては、ゴルフ場等を経営している恵那高原開発株式会社ほか1社（以下「恵那高原開発等」という。）（腰塚和男ほか「会社更生における商取引債権100パーセント弁済について」NBL890号28頁（2008年））や通信会社である株式会社ウィルコム（以下「ウィルコム」という。）（腰塚和男ほか「事業再生ADRから会社更生への手続移行に際しての問題点と課題(2)」NBL954号52頁（2011年））の会社更生事件の例がある。

　上記②の処理の実例としては、ウィルコムや大手航空会社である株式会社日本航空ほか2社（以下「JAL等」という。）ならびにバイオ関連企業である株式会社林原ほか2社（以下「林原等」という。）の会社更生事件の例がある（腰塚和男ほか「事業再生ADRから会社更生への手続移行に際しての問題点と課題(2)」NBL954号52頁（2011年））。これらの例はいずれも事業再生ADRという私的整理から会社更生という法的整理に移行した事例である。

　上記③の処理の実例としては、大手家電量販店であった株式会社マツヤデンキ（以下「マツヤデンキ」という。）の民事再生のケースがある（上田裕康「家電量販店M社の再生」商事法務編『再生・再編事例集2』（商事法務、2004年）85頁）。

c 理論的検討

　以上のような商取引債権の取扱いについて、実務・学説の議論の状況を概観する（法的整理における商取引債権の取扱いについて、米国の法制も踏まえ詳細な検討がなされた論考として、杉本純子「事業再生とプライオリティ修正の試み‐Critical Vendor Ordersにみる商取引債権優先化プロセスの透明性」同志社法学第60巻4号151頁（2008年）がある）。

ア　上記②の処理について

　まず、上記②の処理について、どのような場合に会社更生法47条5項後段・民事再生法85条5項後段の適用があるのか、その要件が問題となる。

　すなわち、会社更生法47条5項後段は、「少額の更生債権等を早期に弁済しなければ更生会社の事業の継続に著しい支障を来すときは、裁判所は、更生計画認可の決定をする前でも、管財人の申立てにより、その弁済をすることを許可する

ことができる」と定めており、「早期に弁済をしなければ……事業の継続に著しい支障を来たす」ことという「事業継続支障性」と「少額性」の二つが要件となっている。この規定の趣旨は、特定の更生債権等を早期に弁済することで、右弁済を受けた商取引債権者が信用リスクを甘受して取引を継続し、その結果、更生会社の事業価値の毀損防止ないし維持向上が図られることで、更生計画による他の債権者に対する弁済率が向上して債権者全体の利益になるという点にある。

東京地裁において会社更生事件を取り扱う民事第8部（商事部）は、会社更生法47条5後段の適用について、イ）商取引先が従来どおりの約定弁済および支払条件での取引を承諾することを前提条件とした上で、その他に、ロ）更生会社の規模、負債総額、資金繰りの状況を踏まえて、相対的であっても、商取引債権一般が「少額」といえるかどうか（「少額性」の要件）、ハ）商取引債権を全額弁済することで、事業価値の毀損が防止され、商取引債権の弁済を行わない場合と比べて金融債権者への弁済率も向上することといった事情が認められるかどうか（「事業継続支障性」の要件）も考慮する必要があるとしている（難波孝一「『私的整理ガイドライン等から会社更生への移行』に対する検討」NBL886号12頁（2008年）、東京地裁民事第8部「会社更生事件の最近の実情と今後の新たな展開」NBL895号10頁（2008年））。

「事業継続支障性」および「少額性」という二つの要件のうち前者については、その基準の定立や判断の仕方について様々な提言や議論がなされてきている。

例えば、「事業継続支障性」要件の基準の定立については、「商取引債権に対する弁済を行うことで金融債権者等他の債権者に対する弁済率が向上すること」を数値的に厳密に示すことは容易でなく、経験的な見込み・判断に依らざるを得ないとした上で、イ）商取引債権を保護しないと販売力を失う、ロ）代替の取引債権者が存在しない、ハ）取引債権者の交渉力が強い（取引債権者が現金仕入れや前金などを取引のための必須条件として要求するなど）、ニ）債務者が既に手形不渡り、支払猶予等によって信用を失っており、信用を回復する必要がある、ホ）取引条件を維持することによるメリットがある（現金値引き、リベート、各種手数料などの慣行的な権利がある）、ヘ）取引債権者の数が多く、交渉している間に販売力が

劣化する、ト）商取引債権の額が債権総額に比して比較的少額であるといった事実を、「事業価値毀損の防止を示す間接事実」として類型化し、各事案においてこのような間接事実が認められるかという観点から、事業継続支障性の要件を立証しようとする提言がなされている（事業再生迅速化研究会第3PT「〈事業再生迅速化研究会報告3〉商取引債権の保護と事業再生の迅速化」NBL923号14頁（2010年））。

また、「事業継続支障性」要件の判断の仕方については、イ）当該債権の弁済拒絶により当該債権者が更生手続開始後の更生会社との取引を拒絶し、かつ、ロ）当該債権者が更生会社の事業価値の向上に寄与しており（換言すれば、他の取引相手によって当該債権者の取引を代替することが困難であり）、その者の取引拒絶によって更生会社の事業価値が劣化すると認められることが必要であり、このような要件は個別の債権者ごとに検討すべきであるとする有力な学説がある（山本和彦「企業再生支援機構とJALの更生手続」ジュリ1401号19頁（2010年））一方、事業再生実務に精通した実務家からは、右イ）やロ）に該当する場合に限らず、事業の内容や形態の特徴に応じて更生債権等を早期に弁済しないことの事業価値への影響を総合的に検討して判断すべきであり、また、事案の事情によっては個別の債権者ごとに検討するのではなく商取引債権者を包括的に対象とすることも検討されてよいといった提言もなされている（腰塚和男ほか「事業再生ADRから会社更生への手続移行に際しての問題点と課題(2)」NBL954号52頁（2011年））。

イ　上記①の処理について

上記①の処理については、商取引債権の弁済を裁判所の許可事項から除外する基準・要件が問題となるが、基本的には上記②の処理とパラレルな問題である。すなわち、東京地裁は、「更生手続開始決定前においては、事業継続の著しい支障を回避するという観点から更生手続開始後の計画外弁済を許容する会社更生法47条5項後段の許可の要件を実質的に満たす場合には、申立て前に生じた商取引債権一般の全額弁済を認めるべく、これを保全段階における弁済禁止の対象から外すことが可能であると思われる」と述べている（東京地裁民事第8部「会社更生事件の最近の実情と今後の新たな展開」NBL895号10頁（2008年））。

なお、保全管理という法的整理開始決定前の段階での商取引債権に対する全額

弁済にかかる判断を適正化するための方策として、事業再生実務に精通した弁護士らから、調査委員制度の活用が提唱され（腰塚和男ほか「会社更生における商取引債権100パーセント弁済について」NBL890号28頁（2008年））、東京地裁民事第8部も基本的に賛成の立場を表明している（東京地裁民事第8部「会社更生手続における調査命令を活用した商取引債権保護モデル（調査命令活用型）の提言に対する東京地裁民事第8部（商事部）の検討結果」NBL890号47頁（2008年））。すなわち、更生手続が申し立てられた時点では保全管理命令等は発令せずに調査命令だけを発令して調査委員を選任し、調査委員に商取引債権弁済の必要性・妥当性を調査させた後、保全管理命令（さらにその後に開始決定）を発令することとして、調査委員の調査結果に基づき、保全管理命令において商取引債権に対する弁済を許可事項から除外し、開始決定後には会社更生法47条5項後段に基づき商取引債権に対する弁済を行い得るようにするというのである。恵那高原開発等の会社更生事件は、この調査命令活用方式により、上記①および同②の処理がなされた実例である。

　ウ　上記③の処理について

　前記のとおり上記③の処理の実例としてはマツヤデンキに関する民事再生手続のケースがある。尤も、マツヤデンキのケースは、所有権留保あるいは動産売買の先取特権という担保権を前提として和解による処理がなされたという特殊性がある（上田裕康「家電量販店M社の再生」商事法務編『再生・再編事例集2』（商事法務、2004年）85頁）。

　マツヤデンキの例のような担保権を前提とするケースでない場合についても上記③の処理を認めるべきかに関して、東京地裁民事第8部は、上記ⅲ）の処理は更生債権の更生計画外の弁済を認める場合であるところ、裁判所の許可した和解（会更72条2項6号）により本来更生債権であるものを共益債権として取り扱うことを安易に行うのは疑問であるとして、消極的な態度を表明し、むしろ、上記②の処理によるべきであるとしている（東京地裁民事第8部「会社更生手続における調査命令を活用した商取引債権保護モデル（調査命令活用型）の提言に対する東京地裁民事8部（商事部）の検討結果」NBL890号47頁（2008年））。

(2) 私的整理段階で行われたプレ DIP ファイナンスの取扱い
　a　計画外の裁判所の許可による弁済
　私的整理ガイドライン等に基づく私的整理における債権者会議の全員同意の下で行われたプレ DIP ファイナンスについて、事後もプレ DIP ファイナンスに応じることを条件として、更生計画等によることなく会社更生法72条2項6号の和解の許可または同法47条5項後段の少額債権の弁済の許可により弁済ができるようにするという提言が事業再生実務に精通した弁護士らからなされている（多比羅誠ほか「私的整理ガイドライン等から会社更生への移行」NBL886号6頁（2008年））、なお右提言では、「プレ DIP ファイナンスの際、債権者会議にて全員同意の決議を得て売掛金債権ないし在庫商品の包括譲渡担保契約をしておくと、右許可を得やすくなる」旨の指摘がなされている。
　当該提言に対して東京地裁民事第8部の部総括裁判官（当時）は、「会社更生法72条2項6号の和解許可を求める方法は、法的には更生債権を更生計画によることなく弁済する、換言すれば、更生債権を和解により共益債権化することは法的論拠に乏しく賛成し難い。……商取引債権同様、会社更生法47条5項後段の許可の問題として取り扱うのが相当である」として会社更生法72条2項6号ではなく同法47条5項後段の許可の枠組みによるべき旨の意見を述べた上で、同条項適用の判断にあたっては、「会社の資金繰りに対する影響がないこと、当該 DIP ファイナンスが債権者共同の利益のために使用されたといえること、弁済を行うことが事業継続に必要といえること（弁済すれば今後の DIP ファイナンスに応ずる旨の約束があること等）、債権者多数の意向などを考慮することになるであろう」、「DIP ファイナンスを優遇することについて同意していない債権者（たとえば私的整理ガイドライン手続に関与していない商取引債権者）の意向や、当該資金が債権者共同の利益のために使用されたのかを考慮して、会社更生法47条5項後段の許可をするか否かを判断することになろう」、「DIP ファイナンスの際、債権者会議で全員同意の決議を得て、売掛債権または在庫商品包括譲渡担保契約を締結していた場合には、当該ファイナンスがそれほどまでに事業価値を維持するために必要であったということを推認させる事情となるであろう」等と述べている（難波孝一

「『私的整理ガイドライン等から会社更生への移行』に対する検討」NBL886号12頁（2008年）、東京地裁民事第8部「会社更生事件の最近の実情と今後の新たな展開」NBL895号10頁（2008年）参照）。

　もっともその後、JAL 等に関する会社更生事件において東京地裁は、更生手続に先立つ事業再生 ADR 中に産活法52条の確認を得て株式会社日本政策銀行（以下「DBJ」という。）が行った総額2,000億円にのぼるプレ DIP ファイナンスについて、会社更生法72条2項6号に基づき、これを共益債権として支払う旨の和解を許可している。すなわち、イ）事業再生 ADR 中の事業継続のためにプレ DIP ファイナンスが必要不可欠であり、産活法52条の確認がなされていること、ロ）株式会社企業再生支援機構および DBJ は、当該プレ DIP ファイナンスが共益債権化されることを条件として、更生会社に対して数千億円規模の追加的な融資枠を設定して新規融資を行うこととしていること、ハ）ロ）の追加融資が得られなければ、更生会社の信用状態等に照らし、事業を継続し事業の再建を図ることは不可能であること、ニ）他に当該追加支援を行うべき者が存在しないこと（代替性の有無）、ホ）更生会社が事業を継続できずに破産した場合の破産配当率と比べて、更生会社が再建される場合にはそれ以上の弁済が見込まれること、ヘ）プレ DIP ファイナンスにおける約定利率、弁済期について当該和解において更生会社に有利に変更されているといった諸事情が考慮されて当該和解許可がなされたものである（腰塚和男ほか「事業再生 ADR から会社更生への手続移行に際しての問題点と課題(2)」NBL954号52頁（2011年））。

b　計画による弁済

　以上のとおり、私的整理段階で実行されたプレ DIP ファイナンスについて、会社更生法47条5項後段あるいは同法72条2項6号に基づく許可による弁済が議論され、東京地裁では実例も存在する。

　他方、以上に論じた計画外の裁判所の許可による弁済ではなく、更生計画等の計画上で私的整理段階のプレ DIP ファイナンスを優先的に処遇することも議論されている。特に、事業再生 ADR 中になされたプレ DIP ファイナンスについて、会社更生法47条5項後段や同法72条2項6号に基づく許可による対応ができない

場合等について、会社更生法168条1項ただし書の適用が検討されるべきか否か議論がなされている（腰塚和男ほか「事業再生ADRから会社更生への手続以降に際しての問題点と課題(2)」NBL954号52頁（2011年））。

　すなわち、産活法54条は、「裁判所は、産活法52条の規定による確認を受けた資金の借入れをした事業者について更生手続開始の決定があった場合において、同条の規定による確認を受けた資金の借入れに係る更生債権とこれと同一の種類の他の債権者（同条第2号の債権者に同号の同意の際保有されていた更生債権に限る。）との間に権利の変更の内容に差を設ける更生計画案が提出され、又は可決されたときは、当該資金の借入れが同条各号のいずれにも適合することが確認されていることを考慮した上で、当該更生計画案が更生法168条1項に規定する差を設けても衡平を害しない場合に該当するかどうかを判断するものとする」と規定している（衡平考慮規定）。他方、会社更生法168条1項は「更生計画の内容は、同一の種類の権利を有する者の間では、それぞれ平等でなければならない」と原則を示した上で、ただし書で「不利益を受ける者の同意がある場合、少額債権の更生債権その他同一の権利を有する者の間に差を設けても衡平を害しない場合は、この限りではない」として例外的取扱いを許容している。

　この点、東京地裁の会社更生事件において産活法54条が適用された実例はないようであるが、東京地裁民事第8部の部総括裁判官（当時）の論考では、私的整理ガイドラインから更生手続に移行するケースにおける私的整理段階のプレDIPの取扱いについて、イ）金融機関相互の優先関係にとどまり、他の債権者との関係を含まない場合には劣後する金融機関の同意があれば足りる、ロ）また、金融機関全体を一つの枠として捉えて、その間でプレDIPファイナンスを優先させる結果、他の債権者よりも弁済率が高くなる場合には「同一の種類の権利を有する者の間に差を設けても衡平を害しない場合」（会更168条1項ただし書）に該当すると考えることができる、他方、ハ）プレDIPファイナンスのみを他の全ての債権より優先させるという計画案の場合、「DIPファイナンスを優遇することについて同意していない債権者（たとえば、私的整理ガイドライン手続に関与していない商取引債権者）の意向や、当該資金が債権者共同の利益のために使用され

たのかを考慮して、会社更生法47条5項後段の許可をするか否かを判断することになろう」と論じられている（難波孝一「『私的整理ガイドライン等から会社更生への移行』に対する検討」NBL886号12頁（2008年））。この論考よれば、上記ハ）のプレDIPファイナンスを私的整理に関与していない商取引債権者も含めて優先的に処遇するケースでは、更生計画等の計画上で優先的に取り扱うのではなく、前記aで述べた計画外の裁判所の許可（会更47条5項後段）により処理すべきものと解される。

　以上の論考に対しては、「会社更生法27条5項後段の少額債権としての弁済許可や同法72条2項6号、同法127条5号の共益債権化を内容とする和解許可がなされれば、DIPファイナンスの優先性は確保できるので、そのような選択肢は積極的に検討されるべきである」として計画外の裁判所の許可による処理を肯定した上で、かような裁判所の許可による処理だけに限定するのではなく「ケースによっては、DIPファイナンスを更生担保権および一般更生債権として原則どおり取り扱いながら、他の更生債権との差を設ける更生計画案を提出して債権者の賛否を問うことが適当といい得る場合もあるものと考えられる」、「両許可による対応のほかに、会社更生法168条1項ただし書の適用も積極的に検討されることが望ましいと考える（なお、産活法54条自体は、DIPファイナンスを行った債権者と事業再生ADR手続の対象債権者との間での差を設けることのみを前提としているものの、それ以外の場合については特に何も言及していないことから、DIPファイナンスを行った債権者と対象債権者以外の債権者との間で差を設ける更生計画案については、制限されているわけではなく、ダイレクトに会社更生法168条1項ただし書の適用の是非が検討されることになるものと考える）」として会社更生法168条1項ただし書による処理もあり得べきとの有力実務家らの提言がある。またこの提言では、東京地裁において会社更生法168条1項ただし書が適用された実例（JAL等における企業年金基金の取り扱いの例ほか1例）を引用・検討して「今後、事業再生ADR中にDIPファイナンスが実行された上で更生手続に移行するケースにおいては、同項ただし書の適用についても積極的に検討されるべきものと考える」とし、その検討に際しては、「事業再生ADRにおいて産活法52条に基づき、①当該事業者の

事業の継続に欠くことができないものであること（同条1号）、②対象債権者全員が自己の債権の弁済よりも優先的に取り扱うことについて同意していること（同条2号）、③当該DIPファイナンスが事業再生計画案にかかる債権者全員の合意の成立が見込まれる日までの間における債務者の資金繰りのために合理的に必要なものであること（省令17条1項1号）が、いずれも確認されていることが重視されるべきであり」、加えて、上記ハ）のプレDIPファイナンスを私的整理に関与していない商取引債権者も含めて優先的に処遇するケースについては、「①商取引債権者を始め対象債権者以外の債権者が更生手続において更生債権者として取り扱われるのか、会社更生法47条5項後段の弁済許可の対象となるのか、②①で更生債権者として取り扱われる場合、DIPファイナンス債権者を優先する差の大小、③更生計画案全体に与える影響、④当該計画内容に対象債権者以外の更生債権者が理解を示すかどうか等といった諸般の事情を総合的に勘案して『衡平を害しない』ものかどうかが判断されるべきものと考える」と論じられている（腰塚和男ほか「事業再生ADRから会社更生への手続以降に際しての問題点と課題(2)」NBL954号52頁（2011年））。なお、右提言では、事業再生ADR中の第1回債権者会議において産活法52条に基づく確認がなされることが重要ではあるものの、事業再生ADRにおける一時停止通知前に（右確認を得ることなく）行われたDIPファイナンスについても「事業継続に不可欠であり、全債権者共同の利益に資することになったと評価できる場合には、上記①ないし④の事情いかんによっては、産活法52条の確認がなくても会社更生法168条1項ただし書の適用がなされる余地があると考える」として、産活法52条の確認がない場合にも会社更生法168条1項ただし書による計画上の優先的取り扱いが許容されるべきことにも言及している（腰塚和男ほか「事業再生ADRから会社更生への手続以降に際しての問題点と課題(2)」NBL954号52頁（2011年））。

(3) 私的整理段階で行われたスポンサー選定結果の取扱い

a 私的整理段階で締結されたスポンサー契約の効力は維持されるか

私的整理段階でスポンサー選定手続が行われたがその後に会社更生手続に移行

した場合に右選定の結果を尊重すべきか否かについて、東京地裁民事第 8 部は、「大多数の債権者が当該スポンサーの選定に反対していない場合には、スポンサー選定に最も利害を有するのが債権者であることからすると、裁判所としては当該スポンサーの選定を否定する理由はないと思われる。」、「他方、債務者会社が会社更生手続の申立て前にメインバンク等の了解もなく独自にスポンサーを選定していても、裁判所としてはこれを尊重することは困難であると思われる」としている（東京地裁民事第 8 部「会社更生事件の最近の実情と今後の新たな展開」NBL895号10頁（2008年））。

　他方、事業再生実務に精通した弁護士らから、一定の場合には私的整理段階におけるスポンサー選定結果を尊重すべきことを前提として、その条件について、次のような提言がなされている（須藤英章「プレパッケージ型事業再生に関する提言」事業再生研究機構編『プレパッケージ型事業再生』（商事法務、2004年）101頁、松嶋英機「日本におけるプレパッケージ型申立ての諸問題」新堂幸司＝山本和彦編「民事手続法と商事法務」（商事法務、2006年）61頁）。

　　ア　須藤英章弁護士の提言（いわゆるお台場アプローチ）
　　①　あらかじめスポンサー等を選定しなければ事業が劣化してしまう状況にあること
　　②　実質的な競争が成立するように、スポンサー等の候補を募集していること
　　③　入札条件に、価額を下落させるような不当な条件が付されていないこと
　　④　応札者の中からスポンサーを選定する手続において、不当な処理がなされていないこと
　　⑤　スポンサー契約等の内容が、会社側に不利な内容になっていないこと
　　⑥　スポンサー等の選定手続について、更生である旨の第三者の意見が付されていること
　　⑦　スポンサー等が誠実に契約を履行し、期待通りに役割を果たしていること
　　なお、須藤弁護士は、この提言の趣旨について、「七つの要件が備わっているときには解除を禁止して、管財人等の選択権を封じてしまおうとするものではな」く、「手続開始後に有利な条件を申し出る者がいても、これを謝絶し、既存のス

ポンサーとの合意を解除しなくても管財人が善管注意義務違反に問われたり、再生債務者が公平誠実義務違反に問われたりしないための要件」を提示したものである旨述べている（須藤英章「パネルディスカッションを聴いて」事業再生研究機構編『プレパッケージ型事業再生』（商事法務、2006年）232頁）。

　イ　松嶋英機弁護士の提言

　須藤弁護士が提言する七つの要件が満たされている場合には、民事再生、会社更生いずれの手続においても、私的整理段階で選定されたスポンサー候補（以下「内定スポンサー」という。）を最終的なスポンサー（以下「最終スポンサー」という。）として認めてよいとした上で、より柔軟に内定スポンサーを最終スポンサーと認め得る要件を提示している。

(a)　条　　件

　① メインバンクが交渉に関与し、承諾していること、フィナンシャルアドバイザーが関与していればベター

　② 複数の希望者と交渉したこと（または、これが困難である場合には、価額がフリーキャッシュフローに照らして公正であること）

　③ 当時の企業評価として一応妥当であること

　④ 基本合意書締結が会社更生申立ての決断または早期申立てに寄与したこと

　⑤ 基本合意締結に至る過程において、スポンサー候補が資金繰りや営業継続上の協力（仕入れ、販売、人材派遣、技術提供、不良資産の買取り、その他）をしたこと（絶対的条件ではない）

(b)　考慮する程度・内容

　① 緊急を要する計画外の営業譲渡については、原則、当該候補に決定し、後は債権者・裁判所の判断に委ねる

　② 緊急を要しない計画外の営業譲渡、および計画に基づく営業譲渡または減資・増資等によるスポンサー候補の決定の場合は、

　　（イ）他の候補者の申入れを受ける

　　（ロ）当該候補も入れて競争させる

　　（ハ）当該候補の条件がトップの条件より、たとえば、10％〜20％の範囲

内劣後している場合は当該候補者に決定する

b 再度のスポンサー選定手続におけるアドバンテージ（優先権）の付与

内定スポンサーを直ちに最終スポンサーとして決定することが許されず、改めてスポンサー選定手続をしなければならなくなった場合、再度のスポンサー選定手続において内定スポンサーに何がしかのアドバンテージ（優先権）を付与すべきか・付与することが許されるかについては次のような議論がなされている。

すなわち、松嶋弁護士は、「内定スポンサーに対し、価額および事業遂行能力等の評価において若干のアドヴァンテイジを与えることは許されてしかるべきと考える」、「その程度については内定スポンサーの決定手続やこれまでの貢献度合等によって異なるものと考えられる。たとえば価格面においては10～20％劣後していても他と同等の評価を与えてもよいのではないかと考える」と論じている（松嶋英機「日本におけるプレパッケージ型申立ての諸問題」新堂幸司＝山本和彦編『民事手続法と商事法務』（商事法務、2006年）61頁）。

また、須藤弁護士も、「旧スポンサーが再入札における最高価額を支払う場合には、旧スポンサーを落札者とする」として、内定スポンサーに優先的な譲受権を認めるべきことを提言している（須藤英章「プレパッケージ型事業再生に関する提言」事業再生研究機構編『プレパッケージ型事業再生』（商事法務、2006年）101頁）。

c ブレイクアップ・フィーの支払

ア 須藤弁護士の提言

再度のスポンサー選定手続の結果、内定スポンサーが最終スポンサーにならなかった場合に、いわゆるブレイクアップ・フィーを支払うべきか否かについて、須藤弁護士は次のとおり提言している（須藤英章「プレパッケージ型事業再生に関する提言」事業再生研究機構編『プレパッケージ型事業再生』（商事法務、2006年）101頁）。

すなわち、「旧スポンサーの尽力によって事業価値の毀損を防止できたことの対価として、旧スポンサーに対して再入札による落札価額の5％程度の金額を共益債権として支払う（ただし、実際に事業への協力が大きかった場合に限る。）」、「このような対価の支払いは、米国破産法363条のオークション手続においてストー

キング・ホースに対して支払われるブレイクアップ・フィーを参考にしたものである」としてブレイクアップ・フィーの支払を基本的に肯定した上で、落札価額の５％程度という金額については、「この金額は常識的な感覚によって決めるしかない。落札価額の10％では高すぎ、３％では低すぎるというところであろう。」としている。

そして、ブレイクアップ・フィー支払の法律構成については、「再生債務者が再入札の実施を決意した時点で、旧スポンサーと再生債務者との間で、新たなスポンサー等が決まるまでの期間について旧スポンサーによる支援継続の契約を締結する。この契約の中でブレイクアップ・フィーが合意されれば、これは民事再生法119条５号によって共益債権となる」として共益債権とする方法と、「再入札の条件の中に、落札者は旧スポンサーに対して、落札価額の５％相当額を支払う旨を義務づけることも考えられる」として債務者からではなく最終的なスポンサーから内定スポンサーにブレイクアップ・フィーを支払わせる方法を提言している。

イ　松嶋弁護士の提言

松嶋弁護士も「一定の場合はブレイクアップフィーを支払うべきと考える」としてブレイクアップ・フィーを支払うべき場合がある旨を述べている。

もっとも、その支払額については、最終入札額の一定割合ではなく、「内定スポンサーの当初の合理的な提示額と最終スポンサーの提示額の差額の一定割合」とすることを提言している（松嶋英機「日本におけるプレパッケージ型申立ての諸問題」新堂幸司＝山本和彦編『民事手続法と商事法務』（商事法務、2006年）61頁）。

ウ　松下淳一教授の意見

松下淳一教授はブレイクアップ・フィーの支払について、「ブレイクアップ・フィーの支払いを基礎づける実質的な考慮それ自体は、公平の観点から理解できる」としてブレイクアップ・フィーを支払うこと自体については肯定的な見解を示したうえで、「問題は、どのような法律構成が可能か、またその額の算定はどのようにして行うかである」（ⅰ）法律構成の問題）、「また当初スポンサー契約の中にブレイクアップ・フィーの額の算出方法について定めがある場合に、倒産

手続開始後も再生債務者あるいは管財人はこれに拘束されるかという問題もある」(ⅱ) 額算定の問題) として二つの問題を提起して意見を述べている。
(a) ⅰ) 法律構成の問題

そして、ⅰ) 法律構成の問題については、「ブレイクアップ・フィーを基礎づける法律構成はいくつか考えられる」として、まず、イ) 倒産法上の解除権行使に伴う相手方の損害賠償請求権(民再49条5項、会更61条5項、破産60条1項)について「この構成によると、スポンサー契約を維持できた場合に得られたであろう利益相当額を賠償請求できることになる」としつつも、「もっとも、履行利益の算定は多数の不確定要素に基づく将来の予測であるため相当困難であると思われ、また損害賠償請求権は再生債権・更生債権としてしか扱われないことから、当初相手方の保護として十分とは言えない、という問題がある」と難点を指摘する。

次に、ロ) 民事再生法上・会社更生法上の報償金等として構成する方法について、「事務処理費用の償還または報償金であれば、共益債権として弁済することができ(民事再生法119条4項、会社更生法127条4項)、その限りでは当初相手方の保護に欠くことはない」としつつ「しかし、第1に、報償金等の支払いが許可されるのは『再生債権者若しくは代理委員又はこれらの者の代理人』『更生債権者等、株主等若しくは代理委員又はこれらの者の代理人』に条文上は限られ」る、「第2に報償金等の額は、当然に実際に投入された費用全額あるいは維持された企業価値(毀損を免れた分)となるわけではなく、貢献度や債務者財産の状況から総合的に判断するものと一般的に解されており、したがって、支払いの許可がされるかどうか、許可される場合のその額について予見可能性に欠くという問題もある」としてこの方法についても難点を指摘する。

さらに、松下教授はブレイクアップ・フィーの法律構成の問題点・難点について、「目的財産の価値が保存されたことを考慮して、公平の原則に基づいて認められるという発想において」「類似の実質的考慮に基づくものとして」動産・不動産保存の先取特権(民311条5号・321条、325条1号・326条)との対比において、①右先取特権が「個別の財産の物理的・法律的な保存をするために所有者以外の

者が費用を投下した場合」に投下費用相当額の優先的な償還請求を認める制度であるのに対し、ブレイクアップ・フィーは「個別の財産ではなく、多数の有形無形の財産の有機的な結合である企業の価値の維持に着目しており、そのような『企業価値保存』についてその企業価値に優先権を付与する制度は、現行実定法上存在しない」、②「ブレイクアップ・フィーは、単に直接債務者財産に投下された金銭の額を保障するだけでは足りないと思われる場合がある……企業価値の維持に貢献していながら金銭換算困難な行為をどのように評価するかという問題がある」と指摘している。

(b) ⅱ) 額算定の問題

ⅱ) 額算定の問題については、「当初スポンサー契約の中にブレイクアップ・フィーの額の算出方法について定めがある場合であっても、管財人はもちろん、再生債務者も、必ずしもその算出方法に拘束されると考える必要はない」とした上で、「問題となるのは、減額できるかであろうが……スポンサー契約自体についても、倒産手続開始後にその契約の有利不利の判断に基づく解除の余地がある以上、ブレイクアップ・フィーの額の定め方についても、倒産手続開始後に再検討の余地を認めるべき」と意見を述べている。

(c) 総　　括

松下教授はブレイクアップ・フィーの支払について以上のとおり問題点・難点を指摘した上で、総括として「ブレイクアップ・フィーの支払いをどのような場合に認めるべきか、どのように法律構成するかはなお難問である。私見は、少なくとも当面は、当初スポンサー契約の解消を倒産法上の解除権行使を通じてではなく合意解除によって行い、その際に、ブレイクアップ・フィーの額についても（裁判所の許可を得つつ）定めるという運用が望ましいのではないか、と考えている」、「その際には、一方では、その時点までの当初スポンサー契約の履行によって維持増加された企業価値と、他方では、当初相手方が投入した金銭・労力・ノウハウ等とを考慮して、また一方ではその後のスポンサー契約の締結に対する萎縮的な効果を可及的に減らせるような考慮をしつつ、他方ではブレイクアップ・フィーの支払いが債務者企業の存続可能性に過度の負の影響を与えないように配

慮して、その額を定めるべきである」と意見を述べている（以上の松下教授の意見について、松下淳一「スポンサー契約の解除およびいわゆるブレイクアップ・フィーについてのメモ」事業再生研究機構編『プレパッケージ型事業再生』（商事法務、2004年）255頁）。

(4) 私的整理段階で成立した預金債権との相殺禁止

多比羅誠弁護士らは、「預金については、私的整理ガイドライン等の手続中は、一時停止により相殺されないが、会社更生の申立てをすると、相殺され、運転資金の確保に窮する」と問題点を指摘した上で、「私的整理ガイドライン等の債権者会議において、不成立になった、会社更生へ移行した場合、相殺しないことを約束してもらい、その約束をした金融機関に預金を移しておく等の対策をとる必要がある」、「このことは、私的整理ガイドライン Q&A において解説しておき、主要債権者に協力を要請することが望まれる」と提言している（多比羅誠ほか「私的整理ガイドライン等から会社更生への移行」NBL886号7頁（2008年））。

東京地裁民事第8部の部総括裁判官（当時）も、右提案について、「本提案に賛成である。会社更生手続中、事業資金がショートしてしまえば、事業継続を続けることは困難となり、会社更生手続を進めることはできなくなる。したがって、私的整理ガイドライン手続の中で……（右提案の）約束を取り付け、これを履行しておくことは会社更生手続きを進める上で極めて有益である」と賛同している（難波孝一「『私的整理ガイドライン等から会社更生への移行』に対する検討」NBL886号12頁（2008年））。

4 倒産法改正に向けた提言

(1) 法的整理前に発生した商取引債権の取扱い

a 問題意識

3の(1)で概観したとおり、法的整理前に生じた商取引債権に対する優先的な弁済は、東京地裁における会社更生事件等における実務の実例も存するところ、そ

の際の法律構成としては、主として会社更生法47条5項後段（民事再生では民再85条5項後段）が用いられている。

　この点、私的整理から法的整理に移行した場合等を中心に、倒産法における債権者平等の原則（破194条2項、民再155条1項、会更168条1項・3項、会社537条1項）を修正して、商取引債権に対する優先的な弁済をなすべき場合のあることが実務的にも理論的にも認められ始めていることは、事業再生を促進する観点から極めて有意義なことであると考えられる。

　問題は、現行法下でも会社更生法47条5項後段や民事再生法85条5項後段の解釈によってケースバイケースで処理がなされる結果、商取引債権者にとって優先的弁済を受けられるかどうかの予測可能性がなく（あるいは予測可能性が低く）、ひいては、私的整理でも当該手続の行われていることを知った取引先の協力は得られ難く（取引を拒絶され、あるいは、キャッシュオンデリバリーなど厳しい支払条件でしか取引を継続してもらえなくなる）、また、法的整理移行後にはより協力を得られ難くなるために事業再生そのものが困難になってしまうところにある。

　他方、商取引債権に対する優先的弁済を無制限に認めてしまうことは、倒産法ひいては広く民事実体法および民事手続法の根本的な準則である平等原則（倒産法においては特に債権者平等の原則）を否定することになるから、これを許容することはできない。

　そこで、商取引債権に対する優先的弁済が、実務上真に必要と思われる場面を想定した上で、いかなる条件のもとで許されるのかを法の規定によって明確にするよう倒産法を改正することが望まれるところである。

b　規定の建付け

　まず、規定の建付けについては、商取引債権の保護を梃子にして法的整理申立後における継続的な商取引を維持ひいては事業価値の毀損を防止・抑制するという観点からすると、更生計画・再生計画上での優先的な弁済を認めるだけでは不十分と考えられることから、法的整理開始後の速やかな対応を可能とすべく、計画外の裁判所の許可による弁済に関する規定を設けるべきと考える。

　そして、かかる規定が適用される場面および要件を明確にするため、少額債権

に対する弁済の一類型として規定されている会社更生法47条5項後段および民事再生法85条5項後段に代えて（つまり、右規定は一旦廃止した上で）、法的整理前に生じた商取引債権に対して事業継続のために優先的に弁済することを許容する規定として新設することを提案したい。

c 規定の内容

規定の内容については、第一に、イ）商取引債権に対する優先的弁済が真に必要となるのは、商取引債権に対する優先的弁済をしなければ事業再生が困難となる場合（要件1）と考えられる。また、商取引債権に対する優先的弁済は事業再生を目的とするものであることに鑑みれば、ロ）商取引債権に対する優先的弁済をしても債務者の資金繰り等の観点から事業の継続・再生に支障のないこと（要件2）が必要である。他方、債権者平等の原則の例外として商取引債権に対する優先的弁済が許容されるための要件として、ハ）商取引債権に対する優先的弁済を行うことで事業価値の毀損が防止され、その結果、平等弁済をする場合と比較して他の債権者に対する弁済率が向上すること（要件3）と、ニ）商取引債権者に対する優先的弁済をしても他の債権者との間の実質的な衡平を害しないこと（要件4）が必要と考える。

その上で、例えば、要件1については、従前の商取引債権者との取引の継続が事業の継続にとって必要不可欠であり、かつ、当該商取引債権者が取引先として代替可能性がない（あるいは低い）こと、要件2については、優先的弁済を受ける商取引債権者が法的整理開始前と同等ないしより債務者に有利な条件での取引を継続すること、要件3については、右のようにして取引が継続される結果、商取引債権を保護しない場合と比べて、事業価値が維持・向上すること、要件4については、優先的弁済の対象となる商取引債権がその他の債権に比して相対的に少額であることや、商取引債権が法的整理に先行する私的整理（何がここでいう「私的整理」に該当するかは、法務省令等に委任する形で明確に規定すべきと考える）における一時停止後の取引に基づき発生したものであることなどが重要な判断要素となることを規則等によって明示すべきと考える。

また、これら要件の適否の判断は、本来、個別の商取引債権ごとになされるも

のとすることが理論的であるが、とりわけ時間的に切迫した状況下で適否の判断が求められるという実務上の切実な要請を考えると、商取引債権という類型での包括的な判断が許容されるものと考えたい。

d 開始決定前の優先的弁済と計画上の優先的弁済

以上に論じたのは、法的整理開始決定後における裁判所の許可による優先的弁済についてであるが、法的整理申立後開始決定前の優先的弁済、ならびに、更生計画・再生計画上での優先的弁済についてはどうか。

この点、これらの場合についても倒産法を改正して新たな規定を設けることも考えられる。

しかし、法的整理開始決定後の裁判所の許可による優先的弁済（計画外弁済）について前記のような規定を設けることによって、法的整理開始決定後に右優先的弁済の対象とすべきような商取引債権については、①法的整理申立後開始決定前においては弁済禁止の保全処分の対象としないこと、あるいは、保全処分の一部解除等によって商取引債権に対する優先的弁済が可能であり、他方、②更生計画・再生計画においては優先的弁済を定めても「同一の権利を有する者の間に差を設けても衡平を害しない場合」（会更168条1項ただし書、民再155条1項ただし書）に当たるものと解することができるのではなかろうか。

そうであれば、法的整理申立後開始決定前の優先的弁済、ならびに、更生計画・再生計画上での優先的弁済については、倒産法を改正して新たな規定を設けずとも、法的整理開始決定後の裁判所の許可に基づく優先的弁済（計画外弁済）について新たな規定を設けるという最低限の改正によって対応することでもよいのではないかと考える。

(2) 私的整理段階で行われたプレDIPファイナンスの取扱い

a 問題意識

3の(2)で論じたとおり、法的整理前の私的整理段階で実行されたプレDIPファイナンスに対する優先的弁済については、会社更生法47条5項後段（再生手続では民再85条5項後段）または会社更生法72条2項6号（再生手続では民再41条1項

6号）の裁判所の許可に基づく計画外の弁済と会社更生法168条1項ただし書（再生手続では民再155条1項ただし書）に基づく計画上の弁済が議論されている。

　ここでも、商取引債権に対する優先的弁済と同様に、私的整理から法的整理に移行した場合を中心に、倒産法における債権者平等の原則（破194条2項、民再155条1項、会更168条1項・3項、会社537条1項）を修正して、DIPファイナンスに対する優先的な弁済をなすべき場合のあることが実務的にも理論的にも認められ始めていることは、事業再生を促進する観点から極めて有意義なことである。問題は、どのような場合にどのような条件のもとで優先的弁済を受けられるのかが明らかでないために優先的弁済を受けられるかどうかの予測可能性がなく（あるいは予測可能性が低く）、ひいては、プレDIPファイナンスを受けることが難しくなるために事業再生そのものが困難になってしまうところにある。

　他方、プレDIPファイナンスに対する優先的弁済を無制限に認めてしまうことは、倒産法ひいては広く民事実体法および民事手続法の根本的な準則である平等原則（倒産法においては特に債権者平等の原則）を否定することになるから、これを許容することできないことも、商取引債権に対する優先的弁済の問題と同じである。

　そこでプレDIPファイナンスに対する優先的弁済についても、実務上真に必要と思われる場面を想定した上で、いかなる条件のもとで優先的弁済が許されるのかを法の規定によって明確にするよう倒産法を改正することが望まれるわけである。

　　b　規定の建付け

　まず、規定の建付けについては、商取引債権に対する優先的弁済と同じく、規定が適用される場面および要件を明確にするため、少額債権に対する弁済の一類型として規定されている会社更生法47条5項後段および民事再生法85条5項後段に代えて（つまり、右規定は一旦廃止した上で）、法的整理前に生じたプレDIPファイナンスに対して優先的に弁済することを許容する規定として整理し直すことを提案したい。

　　c　規定の内容

規定の内容については、イ）事業継続のためにプレDIPファイナンスが必要不可欠であったこと（要件1）、ロ）プレDIPファイナンスに対する優先的弁済を行っても事業の継続・再生に支障がないこと（要件2）、ハ）DIPファイナンスに対する優先的弁済をしても他の債権者との間の実質的な衡平を害しないこと（要件3）が必要と考える。

　その上で、例えば、要件1については法的整理に先行する私的整理（何がここでいう「私的整理」に該当するかは、法務省令等に委任する形で明確に規定すべきと考える）において他の債権者がプレDIPファイナンスについて法的整理に移行した場合にも優先的な弁済がなされることについて異議を述べていなかったこと、要件2についてはプレDIPファイナンス債権者による追加的ないし新規の融資がなされ、あるいは、プレDIPファイナンスの返済条件や約定利息について更生会社等に有利に変更されること、要件3についてはプレDIPファイナンスの総債務額に占める割合が相対的に小さいことなどが重要な判断要素となることを規則等によって明示すべきと考える。

(3) 私的整理段階で行われたスポンサー選定結果の取扱い

a　問題意識

　3の(3)で論じたとおり、この問題についても事業再生実務に精通した実務家や有力な学者から様々な提言や意見が述べられている。主な論点は、ⅰ）私的整理段階に締結されたスポンサー契約が法的整理移行後にも維持されるための要件、ⅱ）右契約の効力が維持されず再度のスポンサー選定が行う場合に内定スポンサーに優先権を付与すべきか、ⅲ）再度のスポンサー選定手続で内定スポンサーが最終スポンサーとならなかった場合に内定スポンサーに対してブレイクアップ・フィーを支払うべきかという3点であると考えられるが、いずれの問題も難問といわざるを得ない。

b　倒産法改正の方向性

　現段階では、論者としては、一定の要件を満たした内定スポンサーに対するブレイクアップ・フィーの支払を規定化することを提言したい。

具体的には、内定スポンサーが最終スポンサーとならない場合すなわち債務者が内定スポンサーを相手方と締結したスポンサー契約を会社更生法61条1項・民事再生法49条1項に基づき解除する場合、右内定スポンサーが松嶋弁護士の提言される五つの要件（前記3の(3)bイ(a)の①〜⑤の要件）を満たしていることを条件として、債務者は右内定スポンサーに対して最終入札額の一定割合（須藤弁護士が提言されるとおり5％程度が適当と考える）に相当する損害金を共益債務として支払わなければならない旨の規定を会社更生法61条5項・破産法54条1項および民事再生法49条5項・破産法54条1項の特別規定として設けることを提言したい。
　加えて、一定の要件を満たす内定スポンサーについて正面から優先権を付与する旨の規定を新設することも考えられる。しかし、法的整理開始後におけるスポンサー選定手続のあり方も多種・多様であるという実情に鑑みると、「優先権」の内容をどのように設定すべきか大変に悩ましいといわざるを得ない。
　この点、前記のように共益債務としてのブレイクアップ・フィーの支払義務を明文化することにより、法的整理開始後に行われる改めてのスポンサー選定手続において内定スポンサーを最終スポンサーとしない場合には債務者に共益債務としてのブレイクアップ・フィーの負担が生じることを前提にスポンサー候補から提案された条件を比較すべきことになるため、結果として、（松嶋弁護士が提言される五つの要件を満たす）内定スポンサーについては、事実上、一定の優先権が付与されることになるものと考えられる。そして、かようなブレイクアップ・フィーを背景とした間接的な優先的処遇という対応のほうがむしろ柔軟かつ現実的な対応がし易いのではないかと考えられる。
　よって、一定の要件を満たす内定スポンサーについて正面から優先権を付与する旨の規定を新設することは敢えてせずに、ブレイクアップ・フィーに関する規定を新設するに留めることが適切ではなかろうか。

(4) 私的整理段階で成立した預金債権との相殺禁止

a　問題意識

　3の(4)で論じたとおり、私的整理段階で成立した預金債権との相殺禁止につい

ては、私的整理の債権者会議において、法的整理に移行した場合に相殺しない旨の約束を取り付けて預金を集中させるという実務的な対応によることが提言され、実務上もそのような運用をしている例があるということである。

この点、私的整理ガイドライン等の私的整理における一時停止は支払停止に該当しないものと一般的に解されている一方、一時停止後に集中された預金について一時停止は支払停止に該当しないとして相殺を認めると債権者間の公平を害し、ひいては、私的整理が困難になるというジレンマがあるわけである。

確かに私的整理における一時停止を支払停止と解してしまうと金融債務について期限の利益の喪失や遅延損害金の発生といった問題を招くことから、一時停止は支払停止に該当しないという解釈・取扱いは必要である。他方、相殺禁止の時期をあまりに早めてしまうと、相殺の実質的な担保機能に対する債権者の正当な期待を損なうことになってしまうという問題がある。

　b　倒産法改正の方向性

そこで、本問題については、相殺の禁止規定において、支払停止前であっても債権者が相殺しないことを表明していた場合には法的整理移行後に相殺権を行使することはできない旨の確認的な規定を置くことを提案したい。

かかる規定を前提としてaの提言で言及されているような現実の対応・取扱いをすることが適切ではなかろうか。

5　最後に

私的整理から法的整理に移行する場合には、本論考で取り上げた問題以外にも私的整理段階で行われた資産処分や弁済の否認の問題など重要な問題が多くある。したがって、本論考は私的整理から法的整理に移行する場合の問題とそれら問題を解決するために倒産法を改正すべき点の全てを網羅できているものでないことはいうまでもなく、かつ、ここで取り上げた問題点についても論者の力不足によって検討が十分に行き届いていないことをご容赦願いたい。

V 民事再生手続における敷金返還請求権の取扱いに関する改正提案

弁護士 山形康郎

1 本稿の目的

　テナントビルや商業施設を保有し、不動産賃貸事業を営む事業者が、十分なテナント数が確保できないとか、見込んだ賃料を確保できないといった事情から、投資に見合った収益を確保できないまま経営不振に陥り、民事再生・破産等の倒産手続に入り、賃借人が債権者として手続に関与することになるケースは非常に多い。また、不動産賃貸事業以外に本業のある事業者が、収益不動産を保有していたところ、その本業の不振に伴って、倒産手続に入り、同様に賃借人が債権者として関与するケースもみられる。

　ところが、再生債務者若しくは破産管財人の賃貸不動産の処理の方針によって、賃借人の敷金返還請求権が具体的に保護される度合いは大きく異なっているという実情がある。

　こうした相違は、敷金返還請求権に関する法律構成を「賃貸借終了後、建物明渡しがなされた時点において、賃料等の賃貸人の賃借人に対する一切の債権を控除して、残額があることを条件として発生する権利である」との判例及び学説の上で確立されている考え方を倒産法の手続のもとで、原則通り維持するというスタンスによって生じてくる問題であると考えられる。

　こうした相違が倒産手続における流動性として、許容可能な範囲内に収まっているのであればよいが、債権者間の平等、賃借人間の平等を害したり、債権者（賃借人）の行動の予見可能性が害されている結果となっている可能性もあるのではないかとの問題意識を持ち、倒産手続下においては、平時の解釈から若干の修正を図る規律を設けることにより、上記問題の解消を図ることを本稿での提言の目

的とする。

2 具体的問題意識

賃貸中の建物を所有する債務者が再生手続に入った場合、賃借人の立場からは、自らの預託する敷金返還請求権の帰すうが何よりの関心事となる。

この債権の損失を最小限にするために、債務不履行解除のリスクをとってでも、賃料の支払をストップさせるべきか、そのまま支払を継続するべきかが、賃借人の大きな関心事となる。筆者の実務上の経験においても、民事再生手続申立後の債権者説明会において、賃借人である債権者から、再生債務者に対して、再生に関する見通しの質問がなされる例が非常に多いように思われる。

一方、再生債務者の回答は、再生申立直後という状況下で、別除権者の意向、売却先の有無などが不透明なため、その後の見通しに関して、曖昧な説明をせざるを得ず、賃借人の質問に十分な説明ができるケースはそれほど多くない。

ところが、現行法下では、様々な外的要因の影響もあって、最終的に賃貸人側（再生債務者側）がとった方針と賃借人がとった対応との組合せにより、有利な取扱いを受ける賃借人、不利な取扱いを受ける賃借人が現れる結果が生じてしまう。

特に、再生債務者側からの要請を受けて、誠実に賃料の弁済を継続した賃借人が最も有利な取扱いを受けるわけでは必ずしもなく、これを制度上の問題として済ませることができるかどうかという点には疑問がある。

そこで、以下では、収益不動産を保有する再生債務者において生じる状況と賃借人において生じる状況を具体的に検討し、その場面ごとに取扱いの差異をまず明らかとする。

3 設例検討

(1) 設　例

再生債務者は、賃貸不動産である店舗建物の所有者であり、賃借人との間で、

賃料月額100万円を内容とする賃貸借契約を締結しており、賃借人は再生債務者に対して、敷金として賃料10カ月分の1000万円を差し入れることを内容とする敷金契約を締結しているものとする。

また、再生手続開始までの間に賃料の延滞はなく、原状回復に必要な費用に関する債務等、賃貸人に対する債務は、本検討においては、発生しないものとする。

再生債権について80％の免除（20％の弁済）を受けることを内容とする再生計画が認可を受け、確定するものとする。

(2) 発生が見込まれる事情

 a 再生債務者（賃貸人）側において発生が見込まれる事情

再生債務者は、再生手続開始後、自ら保有する賃貸不動産の保有、再生計画の定め方について、以下のような方針をとることが想定される。

 ア 賃貸不動産の保有に関して発生する事情

① 再生計画認可決定確定までの期間
- 期間内に当該不動産を第三者に任意売却等[1]するケース
- 再生計画の認可決定確定までの期間内、賃貸不動産を継続保有するケース

② 再生計画認可決定確定後
- 当該不動産を第三者に任意売却等[2]するケース
- 再生債務者が引き続き当該不動産を継続保有するケース

③ 再生手続が失敗し、破産に移行するケース

種々の事情により再生計画の立案が困難となり、再生手続が廃止され、破産手続に移行するケースもみられる。この場合は、破産管財人によって、賃貸不動産の第三者へ任意売却等の処分がされたり、別除権者から競売申立て等がなされたりすることになる。

1　単なる不動産の売却による処分という形で行われる場合もあれば、スポンサーに対して、再生計画によらない事業譲渡（民再42条）や会社分割を行い、その譲渡もしくは分割対象資産に当該賃貸不動産が含まれている場合も含まれる。

2　前掲注1に同じ。

④　別除権者による競売申立て等がなされるケース

再生債務者の保有する不動産の大半には抵当権等の設定がされていて、別除権者が存在するのが通例である。別除権者との間で別除権協定や受戻しのための合意や、競売申立てをしない旨の合意が整わないケースにおいては、競売申立てがなされたり、不動産収益執行や物上代位に基づく差押えがなされたりすることになる。

イ　再生計画における敷金返還請求権に関する条項の定め方に関して発生する事情

アで述べたケースのうち、②の場合に関しては、その敷金返還請求権は、再生計画の影響を受けることになる。

現在、敷金返還請求権については、再生計画認可決定確定時には、債権額の変更を受けるのではなく、未払賃料等を充当した後の残額の敷金債権について権利変更をする、いわゆる当然充当先行説という考え方と、条件付権利として権利変更した上で、条件成就の際（不動産明渡しの際）に、権利変更後の債権額から未払賃料等を充当して、敷金返還請求権額を確定するいわゆる権利変更先行説とがあるとされている。

また、後者の権利変更先行説については、民事再生法92条3項による共益債権化を権利変更に先行して行うのか、権利変更後の債権の範囲内で共益債権化が認められると解するのか二つの考え方が成り立ち得るとされている[3]。

この点、実務上は、当然充当先行説及び権利変更先行説のいずれも適法と取り扱われており[4]、その結果、再生債務者の方針によって、いわゆる権利変更先行説に従って再生計画が立案される場合もあれば、いわゆる当然充当先行説に従って再生計画が立案される場合もあることになる。

---

[3]　山本和彦「倒産手続における敷金の取扱い（2・完）」NBL832号67頁、蓑毛良和「再生計画による敷金返還請求権の権利変更の範囲について」事業再生研究機構編『民事再生の実務と理論』（商事法務、2010年）98頁。

[4]　中井康之ほか「不動産賃貸借契約処理の基本問題」事業再生と債権管理111号（2006年）における西謙二判事、林圭介判事発言参照。ただし、ここで述べられているのは、権利変更先行説の中でも共益債権化を先行させる見解を前提にしているものと思われる。

b　賃借人において生じる事情

　賃借人側においては、賃料を滞納することなく全て弁済し続け、賃貸不動産を永続的に使用するケースもあれば、退去することを視野に入れ、債務不履行解除されるリスクを厭わず、一部滞納することもあれば、滞納なく全ての賃料を支払った上で、退去するケースも考えられる。

4　設例への現行法及び現行解釈のあてはめ

(1)　再生計画認可決定確定前に発生した事情による場合
　a　賃貸不動産を第三者に任意売却等するケース

　再生手続開始後に賃貸人たる再生債務者が、賃貸不動産を第三者に譲渡したとき（再生計画によらない事業譲渡、会社分割により事業が移転する際に、当該不動産が含まれている場合も含む）に敷金返還債務が譲受人によって承継されるかどうかについては、賃貸目的物の譲渡に伴って、敷金返還債務が譲受人に承継されるという判例法理（最判昭和39.6.19民集18巻5号795頁など）を前提に、再生手続開始後も、敷金返還債務の承継が認められるとするのが従来の多数説である。また、実務的にもこのように取り扱っている例が圧倒的多数と思われる。

　また、承継される範囲についても、未払賃料等がある場合にはそれが当然に充当され、残金が譲受人に承継されるという判例法理（最判昭和44.7.17民集23巻8号1610頁）に従って、譲渡時点における未払賃料が充当され、その残敷金債権を新所有者が債務引受するという処理例が一般的である。

　とすると、賃借人が再生手続開始決定後、賃料を全額支払っている場合には、敷金返還債務は全額新所有者に承継されることになり、不払いが存する場合には、当該滞納分だけが充当され、残金が譲受人に承継されることになる。これらは、いずれにしても、当初差し入れた敷金が権利変更を受けることなく、全額保護されたのち、新所有者に承継される取扱いを受けているのと同じことになる[5]。

　b　再生計画認可決定確定前に賃借人が退去するケース
　ア　権利変更の態様

再生計画認可決定確定前に、賃借人が退去するケースでは、再生計画による権利変更を受ける前の段階で、敷金の発生に関する条件が成就することになる。したがって、敷金については、「賃借人の敷金返還請求権は、明渡の時に、賃貸借終了後明渡までの損害金等の債権をも含めた賃貸人の一切の債権を控除しなお残額があることを条件としてその残額について発生するもの」（最判昭48.2.2民集27巻1号80頁、最判昭49.9.2民集28巻6号1152頁）との当然充当の理解に基づき、当然控除されるべきものが控除された後に、発生した債権に対して、再生計画による権利変更が及ぶものと理解することになる。

　この場合は、再生計画において、権利変更先行説、当然充当先行説いずれの立場に拠って立つ計画となった場合であっても、権利変更の効果は未だ及んでいないため、両説による結論に差異は生じないことになる[6]。

　イ　具体的検討―6カ月後退去の場合

　具体的には、6カ月後に退去した場合には、6カ月間全額の賃料を支払っていた賃借人は、6カ月分が共益債権となるとともに4カ月分が再生債権となるので、680万円の弁済を受けることになる。同じく6カ月後に退去した場合で、3カ月分の賃料を支払っていた賃借人は、3カ月分が共益債権となるとともに未払いの3カ月分が控除され、前記同様4カ月分が再生債権となり、380万円の弁済を受けるが、300万円の賃料の弁済を結果的に免れる。したがって、実質的には680万円を確保しているのと同じことになる。退去する6カ月後まで、賃料を一切払っていなかった賃借人は、6カ月分控除され、4カ月分が再生債権となり、80万円の弁済を受けるが、6カ月分までの賃料の弁済を免れているため、実質的には680万円を確保しているのと同じことになる。

　したがって、退去した賃借人間では、賃料の支払状況による有利・不利の差は

5　この点について、一般債務者との平等原則の関係から、譲渡があった場合に敷金返還債務の承継を認めないとする立場もある（山本利彦「倒産手続における敷金の取扱い(1)」NBL831号18頁）。この場合には、敷金返還債務は、不動産譲渡の時点で確定するものと理解され、その時点における賃借人の賃貸借契約上の債務を敷金額から控除することになり、控除後の残債権額が敷金返還請求権額となる。

6　前掲注3（蓑毛弁護士論文）・98頁。

生じていないものといえる。

　　ウ　具体的検討—10カ月後退去の場合

　一方、不動産からの退去が開始決定後10カ月後であった場合には、10カ月分全額支払っていた賃借人は、6カ月分が共益債権となるとともに4カ月分は再生債権となり、680万円の弁済を受けることになる。

　6カ月分だけ賃料を支払って、4カ月分を滞納した賃借人は、6カ月分が共益債権となるとともに4カ月分は控除されることになり、実質的には10カ月分全額を回収したのと同じことになる。

　これは、10カ月の賃料を全額支払わず、解除されなかったケースにおいても同様である。その結果、10カ月分全額の賃料の弁済を行った賃借人が確保する額が滞納のあった賃借人よりも少なくなる。

　以上のような退去した賃借人間の賃料支払状況による結論の差異は、開始決定後、6カ月の期間を超えて退去があった場合に生じてくることになる。

(2)　**再生計画認可決定確定後に発生した事情の場合**

　　a　再生債務者が継続保有中に賃借人が退去するケース

　ここでは、通常の民事再生手続のスケジュールが認可決定確定まで、開始決定以降7カ月以上要することや、賃借人から賃貸人に対する明渡しまでの予告期間や原状回復期間が必要となることなどを考慮し、退去し、敷金返還請求権が発生するまでに10カ月以上が経過していることを前提に検討する。

　　ア　当然充当先行説に立つ場合

　当然充当先行説に立つ場合、滞納がない賃借人は、支払った賃料のうちの6カ月分を共益債権として保護を受け、保護を受ける分を超える4カ月分については、再生計画に定める弁済率に従って弁済を受けるため、680万円の弁済を受けることになる。

　滞納のある賃借人は滞納分を控除した上で、その残額のうち、6カ月分を上限に共益債権として保護を受けることになるのが通例である[7]。したがって、滞納が2カ月であれば、640万円の弁済を受けるとともに、200万円の賃料の弁済を免

れることになり、3カ月であれば、620万円の弁済を受けるとともに、300万円の賃料の弁済を免れることになる。4カ月となったところで、600万円の弁済を受けるとともに、400万円の賃料の弁済を免れ、実質的に1000万円全額を確保することが可能となる。

　イ　権利変更先行説に立つ場合
　権利変更先行説に立ち、共益債権化を先行させる見解に立つ場合、滞納がない賃借人は、予め6カ月を上限として共益債権としての保護を受け、その残敷金について権利変更が行われた後の敷金の返還を受けることになる[8]。滞納のない賃借人は、6カ月分の共益債権が認められ、4カ月分について再生計画に従って弁済を受けるので、680万円の弁済を受けることになる。
　滞納のある賃借人は、6カ月以上の賃料の弁済を行い共益債権化の保護を受けるのであれば、400万円の20％の80万円のみが敷金となる。このため、1カ月の滞納があれば、20万円の未納賃料が発生することとなり、共益債権部分（600万円）と相殺され、賃借人への弁済額は580万円となる。
　2カ月の滞納があれば、賃借人に直接返還される金額は、480万円となり、3カ月の滞納の場合は、380万円となる。
　もっとも、実質的に確保した敷金返還請求権は680万円ということで滞納額によって差が生じることにはならない。

　b　賃貸不動産を第三者に任意売却等するケース
　再生計画の認可決定後になって、再生債務者が別除権者との協議などの結果を受けて賃貸不動産を任意売却等するケースもみられる。
　その場合の目的不動産に入居する賃借人の敷金返還請求権は、再生計画による

---

[7] 野村剛司・余田博史「賃貸人の倒産における敷金返還請求権の取扱い（下）」銀行法務21 680号34頁。
[8] この点、山本前掲注3論文において、共益債権化に先だって、敷金返還請求権全体を権利変更する余地も認める見解によれば、認可決定確定後、敷金は200万円となり、その範囲内で弁済賃料による共益債権化による保護が図られることになる。もっとも、この見解については、認可決定確定前に退去した賃借人との差異が非常に大きいこともあり、未だ他に明渡しによって敷金返還請求権が現実化した債権者がいない場合に限られるとされている。

影響をどのように受けることになるかが問題となる。

　この点、再生計画において、賃貸不動産の処分がなされた場合の取扱いについて明記されている場合には、その内容に従うことになるところ、権利変更先行説、当然充当先行説のいずれに従った再生計画においても、譲受人が当該不動産の敷金債務を権利変更前の状態で全額債務引受することを前提に敷金返還請求権の免除を受ける旨定めていることが多いと思われる[9]。

　この場合は、再生計画認可決定確定前に目的不動産の譲渡があった場合と同じく、結局、賃借人の敷金返還請求権は全額保護されたのと同じ扱いを受けたこととなり、譲渡に先だって退去した賃借人が再生計画による権利変更を受けることになるのとは異なる取扱いを認めることとなる。

　なお、再生計画の条項において、賃貸不動産が譲渡された場合の取扱いが明示されていないケースの場合は、権利変更先行説に基づく再生計画であれば、権利変更後の状態で、そこから未払賃料等が当然に充当された上で、その残額が新所有者に承継されると解するのが整合的である。当然充当先行説に基づく再生計画であれば、敷金返還請求権は、未だ具体的に発生していないものとして、権利変更も起こっておらず、その状態から未払賃料等が当然に控除され、残額が新所有者に承継されると解するのが整合的である。後者の場合は、実質的に全額が保護されるのと同じことになる。

　スポンサーへの譲渡のケースであっても、事業ごと吸収分割など会社分割の方法による移転がなされた場合には、包括承継が起こっていると考えられることから、再生計画において定めた効力がそのままスポンサーにも引き継がれることになる可能性が高いと思われる。

(3)　そ の 他

　　a　別除権者による競売の実行がなされるケース
　旧民法395条による短期賃貸借の保護の廃止により、抵当権の設定に遅れる賃

---

[9] 木内道祥監修『民事再生実践マニュアル』（青林書院、2010年）361頁以下（資料38）。

借人は、競売の実行による買受人に対して、賃借権を対抗しえず、買受けの時から6カ月間の明渡期間の猶予を受けるのみであり（現民法395条）、敷金返還請求権についても承継されないことになる。

このため、再生手続中に、競売の実行がなされた場合、買受けがあった時点において、条件が成就した（退去があったのと同じ）ものとして、賃料の支払状況に応じて、再生計画の適用を受けることになる。すなわち、支払済みの賃料額に対応した共益債権化部分が顕在化するとともに、残額から未払賃料等を控除し、その残額が再生債権として権利変更を受けることになる。

具体的には、買受けがなされた時点を退去があった時期と同視して、これに当然充当先行説の適用があったものと仮定すれば、具体的弁済額や実質的確保額については、同じ結論となる。

b 再生手続が失敗に終わり破産に移行するケース

再生手続開始決定後、弁済していた賃料相当分について、6カ月を限度に敷金返還請求権の共益債権化がなされた部分について、後に、再生手続が廃止になり、牽連破産となって、破産手続の開始決定がなされた場合、民事再生法252条6項によって、財団債権としての保護を受けることになる[10]。

しかし、実際には、破産管財人による任意売却等がなされることが多く、通常、買受人により免責的債務引受がなされるので、敷金は結果的には全額保護されるのと同様となる。

もっとも、これが、競売に移行すれば、財団債権化された部分と、破産開始後に寄託請求されたものが保護され、それ以外は、破産債権となり、配当手続により配当を受けることになる。

---

10 山本前掲注3論文においては、明渡未了時の共益債権は現実化しておらず、「潜在的な共益債権」に過ぎないものは同条の適用を受けず、共益債権化を否定し、このため、破産手続に移行した場合も財団債権とはならないとの結論となっている。

5 比較検討

(1) 目的不動産の所有権が移転する場合

a 任意売却の場合

　賃貸不動産の譲渡が任意になされた場合には、一般的には、不動産の承継人が当然充当後の敷金返還請求権を全額、免責的債務引受することから、実質的に敷金返還請求権が全額弁済されているのと同じ取扱いとなる。

　しかし、この結論は、敷金債権者も再生債権者である以上、一般の再生債権者との間で弁済率に関して衡平を欠く取扱いを生じさせることにつながるとの問題が生じる。

　また、同じ敷金債権者内においても、譲渡までの間に退去したために、その返還を再生債務者に求める者には再生計画の効力が及ぶことになり、譲渡後に退去した者は、その多くのケースにおいて、再生計画とは関係なく、敷金債務の保護を全額受けることになっており、賃借人間の衡平を欠くことになるおそれがある。

　また、認可決定確定後に目的不動産が譲渡される場合には、再生計画に定めることにより、上記と同様の結論を導くことが多い。もっとも、そのような定めがない場合には、再生計画が当然充当先行説や権利変更先行説のいずれに基づいて規定されているかによって、権利変更前の敷金を前提に承継があったり、なかったりすることになり、こうした取扱いについても、差異が生じることになる。

b 競売による場合

　一方で、競売手続を経て、賃貸不動産が競落された場合には、抵当権に劣後する賃借人は、その明渡しの猶予を一定期間認められるだけで、敷金返還請求権については、特別の保護を受けることはない。その結果、共益債権化する部分、当然控除される部分は実質優先的に弁済を確保することになるが、その残金は再生債権として、一切保護されず、通常の再生債権と同じ取扱いを受けることになり、任意売却の場合と異なる結果を招くことになる。

(2) 再生計画に従った権利変更が生じる場合
　a　立案された計画内容による相違
　前述のとおり、現在では、当然充当先行説による再生計画が定められる場合と権利変更先行説による計画が定められる場合はいずれも適法であるとして容認されることを前提とすれば、立案された再生計画の内容によって、その保護を受ける金額に差異が生じることになる。
　また、権利変更先行説による計画を定めた場合、再生計画認可決定確定前に退去した賃借人と再生計画認可決定確定後に退去した賃借人との間で、保護を受ける金額に差異が生じることになり、この点でも取扱いが異なる恐れがある。
　特に、同じ10カ月後に退去するケースであっても、再生手続が遅れ、再生計画の提出期限が伸長されるなどして、認可決定の確定が未了である場合と、当初のスケジュール通り進み、権利変更先行説に基づく再生計画の認可決定が確定している場合とで結論が大きく異なるものとなってしまうところも問題である。
　b　滞納の有無がもたらす実質確保額の相違
　6カ月分の賃料を超えた敷金の差入れがなされているケースにおいて、再生計画認可前に6カ月を超えてから退去する場合には、滞納なく賃料を支払っていた賃借人と6カ月分の賃料は支払いつつ、退去までの間、賃料を滞納した賃借人との間では、その確保できる敷金返還請求権について差異が生じることになる。
　また、再生計画において当然充当先行説による計画が定められる場合には、この逆転現象の問題は、再生計画認可決定確定後に退去する場合にも引き続き生じることになる。

(3) まとめ
　こうした不透明な差異が存することからすれば、経済合理性に従い行動する賃借人であれば、当初、賃貸人からの契約解除リスクがあるとしても、現実に直ちに解除の実行がなされるケースは少ないと判断し、賃料の弁済をストップして様子をみ[11]、数カ月経過して再生債務者の方針、再生計画の概要が判明し、賃貸不動産の処理方針がみえてきた段階で、適宜、賃料の弁済を再開し、譲渡先がある

のであれば、その信用状況をみて、滞納分を弁済するであろうし、そうでなければ、滞納状態を維持したまま敷金額全額の保全を図ろうとすることが予想される。

そうすると、賃借人に敷金の共益債権化という利益を与えることと引換えに相殺権の行使を自制させ、再生債務者に対して、賃料の弁済をさせ、再生債務者が資金繰りの苦しい開始決定直後においても、賃料収入を確保することができるようにした当初の目的[12]の達成も困難となる。

再生債務者代理人としても、そういった賃借人の存在を認識しながら、これを知らない賃借人に対して、誠実に弁済をすることを説得することに矛盾を感じることは否定できない。

6 立法提案

(1) 賃貸不動産の任意売却等による譲渡時の敷金の承継
a 敷金債務承継の有無に関する学説

設例でも検討したように、賃貸不動産が任意売却等で譲渡された場合に賃借人が敷金返還請求権に関して受ける保護と退去者や一般債権者との間の差異が大きく、平等を害する点、さらに、その賃借人の保護は、再生債務者の財産を犠牲にした上で得た利益によるものである点を考慮し、任意売却等があった場合による賃貸不動産の敷金返還請求権の承継を否定すべきであるとの見解がある[13]。

一方、平時においては、賃借人は通常、敷金返還請求権が承継され、譲受人から弁済を受ける法理が確立されていて、その弁済の期待は民事再生手続下においても保護に値するとし、譲渡価額の低下についても再生債権者の利益を害するほどに重大か否かが疑問であり、譲受人の立場からも、比較的低額の手持ち資金で

---

11 債務不履行解除となるリスクの下に滞納するのであるから、その結果、確保される額に相違が生じるとしても、それは個別事情が異なり容認されるという見解もあるが、実際のところ、賃借人は再生手続において議決を求める相手方である以上、再生債務者も強行的な対応をとらないケースも多く、これを見越してあえて不払いとする賃借人も存在するところである。
12 『伊藤』682頁。
13 山本前掲注5・18頁。

譲り受けられることからすれば迅速な倒産処理にも資するということから敷金返還請求権の承継を認めるべきとする見解もあり[14]、一般的にはこのような理解の下実務は取り扱われている。

(2) 本稿における提案

a 民事再生手続下での不動産譲渡時の敷金返還請求権の承継を否定することの当否

平時の不動産取引の例からすれば、敷金返還請求権を控除した上で、物件を売却することに売主である再生債務者側も、買主側も馴染んでいるところである。また、取得時の価額を低くし、敷金を返還は後に繰り延べることにより、迅速に取引がなされて、処理も進むのであって、承継を否定したからといって、そのまま不動産の取引金額が増額されることにはつながらないことも予想される。こうした点も考慮すれば、単に敷金返還請求権の承継を否定するのみであれば、却って実務が混乱する結果を招くだけになるようにも思われる。

しかし、敷金返還請求権の承継により、賃借人が享受することになる果実（実質的な全額弁済）が再生債務者の財産を犠牲にした上に成り立っているとの指摘は、倒産法手続下で債権者の平等の規律が強く求められる中、看過し難い鋭い指摘でもある。

b 承継を否定した場合の問題点

先の敷金返還請求権の承継を否定する見解によれば、不動産の譲渡があった時点において、敷金返還請求権はそのまま再生債務者のもとに残り、その額を基準に賃借人は議決権を行使し、計画弁済を受けることになるとしている[15]。

すると、不動産の譲渡までの間に賃料が支払われていた場合、引き続き弁済賃料に関する共益債権化の制度を存置するとすれば、共益債権化される部分は、再生債務者において、共益債権として、通常のケースと異なり、明渡時期を待たず

---

[14] 伊藤眞「民事再生手続における敷金返還請求権の取扱い」青山善充教授古稀祝賀論文集『民事手続法学の新たな地平』（有斐閣、2009年）648頁。
[15] 山本前掲注5・20頁。

して、随時、弁済する義務を負うことになる。

　しかし、譲渡後、共益債権化された部分の既弁済賃料を全額直ちに支払う義務を負うことは、同額に見合った不動産売却代金の上昇も見込まれにくく、結果として再生債務者の資金繰りを圧迫し、その再生を害することにもつながりかねない。

　したがって、民事再生手続下で、敷金返還請求権の承継を否定することは、再生債務者の観点から見ても、直ちに再生債務者の負担を軽減することには必ずしも結び付かず、認可決定の確定後に再生債務者が重い資金負担につながるリスクがあることを認識する必要がある。

　　c　承継を認める許容性

　上記のように、共益債権化される部分に相当する敷金返還請求権については、不動産価格から控除されたとしても、本来、上記のように優先的に弁済しなければならないものであり、再生債権者の弁済原資に直結するものではない。

　そうすると、買主が免責的に債務引受したとしても、一般の再生債権者の利益を直ちに害することになるとまではいえないものと考える。

　また、共益債権化される部分を超える敷金（敷金のうち、賃料6カ月分を超える部分）に関しては、本来、再生債権として平等に取り扱われるものでもある。したがって、一律に権利変更の対象とする取扱いとするとしても、6カ月分というある程度の保護を行った後であれば、賃借人との間の紛争・混乱による影響も、他の一般債権者への弁済のカットを行うことに伴う紛争・混乱と比してみても、限定的なものとなるようにも思われる。

　さらに、任意売却がかなわず、別除権者による競売申立てがなされ、買受けがなされた場面と比較しても、共益債権として保護を受ける範囲、再生債権としてカットの対象となる範囲においては、同じとなり、取扱いの統一化が図られることにもなる。

　　d　まとめ

　以上より、共益債権として保護を受ける6カ月分の敷金返還請求権に関しては、その承継を新買受人に認めることになった場合であっても、債権者の平等原則を

直ちに害するものとはならないと考える。
　一方、共益債権化部分を超えるものについては、承継を否定し、再生債権としてカットの対象とするとしても、これにより生じる弊害はないといえ、債権者平等を実現する観点及び予見可能性を確保する観点からも好ましいものと考える。
　したがって、本稿においては、再生債務者が不動産を任意売却する際に承継が認められる敷金返還請求権は、6カ月分を限度とし、これを超える部分については、再生債権として、権利変更の対象となることを提言する。
　なお、この制約は、再生債務者となったサブリース業者が、サブリース関係から離脱し、テナントと建物所有者との直接の契約を行ったり、他のサブリース業者にその地位を承継したりする場合にも適用を受けるものとすべきである。

〔補足　破産手続の場合の取扱いの提言〕
　破産手続においては、賃借人が寄託請求（破70条）をしつつ、賃料を支払っていた場合は、これを破産管財人は、賃借人の退去時に弁済する必要がある。ただ、実際には、任意売却手続により敷金返還請求権が全額承継されているのが通例でもあり、寄託請求の手続が現実になされているケースは少なく、大半は従前通りの賃料の弁済が破産管財人に対してなされている。
　この点、仮に開始決定後になされる賃料が全て寄託請求されて、弁済されていた場合には、当該部分は、破産財団から優先的に弁済すべきものとなるのである。この点を考慮して、寄託請求の有無にかかわらず、賃借人から破産管財人に対して賃料が支払われていた場合、これに相当する範囲で敷金債権が新買主に承継されるとの制度を設けたとしても一般債権者の利益が害されることにはならないものと考えられる。すなわち、開始決定から任意売却の実行がなされた時点までの間に弁済された賃料総額の限度においては、敷金返還請求権の新買主への承継を認めることは可能である旨規定することを提案する。
　なお、寄託請求制度を全面的に見直し、端的に、賃借人の弁済相当額もしくは一定限度額分について、敷金返還請求権を破産債権から財団債権へ転化させる方向で改正することも検討に値すると考える。その場合には、敷金返還請求権につ

いても、優先化される限度で承継を認め、これを超える分については、破産債権として取り扱うということになる。

7 再生計画における敷金返還請求権の権利変更に関する考え方

(1) 当然充当先行説と権利変更先行説

再生計画における敷金返還請求権の定め方については、これまでにも述べたとおり、当然充当先行説と権利変更先行説によるものがある。この際に、共益債権化を先行させて行うことが通常とされているが、前述のとおり、権利変更先行説において、共益債権化に先だって、全体の権利変更を先に行う考え方をとる見解もある[16]。

(2) 本稿における提案

この点、権利変更先行説において、共益債権化に先だって全体の権利変更を先に行う考え方を許容した場合、他の見解をとる場合と比較して、極端に敷金返還請求権の弁済率が低下することになり、非常に高額な敷金が預託されているケースでしか、共益債権化による保護を受けられないことになる。

しかし、これでは、賃借人が不払いを自制して賃料を弁済することの動機付けとなり、再生債務者の再生手続開始後の資金繰りを助けることで再生を図ることとした制度趣旨が没却されることになる[17]ので、このような権利変更のあり方を容認することは問題であると考える。

したがって、本稿においては、敷金返還請求権の権利変更に関しては、賃借人が賃料の弁済等を行うことによって共益債権化される部分の保護がまず確定され、これを除いた債権が権利変更の対象となる旨を明記することを提言する。

一方、当然充当先行説と権利変更先行説の当否については、次項で提言する共

---

16 山本前掲注3・67頁。
17 伊藤前掲注14・645頁。

益債権化の限度額を固定化することを前提とするが、これによって、両説の差異は、ほとんど解消され、相違点としては、債権が権利変更を受け確定する時期に現れてくることになる。

　この点、当然控除先行説に従えば、権利変更時期も退去による条件成就時とすることになじみやすいこととなるが、そのようにした場合、再生計画認可決定確定後に不動産を譲渡等する場合に、再生債権相当部分の敷金について、権利変更前の敷金債権額による承継を認める方向で解される余地が生じてくる。

　このように解した場合は、前述の不動産の譲渡時点における敷金の承継について一定の制約を設けることとした提言に反する実態が生じる可能性がでてくる。この点を考慮すれば、権利変更の時期については再生計画によることを容認するとしても、これを理由に前項で述べた不動産譲渡時における敷金の承継の制約の適用を免れ、不動産譲渡等があった時の敷金の承継額に差異が生じることがないような手当てを講じる必要があることも併せて提言する。

8　民事再生法92条3項

(1)　**民事再生法92条3項による共益債権化の限度額に関する学説**

　民事再生法92条3項の対象となる敷金返還請求権は、敷金の発生に関する通説的見解に基づけば、当然充当後に生じる債権である。したがって、未払賃料等に関して、当然充当された後の敷金返還請求権について、さらに再生手続開始後に弁済された6カ月分の賃料相当額が共益債権化されることになるのが通説的な見解である。

　これに対して、敷金についてなされる当然充当も相殺もその効果においては、本質的な差異はないのであるから、民事再生法92条3項括弧書にいう、同条2項の相殺について、未払賃料等による当然充当分も含まれると解することにより、共益債権化される賃料6カ月分の限度額について、当然充当される賃料相当額も含めた6カ月分と解する見解（充当範囲限定説）がある[18]。

　しかし、充当範囲限定説に対しては、未払賃料等は敷金返還請求権の発生プロ

セスにおいては、相殺されるべきものではなく、発生前に当然に充当される対象と解されている中で、92条3項の括弧書の文言が「相殺」と明示されており、これらを同視した解釈を行うことは、条文の文言上からも困難であるとの指摘がなされている[19]。

(2) 本稿における提案

これまで述べてきたように、再生手続開始後に弁済した賃料部分と不払いとして控除を受ける部分とで二重に敷金返還請求権の回収を図ることは、債権者の平等を可能な限り確保する観点からは問題がある。

充当範囲限定説に対しては、上記問題意識をクリアすべく示されている見解であり、本稿の提言の趣旨に合致する見解であると思われるが、その説に対する批判のもっとも大きな理由が条文の文言上、そのような解釈は困難であるというものである。

したがって、本稿においては、92条3項括弧書について、「未払賃料等が存在し敷金から控除されるものがある場合には、これを控除した額及び92条2項の規定により相殺をする場合には、相殺により免れる賃料債務の額を控除した額」とすることによって、敷金返還請求権のうち、賃料を弁済することにより共益債権化を図ることができる上限については、未払賃料等を考慮した上で、総額の上限を賃料の6カ月分とするように定めることを提言する。

9 設例へのあてはめ

本稿における提言が法改正につながることとなった場合の説例の帰結について検討する。

---

18 山本前掲注3・66頁。
19 伊藤前掲注14・651頁。

(1) 再生計画認可決定確定前に発生した事情による場合
　a　賃貸不動産を第三者に任意売却等するケース
　この場合は、当然控除される額と弁済賃料を合算して6カ月分までが、承継・控除の対象となり、これを超える敷金債権については再生債権となる。
　したがって、譲渡等がなされた場合には、400万円が再生債権として再生債務者から80万円の弁済を受けることになり、新買受人に承継される範囲は、600万円分の敷金を限度にそこから滞納家賃等を控除した金額となる。すなわち、滞納がなければ600万円が新買受人に承継され、滞納があった場合には、これに該当する期間の賃料等が600万円から控除され、新買受人に承継されることになる。
　その結果、賃借人が実質的に確保できる敷金債権は常に680万円ということになる。
　b　再生計画認可決定確定前に賃借人が退去するケース
　ア　具体的検討—6カ月後に退去の場合
　このケースでは、現行法下でも差異は生じないが、提言を踏まえた場合も同様である。
　すなわち、賃借人は、680万円相当額を実質的に確保することになる。
　イ　具体的検討—10カ月後に退去の場合
　このケースでは、当然控除される額と弁済賃料を合算して6カ月分までが、共益債権化の保護の対象となり、これを超える敷金債権については再生債権となる。上記任意売却のケースと考え方は同様であり、賃借人が実質的に確保できる敷金債権は680万円ということになる。

(2) 再生計画認可決定確定後に発生した事情の場合
　a　再生債務者が継続保有中に賃借人が退去するケース
　ア　当然充当先行説に立つ場合
　このケースにおいても、当然控除・共益債権化の限度額が6カ月分であるので、未払分・弁済分合わせて600万円相当分までが保護される。すなわち、退去時において、滞納がない場合には600万円が共益債権化され、滞納がある場合には、

600万円から滞納分が控除された額が共益債権化されることになる。

そして、差額400万円については、条件成就により具体的敷金債権として発生した後、80万円に権利変更され、弁済を受けることになり、600万円を超えて控除される未払賃料等がある場合には、80万円から、さらに控除され、不足額は賃借人が再生債務者に対して精算することになる。

よって、賃借人が実質的に確保できる敷金債権は680万円ということになる。

イ　権利変更先行説に立つ場合

このケースにおいても、共益債権化の限度額が6カ月分であるので、未払分・弁済分合わせて600万円相当分までが保護され、その差額400万円が認可決定確定時に権利変更され、80万円分の弁済を受けることになる。もっとも、具体的に弁済がなされる時期は、退去後である点は当然控除先行説の場合と変わらない。

よって、賃借人が実質的に確保できる敷金債権は680万円ということになる。

b　賃貸不動産を第三者に任意売却等するケース

再生計画認可決定確定前に不動産の譲渡等がなされるケースと同様に考えればよいことになるが、権利変更の時期が敷金債権の条件成就がなされる退去時となる当然控除先行説的な立場で再生計画が立案されている場合に、権利変更がなされずに、敷金全額が承継されることがないように解する必要がある。

権利変更先行説に従って再生計画が立案されている場合には、譲渡時点において、既に権利の変更がなされていることから、承継が保護される部分と権利変更後の部分が新買受人に承継されることになり、その額は、設例にあてはめれば680万円相当分ということになる。

(3)　その他

a　別除権者による競売の実行がなされるケース

敷金債権の承継はそもそも発生しないが、再生債務者の下において、競売実行時点において共益債権化される敷金債権（及び当然控除されることになる未払賃料等）と再生債権化される敷金債権が確定されることになる。

b　再生手続が失敗に終わり破産に移行するケース

破産手続移行後に破産管財人が任意売却した場合には、保護を受ける範囲内で敷金債権が承継され、これを超えるものが破産債権として配当を受けることになり、破産手続移行後に競売手続となった場合には、前項で述べたのと同様、破産手続の下において、保護を受ける範囲内で財団債権等として優先的に配当を受ける債権とこれを超えるものについては、破産債権として取り扱われるものが確定することになる。

　なお、倒産手続が移行する場合には、再生手続中の賃借人の行為により共益債権化されて保護を受けることになった部分と破産手続移行後に破産手続の下で保護を受けるものが重複して保護を受けるのか、その保護の範囲に限度を設けるべきかについても検討が必要となる。

　この点については、本稿においては詳細な検討を行うには至っていないが、基本的には、上限を設けることが必要となるのではないかと考える。

10　まとめ

　以上のとおり、敷金の発生に関する平時の解釈を民事再生手続の下で当てはめた場合に生じる弊害を回避するため、本稿においては、主として、不動産譲渡があった場合に承継される敷金の額に一定の制約を設けること、共益債権化によって保護される範囲についても上限を設けることに関する改正を行うことを提言した。

　これにより、敷金返還請求権を有する再生債権者の取扱いが他の債権者との平等を害することないものとなるとともに、将来の敷金返還請求権の帰すうについて、賃借人においても予見可能なものとなり、どのように対応すべきかが明確に示されることになる。

VI 公序（倒産法秩序）を害する契約条項の効力否定規定の創設

弁護士　稲田正毅

1 はじめに

　本稿は、平常時に契約当事者の自由意思で合意された契約条項が倒産手続においてもその効力は当然に維持されるのかという問題をテーマにしている。

　この点、現行破産法への改正作業に際し、倒産手続の申立ての原因となるべき事実が生じたことを契約解除の事由とする特約が存する場合には、その効力を否定し、又は制限するものとするか否かに関して立法化の議論が行われている。しかしながら、当時の改正議論においては、会社更生手続について、所有権留保特約付売買契約に付された倒産解除特約が、債権者、株主その他の利害関係人の利害を調整しつつ窮境にある株式会社の事業の維持更生を図ろうとする更生手続の趣旨、目的を害するものであることを理由にその効力を否定する最高裁判例（最判昭和57.3.20民集36巻3号484頁）が存在するものの、その射程範囲が明確ではなかったことや、契約条項の効力を判断するための要件の定立が困難であり、予測可能性の確保、契約関係の安定の観点からこれを立法するのは適切ではなく、なお解釈に委ねるべきとされ、その立法化は見送られたものであった[1]。

　このように立法化が見送られたものの、日々の倒産実務においては、契約条項の効力が倒産手続においてどこまで維持されるべきかについての問題は依然として存在し、具体的な紛争として裁判において争われることも少なくなかった。そのため、立法化の見送り後、多くの最高裁判例が蓄積されている状況である。ま

1　平成14年10月「破産法等の見直しに関する中間試案と解説」法制審倒産法部会・法務省民事局参事官室（別冊NBL74号125～126頁）。

た、近時においては、ABL（Asset Based Lending）による金融手法の発展により集合動産譲渡担保や集合債権譲渡担保などの非典型担保が発達し、これら担保権の設定契約において様々な付随的条項が定められるようになり、倒産手続においてかかる付随的条項が、倒産管財人や再生債務者にどこまで効力を有するかが現実に問題となっている。

　このように、いったんは契約条項の効力の倒産手続における取扱いに関する立法化は見送られたものの、その後の最高裁判例の蓄積もある上、現実に契約条項の効力をめぐって生じている紛争を解決または抑止するためにも、契約条項の効力の倒産手続における取扱いについての立法を行うべき必要性は強いものであるといえる。

　そこで、本稿では、契約条項の効力が倒産手続において問題となった最高裁判例を中心とした裁判例を概観し、確立した判例法理が抽出できるかについての検討を試みた上、それを前提にし、契約条項の効力の倒産手続における取扱いについての具体的な立法提案を行いたい。

2　裁判例の検討

(1)　最判昭和 57. 3 .20 民集 36 巻 3 号 484 頁（倒産解除特約－会社更生）

a　事案概要

　所有権留保特約付きにて、売主より買主が機械を購入し、当該売買契約において、「買主に、手形不渡りまたは会社更生の申立の原因となるべき事実が発生した場合には無催告解除できる」旨の解除特約を合意した。その後、買主は会社更生を申し立てたため、売主が当該解除特約に基づき売買契約を解除し、機械の返還を求めた事案である。

b　判　　示

　「買主たる株式会社に更生手続開始の申立の原因となるべき事実が生じたことを売買契約解除の事由とする旨の特約は、債権者、株主その他の利害関係人の利害を調整しつつ窮境にある株式会社の事業の維持更生を図ろうとする会社更生手

続の趣旨、目的（会社更生法1条参照）を害するものであるから、その効力を肯認しえないものといわなければならない。」

　　c　評価分析
　倒産解除特約の効果を認めると、更生担保権たる所有権留保権について、会社更生法による拘束を当事者の合意によって回避することとなるため、担保権を更生担保権として拘束する法の趣旨に違反し、その効力を否定したものであると評価される。

(2)　**最判平成 20.12.16 民集 62 巻 10 号 2561 頁（倒産解除特約－民事再生）**
　　a　事案概要
　いわゆるフルペイアウト方式のファイナンス・リース契約において、「ユーザーについて整理、和議、破産、会社更生などの申立てがあったときは、リース業者は催告をしないで契約を解除できる」旨の特約が定められていたところ、民事再生を申し立てた債務者に対して、リース業者が当該特約による契約の解除を主張しリース物の返還を求めた事案である。

　　b　判　示
　「本件特約のうち、民事再生手続開始の申立てがあったことを解除事由とする部分は、民事再生手続の趣旨、目的に反するものとして無効と解するのが相当である。その理由は、次のとおりである。

　民事再生手続は、経済的に窮境にある債務者について、その財産を一体として維持し、全債権者の多数の同意を得るなどして定められた再生計画に基づき、債務者と全債権者との間の民事上の権利関係を調整し、債務者の事業又は経済生活の再生を図るものであり（民事再生法1条参照）、担保の目的物も民事再生手続の対象となる責任財産に含まれる。

　ファイナンス・リース契約におけるリース物件は、リース料が支払われない場合には、リース業者においてリース契約を解除してリース物件の返還を求め、その交換価値によって未払リース料や規定損害金の弁済を受けるという担保としての意義を有するものであるが、同契約において、民事再生手続開始の申立てがあっ

たことを解除事由とする特約による解除を認めることは、このような担保としての意義を有するにとどまるリース物件を、一債権者と債務者との間の事前の合意により、民事再生手続開始前に債務者の責任財産から逸出させ、民事再生手続の中で債務者の事業等におけるリース物件の必要性に応じた対応をする機会を失わせることを認めることにほかならないから、民事再生手続の趣旨、目的に反することは明らかというべきである。」

　　c　評価分析

　民事再生手続においては、別除権とはいえ担保目的物は責任財産に含まれるのであるから、担保権消滅許可制度などによる再生債務者側に認められている法的対抗手段を一方的に奪う内容の合意は、倒産債権者の利益を害するものとして無効であると判断したものと評価できよう。

(3) **最判平成16.7.16民集58巻5号1744頁（停止条件付集合債権譲渡契約と否認－破産）**

　　a　事案概要

　破産会社が特定の債権者に対して負担する一切の債務の担保として、破産会社の第三債務者らに対する現在及び将来の売掛債権等を当該債権者に包括的に譲渡し、その債権の譲渡の効力発生の時期は、破産会社において、手形または小切手の不渡処分を受けたとき等の一定の事由が生じた時とする旨の契約を締結していたところ、契約締結後1年余り経過後に、破産会社について手形不渡りが生じ、その後破産手続の開始がなされた。他方、手形不渡り直後に、債権者は譲渡通知を行っている。このような事案において、破産管財人が債権譲渡について、否認権を行使した事案である。なお、旧破産法72条1号（故意否認）、同2号（危機否認）、同74条（対抗要件否認）の適否が問題となった。

　　b　判　示

　「破産法72条2号は、破産者が支払停止又は破産の申立て（以下「支払停止等」という）があった後にした担保の供与、債務の消滅に関する行為その他破産債権者を害する行為を否認の対象として規定している。その趣旨は、債務者に支払停

止等があった時以降の時期を債務者の財産的な危機時期とし、危機時期の到来後に行われた債務者による上記担保の供与等の行為をすべて否認の対象とすることにより、債権者間の平等及び破産財団の充実を図ろうとするものである。

　債務者の支払停止等を停止条件とする債権譲渡契約は、その契約締結行為自体は危機時期前に行われるものであるが、契約当事者は、その契約に基づく債権譲渡の効力の発生を債務者の支払停止等の危機時期の到来にかからしめ、これを停止条件とすることにより、危機時期に至るまで債務者の責任財産に属していた債権を債務者の危機時期が到来するや直ちに当該債権者に帰属させることによって、これを責任財産から逸出させることをあらかじめ意図し、これを目的として、当該契約を締結しているものである。

　上記契約の内容、その目的等にかんがみると、上記契約は、破産法72条2号の規定の趣旨に反し、その実効性を失わせるものであって、その契約内容を実質的にみれば、上記契約に係る債権譲渡は、債務者に支払停止等の危機時期が到来した後に行われた債権譲渡と同視すべきものであり、上記規定に基づく否認権行使の対象となると解するのが相当である。」

c　評価分析

　本判例は、旧破産法72条2号の趣旨を、「債務者に支払停止等があった時以降の時期を債務者の財産的な危機時期とし、危機時期の到来後に行われた債務者による上記担保の供与等の行為をすべて否認の対象とすることにより、債権者間の平等及び破産財団の充実を図ろうとするもの」とし、債務者の支払停止等を停止条件とする債権譲渡契約は、「危機時期に至るまで債務者の責任財産に属していた債権を債務者の危機時期が到来するや直ちに当該債権者に帰属させることによって、これを責任財産から逸出させることをあらかじめ意図し、これを目的として、当該契約を締結しているものである」から、「破産法72条2号の規定の趣旨に反し、その実効性を失わせるものであって、その契約内容を実質的にみれば、上記契約に係る債権譲渡は、債務者に支払停止等の危機時期が到来した後に行われた債権譲渡と同視すべきものであり、上記規定に基づく否認権行使の対象となる」と判示した。

本判例では、契約の内容・目的を詳細に認定し、その内容・目的が、旧破産法72条2号（危機否認）を設けた趣旨に、どのように反するのかを具体的に検討した上、当該契約は否認権の規定の趣旨に反し、否認権の実効性を失わせるものであるとしてその効力を否定したものである。

(4) 最判平成 22.3.16 金判 1339 号 40 頁（田原睦夫判事補足意見。弁済充当合意－破産）

a　事案概要

　いわゆる全部義務者について破産手続が開始された後に、破産債権者が有する複数口の債権のうちの一部債権につき、他の全部義務者から全額弁済を受けた場合において、開始時現存額主義（破104条）は、総債権額について適用するのか、それとも複数債権の口毎に適用するのかが問題となった事案であり、当該事案においては、破産者と債権者間に、「借入債務の弁済として数個の給付をする場合または債務が他にもある場合において、債務の全部を消滅させるに足りない弁済がされたときには、債権者が適当と認める順序方法により任意の時期にこれを各債務に充当することができ、その充当に対しては、債務者は異議を述べない」旨の弁済充当特約が付されていたところ、債権者は弁済を受けてから1年以上経過した後に初めて充当指定権を行使したという事案である。

　多数意見は、開始時現存額主義は複数債権の口毎に適用するとの判断を前提に、弁済を受けてから1年以上経過した後に初めて、弁済充当特約に基づく充当指定権を行使することは許されないと判示し、弁済充当特約の有効性そのものについては何ら見解を述べていない。

b　判示（田原睦夫判事補足意見）

「1　一般に、金融機関と融資先の基本取引約定その他、商社やメーカーと取引先との基本取引約定書には、債権者が債務者に対して複数の債権を有している場合に、債務者等からなされた弁済額がその債権の全部を消滅させるに足りないときは、債権者が適当と認める順序、方法により任意の時期に充当することができ、その充当に対しては、債務者は異議を述べない旨の約定（以下「弁済充当合

意」という）が結ばれている。かかる弁済充当合意の効力は、一般に承認されており、破産手続開始決定前に弁済充当合意に従って債権者が充当の指定をしていた場合には、破産管財人はその指定を前提として債権調査その他破産手続を進めることになる。

2　問題は、債権者が債務者の破産手続開始決定前にその充当の指定をしていない場合に、破産手続開始決定後も、その指定権を行使することができるか、破産管財人は、その充当の指定に拘束されるかという点である。

以下検討する。

(1)　まず、かかる弁済充当合意は、不動産競売手続における配当手続では、その効力を有せず、配当金は民法489条ないし491条の規定に従って数個の債権に充当されるとするのが判例である（最高裁昭和62年(オ)第893号同年12月18日第二小法廷判決・民集41巻8号1592頁）。この理は、破産手続における担保権消滅請求手続において実施される配当手続についてもそのまま妥当するものと解される。

このように、弁済充当合意は、法定の換価手続における配当手続においては、その効力を主張し得ないものであるところ、破産管財人によって別除権の目的財産の受戻しがなされて、その際に別除権者に弁済がなされる場合も、同手続は、一般執行手続たる破産手続の一環として行われるものである以上、やはり同様に、弁済充当合意の効力を主張することはできないものというべきである。

(2)　他方、破産手続開始決定後も、弁済充当合意の効力が存し、破産債権者において自由に充当指定できるとすると、他の一般破産債権者との関係で極めて不均衡な結果が生じ得る。即ち、破産債権者Xが有する別除権の被担保債権が複数の破産債権である場合に、その別除権の目的財産に対する担保権の実行又はその受戻しによってその被担保債権の全部の債権を消滅させるに足りないときに、法定充当によれば、1個の債権しか残存しないことになるにもかかわらず、複数の被担保債権の一部にそれぞれ指定充当し、複数の債権がそれぞれ一部残存することにすると、Xは、開始時残存額主義の適用により、複数の債権につき破産手続開始決定時のそれぞれの全債権額でもって、破産手続に参加できることになる。具体例を上げると、例えば、Xが別除権の被担保債権として、100万円の債権5

口合計500万円を有しているとする。そして、別除権の目的財産の受戻しによって400万円が弁済された場合に、法定充当によれば、1口100万円の債権が別除権の実行によって弁済を受けることができなかった債権として残存することとなるときに、Xが、弁済充当合意によって各被担保債権に80万円充当するとの指定をすると、Xは、各債権の全額を破産債権として行使することができるから、500万円全額につき破産債権を行使することができることとなる。その場合、破産配当率が20パーセントであれば、前者の場合、破産債権者は、20万円の配当金を受領できるのみであるが、後者の場合には合計100万円の配当を受領することができることとなる。

かかる結果は、他の破産債権者の損失の下に弁済充当合意の効力を主張するXが利益を得ることを許容することとなるのであって、破産債権者間に著しい不均衡をもたらすものである。

(3) 以上検討したところよりすれば、破産債権者は、破産手続開始決定後、弁済充当合意の効力を破産手続上主張することはできないものというべきである。」

c 評価分析

弁済充当特約の倒産手続における効力を認めることの問題点を具体的に検討した上、他の一般破産債権者との関係で極めて不均衡な結果が生ずると結論付けている。開始時現存額主義は複数債権の口毎に適用するという判例法理を前提に、弁済充当特約が他の一般破産債権者に著しい不利益を与えるとして、その効力を排除したものである。

(5) 最判平成10.7.14民集52巻5号1261頁（商事留置手形の取立充当契約－破産）

a 事案概要

銀行が破産会社から手形割引の依頼を受けて預かっていた手形について、破産会社が破産宣告を受けた後に、破産管財人からその返還を求められたが、銀行はこれを拒絶した上、手形を支払期日に取り立てて、銀行の債権の弁済に充当したため、破産管財人が銀行の行為が不法行為であるとして損害賠償請求をした事案

である。銀行取引約定において、「債務を履行しなかった場合に、銀行は占有する手形を取立又は処分することができ、その取得金を法定の順序にかかわらず債務の弁済に充当できる」旨の約定がある。

b 判　示

「次に、被上告人が自ら本件手形を取り立てて債権の弁済に充当することができるか否かについてみる。

本件約定書4条4項は、銀行の占有する動産及び有価証券の処分等という観点から定められ、これらに商事留置権が成立すると否とを問わず適用される約定であると理解されてきたものである。しかし、右条項の定めは、抽象的、包括的であって、その文言に照らしても、取引先が破産宣告を受けて銀行の有する商事留置権が特別の先取特権とみなされた場合についてどのような効果をもたらす合意であるのか必ずしも明確ではない上、右特別の先取特権は、破産法93条1項後段に定めた他の特別の先取特権に劣後するものであることにもかんがみれば、銀行が動産又は有価証券に対して特別の先取特権を有する場合において、一律に右条項を根拠として、直ちに法律に定めた方法によらずに右目的を処分することができるということはできない。

しかしながら、支払期日未到来の手形についてみた場合、その換価方法は、民事執行法によれば原則として執行官が支払期日に銀行を通じた手形交換によって取り立てるものであるところ（民事執行法192条、136条参照）、銀行による取立ても手形交換によってされることが予定され、いずれも手形交換制度という取立てをする者の裁量等の介在する余地のない適正妥当な方法によるものである点で変わりがないといえる。そうであれば、銀行が右のような手形について、適法な占有権原を有し、かつ特別の先取特権に基づく優先弁済権を有する場合には、銀行が自ら取り立てて弁済に充当し得るとの趣旨の約定をすることには合理性があり、本件約定書4条4項を右の趣旨の約定と解するとしても必ずしも約定当事者の意思に反するものとはいえないし、当該手形について、破産法93条1項後段に定める他の特別の先取特権のない限り、銀行が右のような処分等をしても特段の弊害があるとも考え難い。そして、原審の適法に確定した事実関係等によれば、

被上告人は、手形交換によって本件手形を取り立てたもので、本件手形について適法な占有権原を有し、かつ特別の先取特権に基づく優先弁済権を有していたのであって、その被担保債権は、本件手形の取立てがされた日には既に履行期が到来し、その額は手形金額を超えており、本件手形について被上告人に優先する他の特別の先取特権者が存在することをうかがわせる事情もないのである。

以上にかんがみれば、本件事実関係の下においては、被上告人は、本件約定書4条4項による合意に基づき、本件手形を手形交換制度によって取り立てて破産会社に対する債権の弁済に充当することができるものといえる。」

c 評価分析

破産法上、商事留置権は特別の先取特権として優先弁済権が付与されているところ、本事案の事実関係の下では、優先する他の先取特権者がいないこと、すなわち、破産法におけるプライオリティールールを害しないから、取立充当特約が有効であるとするものであると評価できる。仮に商事留置権者に優先する他の先取特権が存在するような場合には、取立充当特約は破産法において定める債権の優先順位秩序を害するものと言い得るのではないかと思われる。

(6) **最判平成 23.12.15 金法 1937 号 4 頁（商事留置手形の取立充当契約—民事再生）**

a 事案概要

前記(5)同様の事案で、債務者が再生債務者であり、銀行の充当は許されず不当利得としてその返還を求めた事案である。

b 判　示

「(1) 留置権は、他人の物の占有者が被担保債権の弁済を受けるまで目的物を留置することを本質的な効力とするものであり（民法295条1項）、留置権による競売（民事執行法195条）は、被担保債権の弁済を受けないままに目的物の留置をいつまでも継続しなければならない負担から留置権者を解放するために認められた手続であって、上記の留置権の本質的な効力を否定する趣旨に出たものでないことは明らかであるから、留置権者は、留置権による競売が行われた場合には、

その換価金を留置することができるものと解される。この理は、商事留置権の目的物が取立委任に係る約束手形であり、当該約束手形が取立てにより取立金に変じた場合であっても、取立金が銀行の計算上明らかになっているものである以上、異なるところはないというべきである。

　したがって、取立委任を受けた約束手形につき商事留置権を有する者は、当該約束手形の取立てに係る取立金を留置することができるものと解するのが相当である。

　(2)　そうすると、会社から取立委任を受けた約束手形につき商事留置権を有する銀行は、同会社の再生手続開始後に、これを取り立てた場合であっても、民事再生法53条2項の定める別除権の行使として、その取立金を留置することができることになるから、これについては、その額が被担保債権の額を上回るものでない限り、通常、再生計画の弁済原資や再生債務者の事業原資に充てることを予定し得ないところであるといわなければならない。このことに加え、民事再生法88条が、別除権者は当該別除権に係る担保権の被担保債権については、その別除権の行使によって弁済を受けることができない債権の部分についてのみ再生債権者としてその権利を行うことができる旨を規定し、同法94条2項が、別除権者は別除権の行使によって弁済を受けることができないと見込まれる債権の額を届け出なければならない旨を規定していることも考慮すると、上記取立金を法定の手続によらず債務の弁済に充当できる旨定める銀行取引約定は、別除権の行使に付随する合意として、民事再生法上も有効であると解するのが相当である。

　このように解しても、別除権の目的である財産の受戻しの制限、担保権の消滅及び弁済禁止の原則に関する民事再生法の各規定の趣旨や、経済的に窮境にある債務者とその債権者との間の民事上の権利関係を適切に調整し、もって当該債務者の事業又は経済生活の再生を図ろうとする民事再生法の目的（同法1条）に反するものではないというべきである。」

　　c　評価分析

　民事再生法上、商事留置権には優先的弁済権が付与されていないものの、取立委任を受けた約束手形につき商事留置権を有する銀行は、再生債務者の再生手続

開始後の取立てに係る取立金を、法定の手続によらず債務の弁済に充当し得る旨を定める銀行取引約定に基づき、再生債務者の債務の弁済に充当することができるとした。

これは、①手形の取立金についても商事留置権の効力が及ぶのであるから、再生債務者において当該取立金を弁済原資や事業資金として予定すべきではないこと、②商事留置権たる別除権の行使によっても担保されない部分についてのみ手続参加できるという民事再生法の規定（民再88条、94条2項）からすれば商事留置権の価値相当額は別除権者が保持すべき利益であるというのが法の趣旨であること、③かかる結論が、民事再生法における法秩序（別除権の目的である財産の受戻しの制限、担保権の消滅及び弁済禁止の原則に関する民事再生法の各規定の趣旨や民事再生法の目的）に反するものではないことを理由とする。

一見すると、民事再生法上、優先弁済権が付与されていない商事留置権について優先的弁済権を付与しプライオリティールールを変更するがごとき結論である。しかしながら、別除権たる商事留置権の対象物が手形の場合には、その価値相当額が手形券面額として明確であるという特殊性があり、手形（及びその取立金）に対する商事留置権について担保消滅請求制度等を利用した場合においても、その評価額（手形券面額）相当額は別除権者が利益を保持すべきことから、実質的に優先弁済権を付与する結果となったとしても、民事再生法におけるプライオリティールールを害するものとまではいえないと判断したものと評価できる。

なお、民事再生法における法秩序を害するか否かについての検討の詳細は、金築誠志裁判官の補足意見にも表れているといえよう。

(7) **最判平成 18.12.21 民集 60 巻 10 号 3964 頁**（担保価値維持義務－破産）
　　a　事案概要
　破産管財人が破産者の締結していた建物賃貸借契約を合意解除した際に賃貸人との間で破産宣告後の未払賃料等に敷金を充当する旨の合意をして質権の設定された敷金返還請求権の発生を阻害したことが質権設定者の質権者に対する目的債権の担保価値を維持すべき義務、破産管財人の善管注意義務に違反するか否かが

争われた事案である。

　b　判　　　示

　「債権が質権の目的とされた場合において、質権設定者は、質権者に対し、当該債権の担保価値を維持すべき義務を負い、債権の放棄、免除、相殺、更改等当該債権を消滅、変更させる一切の行為その他当該債権の担保価値を害するような行為を行うことは、同義務に違反するものとして許されないと解すべきである。そして、建物賃貸借における敷金返還請求権は、賃貸借終了後、建物の明渡しがされた時において、敷金からそれまでに生じた賃料債権その他賃貸借契約により賃貸人が賃借人に対して取得する一切の債権を控除し、なお残額があることを条件として、その残額につき発生する条件付債権であるが（最高裁昭和46年(オ)第357号同48年2月2日第二小法廷判決・民集27巻1号80頁参照）、このような条件付債権としての敷金返還請求権が質権の目的とされた場合において、質権設定者である賃借人が、正当な理由に基づくことなく賃貸人に対し未払債務を生じさせて敷金返還請求権の発生を阻害することは、質権者に対する上記義務に違反するものというべきである。

　また、質権設定者が破産した場合において、質権は、別除権として取り扱われ（旧破産法92条）、破産手続によってその効力に影響を受けないものとされており（同法95条）、他に質権設定者と質権者との間の法律関係が破産管財人に承継されないと解すべき法律上の根拠もないから、破産管財人は、質権設定者が質権者に対して負う上記義務を承継すると解される。」

　c　評価分析

　本事案は、平常時に契約当事者間で明示的に合意された契約条項の効力が問題となった事案ではないが、破産者と別除権者との間の契約に基づく義務（本件では、質権設定契約において信義則上質権設定者が負担する担保価値維持義務）が破産管財人にも及ぶ旨の判断をしている。別除権設定契約に基づき発生する契約上の義務については、別除権が破産手続によってその効力に影響を受けないものとされていることを前提にして、原則論としては契約上の義務の効力は有効であることを明確にしたと評価できる。

3　確立した判例法理の抽出

以上、契約条項の倒産手続における効力についての最高裁判例を中心とした判例を検討するに、契約条項の倒産手続における効力については、次のようなルールが、判例法理として確立しているのではないかと考えられる。

(1)　判例法理 1
倒産手続においては、平常時に締結された契約条項の効力がそのまま当然に維持されるものではなく、倒産手続における法秩序（倒産法における公序）による変容を受けることにより、少なくとも倒産手続における法秩序を害するような契約条項については、その効力が否定される。

(2)　判例法理 2
効力が否定される倒産手続における法秩序を害するような条項とは、倒産手続における債権のプライオリティールールを害する条項、否認権制度ほか倒産手続において法定された各種制度（否認制度、担保消滅許可制度、双方未履行双務契約における倒産管財人の履行選択・解除権、相殺禁止など）等の強行法的ルールを害する条項、倒産手続の趣旨目的を没却させるような条項、その他債権者の一般的利益を著しく害する条項であり、かかる契約条項は倒産手続においてその効力が否定される。

4　立法提言

(1)　判例法理の明確化
現行倒産法への改正検討がされた時期に比すれば、契約条項の効力に関連する最高裁判例は少なくなく、現時点においては、前記のとおり、一定の判例法理が確立している状況であるといえるのではないか。

確立した判例法理がある以上は、これを立法化してルールを明確すべきことに

ついて反対すべきではなく、また、現実に契約条項の効力についての紛争が存在する以上、その紛争解決あるいは紛争予防の観点からも、倒産法を改正し、契約条項の効力について定める倒産実体法規定を創設し、倒産手続における法秩序（倒産法における公序）を害するような契約条項が倒産手続において効力を有しないことを明確にすべきである。

(2) 実体法上の公序良俗規定・信義則規定との関係

　倒産手続における法秩序（倒産法における公序）を害するような契約条項が倒産手続において効力を有しない旨の倒産実体法規定を設ける場合、民事実体法上の公序良俗規定（民90条）や信義則規定（民1条2項、3項）との関係が問題となる。すなわち、倒産手続における法秩序（倒産法における公序）を害するような契約条項が倒産手続において効力を有しないという命題は、まさに民事実体法上は強行法規違反等として位置づけられ、あえて倒産実体法における条文規定を設ける必要がないのではないかという指摘である。

　しかしながら、「倒産法における公序」において考慮すべき利益・要素は、倒産場面において初めて登場する倒産債権者たる総債権者の利益や倒産手続の趣旨目的などの考慮要素も取り込まれるべきであり、必ずしも平常時における契約当事者間の公平などを中心とする法秩序や強行法規のみでは捉えきれないと考えられる。また、契約条項自体は、平常時においては契約自由の原則が妥当するものとして完全に有効である条項についても、倒産手続において、これを制限するものであるから、民事実体法上の一般規定による規律では不十分である。

　したがって、倒産場面特有の考慮要素である倒産債権者たる総債権者の利益や倒産手続の趣旨目的などの要素を取り込むためには、倒産実体法において、倒産手続における法秩序（倒産法における公序）を害するような契約条項が倒産手続において効力を有しない旨の規定を設ける必要があるといえる。

(3) 予測可能性と法的安定性

　倒産手続における法秩序（倒産法における公序）を害するような契約条項が倒

産手続において効力を有しない旨の倒産実体法規定を設けるとしても、その要件を明確にすることは困難であり、契約当事者の予測可能性を害し、また法的安定性ある条項適用ができないではないかという懸念がある。

しかしながら、そもそも倒産場面においては契約当事者間の自由意思を尊重する契約自由の原則を当然に維持すべきではない。すなわち、平常時において、一方当事者にとって不利益な契約条項の効力が問題になる場合には、契約当事者がどのような場面を想定しそのリスク分配を行ったかという合理的意思を探求し、当事者のリスク分配にしたがった契約条項の効力を認めることとなる。これは、一方当事者に不利な契約条項であっても、自らの利害得失を判断しリスク分配した以上、その結果は当然に甘受すべきこととされることによる。

これに対し、倒産場面においては、違った観点からの検討が必要である。そもそも、平常時に契約を締結する際において、契約当事者が合意形成の判断基準とするのは、もっぱらそれぞれが有する自己の利害であり、倒産場面を前提とした倒産債権者の利害を考慮して合意を形成しようという動機には欠けている。そのため、このような過程で形成された契約条項においては、倒産債権者の利害得失が適切に判断され、適切なリスク分配がされることはないのである。

また、たしかに倒産手続において契約条項の効力を否定する際の考慮要素は、ケースバイケースで判断される規範的要件であり、その要件を明確にすることは困難であるが、予測可能性の観点から、その際に考慮される判断要素を例示列挙することで、一定程度予測可能性と法的安定性を確保し得るものであると考えられる。むしろ、確立した判例法理が存在するにもかかわらず、要件の明確化が困難であるということをもって、判例法理自体の明文化を否定することは本末転倒であるといえる。

したがって、契約当事者の予測可能性を確保し、法的安定性ある条文適用を企図して、倒産手続における法秩序（倒産法における公序）を害するか否かの判断要素を例示列挙するべきであると考える。

(4) 具体的立法提案

以上より、以下のような規定を提案したい。

> 倒産手続開始前に契約された契約条項が、契約時における契約の趣旨のみならず倒産手続における趣旨目的、債権者の一般利益等を総合考慮し、倒産手続における基本原理や諸制度を没却し、債権者の一般利益を著しく害するなど倒産手続における法秩序を害する場合には、その効力は有しない。

5 最後に

本稿は、平常時に契約当事者の自由意思で合意された契約条項の倒産手続における効力について、倒産手続における法秩序（倒産法における公序）を害する条項はその効力を有しない旨の立法提案をするものであるが、かかる立法がなされることにより、現在問題とされている契約条項の効力の問題について、解決へ向けた一定の方向性を示すことができるものと考えている。

たとえば、ABL 契約などで合意される担保権の価値維持、権利補強、担保権実行についての協力義務などを定めるコベナンツ条項のうち、担保対象債権の総額が減少した場合に担保目的債権の価値を補充させるような積極的な担保価値補強・補充義務などは、追加担保提供義務と考えられることから、否認制度の趣旨を没却させる可能性が高く、手続開始後においては倒産法秩序を害するものとしてその効力が否定されるものと解される。

また、賃貸借契約における多額の違約金条項などは、倒産管財人等による双方未履行双務契約の履行選択・解除権の行使を阻害し、あるいは違約金条項により発生する違約金債権と敷金との相殺を通じて、倒産債権の実質財団債権化・共益債権化という実質的プライオリティールールの変更をもたらすものとして、その効力が否定されるものと解される。

第3部
担保権等の規律について

VII 更生担保権の評価基準の再検討

大阪大学　藤本利一

1　はじめに

　1996年秋に法制審議会倒産法部会が設置され、倒産法制の見直しに関する諮問がなされたことに由来する今次の倒産法の抜本改正においては、担保権者の地位をめぐる議論はその中核の一つでもあった。会社更生手続における担保権の処遇については、従来、別除権構成は採用されず、開始時に更生担保権の内容が目的物の価額に固定されるものの、将来収益について一定の支配権が保障される構造となっていた[1]。一連の会社更生法の改正において、なお更生担保権構成は維持されたが、担保権消滅請求制度や担保権実行禁止の解除制度が新たに導入され、担保目的物の評価基準については、継続企業価値を採用することの問題性が認識された結果、現行法においては、いわゆる時価評価が採用された[2]。

　時価評価基準が採用された意味として、次の2点が指摘されている。まず、従来の継続企業価値を基準として放棄したことであり、今一つは、新しい会社更生法において、処分価値基準を採用しなかった、ということである[3]。こうした時価基準の採用については、立法に関与した有力な研究者から、実際的理由に基づく一種の妥協案とも評され、理論的な問題点が指摘されていた[4]。

1　こうした流れについては、山本和彦「倒産法改正と理論的課題　利害関係人の法的地位を中心として〔倒産法の現状と将来②〕」NBL751号23頁〜27頁（2002年）。
2　時価評価制度については、理論と実務からの検証が試みられ、近時は、両者の側面を統合した観点から新しい会社更生法の「時価」の考えを明らかにする貴重な成果も存在する。たとえば、事業再生研究機構財産評定委員会編『新しい会社更生手続の「時価」マニュアル』（商事法務、2003年）。
3　山本前掲注1・25頁。

本稿においては、担保権の評価基準を処分価値とする提案をなすため、その前提となる、あるいは、それに伴い解消されるべき若干の理論的問題を検討する。そのため、他の論考とは異なり、いわば準備的考察となることをあらかじめお詫び申し上げる。以下では、まず、会社更生法において「時価」基準が採用された経緯を俯瞰した上で、論ずべき理論的な枠組みを確認し、それに関連した考察を行いたい。なお、こうした分析の底流には、担保権者がそもそも把握している価値は何か、という根本問題が存在する。

2　会社更生法における担保目的物の評価基準をめぐる変遷[5]

(1)　会社更生法（1952年制定）における担保目的物の評価

　1952年制定の会社更生法（以下「1952年法」という。）においては、財産評定につき、評価の基準およびその基準時について明確な規定が存在せず、また担保権の目的物の評価基準およびその基準時についても同様であった。そのため、これらについては見解の対立があったとされる。まず、評価基準については、①処分価格による見解と②ゴーイング・コンサーン・バリューによる見解が存在したようである。また、評価の基準時についても、①手続開始時とする考えと、②更生計画案作成時に接着した時点とする考えの対立があった。

　この時期の問題点は、法律明文の不存在から、評価時期および評価基準につき見解の対立が存在したことにあるが、より深刻なところは、実際の処理に際して、評価基準等を明確にせず、手続開始時点での評価に加え、その後必要に応じて、再度の評価を行っていた可能性が指摘されている点であろう[6]。

4　山本前掲注1・25～26頁。
5　本章については、出水順「財産評定のあり方、更生担保権の評価をめぐる諸問題」『倒産の法システム(3)』223頁以下、中井康之「更生手続における財産評定」〔山本克己＝山本和彦＝瀬戸英雄編〕『新会社更生法の理論と実務〔判タ臨増1132号〕』144頁以下（2003年）にその多くを負う。
6　宮脇幸彦・時岡泰『改正会社更生法の解説』（法曹会、1972年）299頁。

(2) 会社更生法の改正（1967年改正法）

　1967年、それまでの会社更生法は、会社更生手続の濫用を防止し、取引債権者である中小企業を保護する観点から、改正された。先に述べたように、担保権の評価について、実務上、問題が認識されていたこともあり、当該改正においては、まず、その177条1項［後掲資料参照］において、財産評定の評価基準時を更生手続開始時と定め、同法124条の2［後掲資料参照］において、担保権の目的物の評価もこれに揃え、開始時とした。手続開始時が基準となる理由として、①会社更生法は、更生手続開始時を基準として、観念的清算を行うものであり、かつ更生管財人が手続開始時に会社の業務および財産を引き継いで事業の経営を行っていくという建前で立法されているから、手続開始時を基準として財産の評価替えをするのが理論的であるということ、また、②評価が複雑になるのを避け、かつ更生担保権者間に不均衡・不公平が生じないようにするため、財務諸表における財産の評価と更生担保権の目的物の評価を一致させたが、更生担保権の範囲が更生手続開始時で固定するという原則から、その基準時は手続開始時となる、ということが示唆されていた[7]。

　一方、財産評定の評価基準についても、同法177条2項［後掲資料参照］において、「会社の事業を継続するものとしてしなければならない。」として継続企業価値を採用し、併せて、更生担保権の目的物の評価基準についても、同法124条の2において、「担保権の目的の価額は、会社の事業が継続するものとして評定」するものとし、いわゆる継続企業価値をもって、評価するとされた。その理由は、更生手続は企業の継続を前提とするものであるから、処分価格で評定すべき理由がないし、評価換えを前提する以上、従来の帳簿価格によることもできないとし、一種の時価である、継続企業価値によることが更生手続の目的にもっともよく適うということが指摘された[8]。そして、更生担保権の範囲が更生手続開始時で固定する以上（1967年改正法123条1項）、更生担保権の目的物の評価基準時も、財

7　宮脇・時岡前掲注6・305頁。三ケ月章ほか『条解会社更生法（下）』（弘文堂、1974年）101頁。
8　宮脇・時岡前掲注6・306頁。また、三ケ月ほか前掲注7・103頁。

産評定の基準時を一致させ、更生手続開始時とするのが適当であるとされた[9]。

1967年改正法において、財産評定の評価基準およびその基準時が明定され、それにあわせる形で、担保権の目的物の評価基準および基準時も定められた。従来、基準時は固定されず、また評価の基準も統一されていないとの批判に応えたものである。この明文の規律が旧法の有力な見解を承認したものだという点については[10]、注意を要する。

基準時については、こうした統一がなされたものの、観念的清算という会社更生の性格は、とくに更生計画による利害関係人の権利変更に重点を置いて、理解されるべきであり、必ずしも手続開始時を評価の基準時とすることが理論的とはいえない、という批判がなされていた[11]。また、更生担保権の目的物の評価についても、権利の届出・確定手続において、[かつての]破産法との対応にこだわりすぎ、更生手続開始時における固定主義をとったことが批判されていた[12]。1967年法は緊急の要請にかかる立法であり、なお、この問題についての究極的な解決は、将来に持ち越されたと評されていたのである[13]。

一方、従来の実務運用にも合理があったと思われる。結局のところ、更生計画案を策定するためには、その策定時に近い時点での評価をすることが必要であり、かつ更生計画案策定にとって担保権者との交渉、調整は不可欠であるから、更生手続開始時ではなく、更生計画案策定時に近い基準時で評価するのもやむを得ないともいえる[14]。

---

9 三ケ月ほか前掲注7・101頁、三ケ月章ほか『条解会社更生法（中）』（弘文堂、1973年）552頁。
10 宮脇・時岡前掲注6・306頁。三ケ月ほか前掲注9・551頁参照。
11 三ケ月ほか前掲注7・101頁。
12 三ケ月ほか前掲注7・102頁、三ケ月章「会社更生法の司法政策的意義」『会社更生法研究』（1970年、有斐閣）262頁以下。
13 三ケ月ほか前掲注7・102頁。
14 出水前掲注5・227頁参照。実際の運用として、更生計画案策定に近い時点において、更生計画の内容を考慮に入れて財産評定がなされているとの指摘もある（才口千晴「倒産会社所有不動産に関する財産評定」今中利昭先生還暦記念『現代倒産法・会社法をめぐる諸問題』（民事法研究会、1995年）431頁）。

(3) 会社更生法（2002年法）の制定

平成8年10月に設置された法制審議会倒産法部会では、平成9年12月に、「倒産法制に関する改正検討事項」を民事局参事官室が作成した補足説明とともに公表し、意見照会を行ったが、会社更生法に関する検討事項10個のうち、会社の財産および更生担保権に係る担保権の目的の価額の評定の方法（1967年法124条の2、同法177条）の見直しが提案され、多数の意見が寄せられた[15]。民事再生法制定で一時中断したものの、平成13年3月に会社更生法に関する審議が再開され、上記問題点は、重要な論点として、当初から検討された[16]。多数の意見として、基準として不明確な継続企業価値の見直しが提案され、財産評定の枠組み全体の再構成をも視野に入れた問題の検討が必要と認識された[17]。こうして、会社更生法改正要綱試案において、以下に述べるような提案がなされることとなったのである。

（ア）会社更生法改正要綱試案と会社更生法改正要綱試案補足説明

平成14年2月にパブリック・コメントに付された「会社更生法改正要綱試案」において、財産評定および更生担保権に係る担保権の目的の評価については、次のような提案がなされた。

【2002年法＿会社更生法改正要綱試案】
第43　担保権の目的である財産の特別な換価制度
「1　財産評定における評定の在り方

　　管財人は、更生手続開始後遅滞なく、更生会社に属する一切の財産につき更生手続開始の時における時価（注1）による評定をしなければならないものとする（第177条参照）。

　2　企業全体価値の評定

---

[15] この経緯については、さしあたり、事業再生研究機構財産評定委員会編・前掲注2・17～19頁。
[16] 事業再生研究機構財産評定委員会編前掲注2・19頁。
[17] 事業再生研究機構財産評定委員会編前掲注2・20頁。

裁判所は、管財人に対し、更生計画案の基礎を明らかにするため、裁判所の定める時期における更生会社の事業全体の価値（更生会社の将来収益を基礎にして算定するものとする。）を評定すべきことを命ずることができるものとする（注２）（注３）。
3　清算を前提とする評定
　裁判所は、管財人に対し、2の評定に併せて、更生会社に属する一切の財産について処分価額による評定をすべきことを命ずることができるものとする（注２）。
4　更生担保権に係る担保権の目的の評価基準
　更生担保権に係る担保権の目的の価額は、更生手続開始の時における時価とするものとする（第124条の2参照）。
（注１）　「時価」概念について、さらに具体的な規定を設けるか否かについては、なお検討するものとする。
（注２）　管財人は、評定の結果に基づいて貸借対照表を作成しなければならないものとする。なおこれらの貸借対照表は手続上の要請から作成するものであるから、商法上の計算書類作成の礎となるわけではない。
（注３）　更生会社の事業全体の価値から更生会社の資産の総額を控除した額を暖簾として貸借対表に計上するものとする。」

　この提案において、財産評定は、手続開始時に時価を基準として、手続開始後遅滞なくすることとされている。すなわち、更生手続開始時を基準時としてする個別財産の時価評価（上記1参照）と、裁判所の定める時期（更生計画案作成の基準時となる一定時期）を基準時としてする更生会社の企業全体価値の評定（上記2参照）とを各別に行うということになる。
　その理由は、財産評定には、①更生会社の資産状態を正確に把握すること、②更生会社の会計の具体的な基礎を与えること、③利害関係人の権利範囲を明確化すること、④更生計画の遂行可能性を判断する前提とすること、⑤権利分配の公正、衡平を判断することなどの機能があるところ、1967年改正法では、これを、単一の基準時および基準で処理しようとしていたところに難があり、その結果、更生担保権者と管財人との間で紛争が生じる等、手続の迅速性が著しく損なわれ

ていたとされる[18]。

　更生担保権の目的物の評価については、更生手続開始時における時価ということになった。このように、担保権の目的の評価基準と財産評定の評価基準が同一である理論上の必要はないとされるものの、①これらを同一にすることで、手続構造の理解を容易にし、手続コストの低減にもつながること、②担保権の目的の評価において、更生担保権者の利益が不当に侵害されているという1967年改正法に対する批判に応えることになることをその根拠とする[19]。

　この試案が提案される以前、および提案後の意見においても、財産評定および更生担保権に係る目的物の評価基準について、清算を前提とする処分価額とする見解が論じられたが、採用されなかった[20]。その理由は、①更生担保権者は、別除権者ではなく、担保権の実行を想定した価額によらなければならない理論的必然性はないこと、②時価とする財産評定の基準と同一とすることが手続の迅速性に資すること、③各更生担保権者について清算価値保障原則が働くため、処分価額を評価基準とすると、更生計画案の可決要件は更生担保権者の組については全員一致とせざるを得ず、計画の成立が困難となってしまうこと等である[21]。

　こうして更生担保権の評価基準として処分価値が採用されることはなかった。とはいえ、再建型手続の一つである民事再生手続で別除権構成が採用され、担保権消滅請求制度において処分価値基準が採用されていることとの連関をどのように説明するべきか、なお問題は残っているように思われる。

(イ)　会社更生法改正要綱

　倒産法部会は、2002年7月に「会社更生法改正要綱案」を決定し、法制審議会総会において、「会社更生法改正要綱」が同年9月に決定され、法務大臣に答申された。その内容は、以下の通りである。

18　事業再生研究機構財産評定委員会編前掲注2・23〜24頁。
19　事業再生研究機構財産評定委員会編前掲注2・25頁。
20　事業再生研究機構財産評定委員会編前掲注2・28頁。
21　事業再生研究機構財産評定委員会編前掲注2・28頁。

第43　財産評定及更生担保権に係る担保権の目的の評価
　1　財産評定における評価基準
　管財人は、更生会社に属する一切の財産につき更生手続開始の時における時価による評定をしなければならないものとする（第177条参照）。
　2　更生担保権に係る担保権の目的の評価基準
　更生担保権に係る担保権の目的の価額は、更生手続開始の時における時価とするものとする（第124条の2参照）。

　財産評定および更生担保権に係る担保権の目的の評価について、更生手続開始時における時価評価基準が採用された。上記試案第42の2及び3は、これらが更生計画案の遂行可能性や合理性を判断するための補助資料に過ぎず、純粋に手続的な事項であるため、会社更生規則に設けられることとなった（会更規51条）。

（ウ）　会社更生法（2002年法）
　2002年12月に成立し公布された現行法では、財産評定について、83条［後掲資料参照］に規定され、更生担保権の評価については、定義規定である2条10項［後掲資料参照］に記述された。これによって、1967年改正法にあった継続企業価値から、更生手続開始時における時価へと評価基準に改められたのである。

(4)　小　　括
　更生担保権額の基準となる担保目的財産の「時価」（会更2条10項）については、その具体的内容はおくとしても、とくに財産評定基準としての時価（会更83条2項）との関係が問題とされていた。この点、有力な見解は、両者を政策的に一致させたとの立案過程での説明を踏まえ、同じ基準として理解している。

3 「処分連動方式」(更生実務) の適法性

(1) 処分連動方式の定着

　処分連動方式あるいは処分価額連動方式等と呼ばれる方式が、現行法制定前から行われ、現在の実務では、定着していると評される[22]。これは、売却が予定されるような遊休不動産上の更生担保権につき、その目的物の評価を一応行うものの、その後、実際の売却価格で事後的に調整を行う方式である[23]。種々のバリエーションがあるとされるが[24]、更生担保権の弁済時期・弁済金額がともに売却処分に連動しているものが典型例である[25]。すなわち、更生担保権の弁済に充てられる売却代金が、確定更生担保権額を超える場合、その超過額全額を更生担保権者に弁済し、当該売却代金が確定更生担保権額に不足する場合には、不足額部分を一般更生債権と同様の扱いとする[26]。

(2) 処分連動方式の問題点

　まず、売却予定物件の更生担保権者とそれ以外の物件の更生担保権者との間で、取扱いを異にすることに対し、平等原則（現行法168条1項）に反しないかが問われている[27]。

　処分連動方式が清算価値保障原則に反しないかも問題とされている[28]。実際の処分価額が開始決定時の評価額を下回る場合に、実際の処分価額から弁済するこ

---

[22] 福森亮二「会社更生法における財産評定の実務」債権管理99号104頁、105頁（2003年）、また事業再生研究機構財産評定委員会編前掲注2・13頁等。
[23] 事業再生研究機構財産評定委員会編前掲注2・13頁、出水前掲注5・247頁、針塚遵「更生担保権の取扱い　特集：東京地裁における会社更生事件の運用改革の実情」金法1610号31頁（2001年）等。
[24] さまざまな具体的事例については、事業再生研究機構編『更生計画の実務と理論』（商事法務、2004年）181頁以下参照。
[25] 事業再生研究機構財産評定委員会編前掲注2・187頁。
[26] 事業再生研究機構財産評定委員会編前掲注2・187頁。
[27] 事業再生研究機構財産評定委員会編前掲注2・200頁、事業再生研究機構編前掲注24・236頁。
[28] 事業再生研究機構財産評定委員会編前掲注2・200頁、事業再生研究機構編前掲注24・248頁以下。

とが、清算価値保障原則に反しないか、ということのようである。反対に、処分時価額が、確定更生担保権額を超える場合に、処分時価額を全額弁済するのは、過剰弁済ないし不平等弁済になるのではないかとの問題も検討されていた[29]。

(3) 若干の検討

　新しい会社更生法では、更生手続開始時における時価基準により、更生担保権額が確定することとなった。評価をめぐる無用の紛争を回避し、手続の迅速な遂行に資する点は高く評価されるべきであろう。しかし、たとえば、担保目的物である不動産は長期低落傾向にあり、評価確定後、実際に当該不動産を売却した場合、確定評価額よりも低い価格でしか売れないことが多くあったようである[30]。いったん固定されたその時価評価額を全額弁済しなければならないとすると、不足額部分を将来収益から弁済することにもなる。価額連動方式では、不足額を一般の更生債権として処理することで、こうしたディレンマを回避している。

　しかし、会社更生法の基本的なスキームとして、時価評価により目的物と切り離された観念的な更生担保権が生じると理解すれば、更生手続開始後の担保権または目的物の帰趨は、更生担保権の範囲の決定を左右しないはずである[31]。それにもかかわらず、処分連動方式が実務上定着しているのは、「財産評定」価額と「担保弁済」額を分離して、時価をめぐる争いを避けることができるからであろう[32]。一方、更生担保権者にもこうした方式は評価されているとされる。現実の処分価額での弁済は、更生担保権者に納得のいくものであり、それによって、更生担保権者と管財人との担保目的物の価額をめぐる争いが相当程度回避でき、手続がスムーズに進行するということである[33]。それは、やはり、担保権者は、目的物の処分価値を把握していると理解しているように思われる。

29　事業再生研究機構財産評定委員会編前掲注2・201頁。
30　事業再生研究機構財産評定委員会編前掲注2・198頁。
31　『倒産法概説』150頁。
32　事業再生研究機構財産評定委員会編前掲注2・199〜200頁。
33　出水前掲注5・247頁等。

処分連動方式の隆盛から認識できるように、少なくとも売却が予定される物件については、更生手続開始時において時価基準を採用する必然性を欠いているようにも思われる。担保目的物の利用目的を勘案した評価基準を設ける必要はないであろうか。

現実に目的物が処分されるケースでは、処分価値を超える余剰を更生担保権者に与える必要はないように思われる。時価による確定更生担保権額を超える部分にも弁済があるとしても、それは単純に目的物の処分価値を更生担保権者が取得したというだけであり、そうであれば、更生手続開始時に時価評価をする意味があらためて問われるべきである。次章で検討する。

4　「時価」基準をめぐる理論上の問題点

(1)　「時価」基準を取ることの理論的根拠

処分連動方式のように、担保目的物の処分を前提とするような場合には、更生手続開始時において、時価評価を実施し、更生担保権額を確定させること自体、その意味が問われるべきであろう。しかし、会社更生手続が、本来、更生担保権制度において前提としているのは、担保目的物を更生会社が保持し、事業等に活用する場合である。この場合、担保権者による担保権の実行は許されない。こうした仕組みから、更生計画を通じて更生担保権者に処分価額を超える弁済が正当化されるのは、更生会社の事業の維持更生のために必要な制約である担保権の実行禁止という制約の対価として、担保権実行の禁止から生まれる利益を政策的に更生担保権者に取らせるものである、との説明が松下淳一教授からなされている[34]。

こうした考えに対して、担保権実行禁止の対価としての時価ボーナスについて、その分配を受けられるのは、被担保債権の全部または一部が担保割れ状態になっ

---

[34]　松下淳一「更生手続における時価について」事業再生研究機構財産評定委員会編前掲注2・225頁、230頁。この枠組みを基本的に支持するものとして、山本和彦「コメント1」事業再生研究機構財産評定委員会編前掲注2・243頁、244頁。

ている担保権者のみであり、何故にこのような担保権者だけが時価ボーナスを受け取ることができるのか、という点について、上記見解は十分な論拠を示していない、との疑問が提示されている[35]。もっとも、この論者である山本克己教授は、担保目的物についての減価・滅失のリスクをどの担保権者が負担すべきか、という問題につき、平時においては、下位の順位の担保権者から順に負担するところ、このようなリスク分配を解釈論として更生計画に反映させるべきとし、担保権の順位に応じて弁済時期に優劣をつけるべきと主張し、こう解することで、時価ボーナスの分配もある程度正当化されるかもしれないとする[36]。

いずれにせよ、上記時価ボーナスを用いた枠組みが、時価基準を採用することの意味を問う出発点となると思われる。

(2) 時価基準を採ることの矛盾

松下教授によれば、次のような事案で、更生担保権者の組における清算価値保障の問題が論じられている[37]。

〈設例〉

抵当権の目的不動産の処分価額＝60、時価＝100とする。このとき、抵当権者第1順位（Ⅰ）10、第2順位（Ⅱ）30、第3順位（Ⅲ）25、第4順位（Ⅳ）30、第5順位（Ⅴ）5の権利を有しているとする。

このとき、時価基準を採用すると、ⅠからⅤの5名の担保権者はすべて更生担保権者と扱われることになる。全員を一つの組に入れるとすると、その組の多数決によって、時価と処分価額の差額40については処分できることになるから、更生担保権者の組に対する弁済率を下限で60％の範囲内で定めることができる。このとき、仮に、Ⅰのみが反対し、ⅡからⅤが賛成した場合には、90％の議決権を以てその更生計画案は可決されることになる。すなわち、Ⅰに対しては6しか弁済されないことになる。

---

35 山本克己「コメント2」事業再生研究機構財産評定委員会編前掲注2・249頁、251頁。
36 山本克己前掲注35・253頁。
37 松下前掲注34・232頁。

松下教授の問題意識は、時価と処分価額の差でカバーされる担保権者と処分価額でカバーされる担保権者を同じ組に入れて良いのか、というものである。なぜなら、上記設例のように、その帰結として、清算価値保障が損なわれる危険性があるからである。

　しかし、山本和彦教授によれば、担保権の実行を禁じる必要のある担保権者についてはその権利変更の原則的不能性という更生担保権とは異質の位置づけが付与され、他方、実行禁止を要しない担保権者を本質的な更生担保権とする極めてパラドキシカルな帰結に至るとされる[38]。また、一つの例示として、民事再生法における担保権消滅請求制度（民再148条以下）が挙げられる。この制度においては、担保権の消滅という究極の「実行禁止」が行われているにもかかわらず、「実行禁止」から生まれる利益を担保権者に配分していない[39]。民事再生規則79条1項によれば、時価よりも低額な処分価額が規定されている。そして、これらのパラドックスを解消する一つの方法として、担保権者の倒産手続において把握する価値を処分価額に一元化することが将来の立法的な課題として提示されるのである[40]。

(3) 若干の検討

　時価基準の意味は、少なくとも、現行法では、処分価額を基準として採用しないということを明示したところにある。更生手続開始時に実施することで、手続の迅速性を高めていることもうかがえる。

　こうした処分価額＋αを認めることは、更生担保権者の権利（財産権）を制約することに対する「正当な補償」としての意味を持つ。しかし、こうした「補償」は、＋αに限定されるのであろうか、すなわち、処分価額を前提としながら、時価基準という金銭補償ではない、補償はないであろうか。

　処分価値を保障する場合、まず、遊休資産等を担保目的物とする担保権者につ

---

[38] 山本和彦「コメント1」事業再生研究機構財産評定委員会編前掲注2・246～247頁。
[39] 山本和彦前掲注1・26頁。
[40] 山本和彦「コメント1」事業再生研究機構財産評定委員会編前掲注2・247頁。

いては、更生手続開始決定の拘束から解放し、担保権の実行を許す制度の設置が考えられる。現行法でも、担保権実行禁止の解除制度（会更50条7項）が存在し、これは、遊休資産を念頭に置いたものであるが、解除決定がされても、担保権者が担保権の実行を申し立てない限り、担保権実行はされないし、仮に実行がなされても、処分価額が担保権者に直ちに配当はされず、更生計画によるところとなる。この点は、アメリカ法の担保権の制度を参考にして、更生担保権者に対する「適切な保護」の制度を手当てするべきではないか。この制度は、とくに担保権の価値が毀損することを防止することを目的とする。担保権者を代理する多くのアメリカ人弁護士の多くは、適切な保護を欠くとして、裁判所に担保目的物に対する強制執行の許可を申し立て、オートマティック・ステイの解除を求める際に、初めて連邦倒産法と出会う、ともいわれている[41]。この制度により、従来懸案とされてきた担保毀損の問題の手当てにもつながる可能性があるし、また、担保権者に対する処分価額のみを保障する正当化根拠となる可能性があるように思われる。

5 アメリカ倒産法における担保目的物の評価

これまでの検討を踏まえ、以下では、処分価額を前提とした制度を構想する前提として、アメリカ法を参照しつつ、一定の知見を導きたいと考える。ここでも、担保権者に与えられる「補償」が何であるのか、ということに留意をしたい。

(1) アメリカ倒産法における担保権の処遇

アメリカ倒産法における担保権の処遇について概観する。ポイントは、まず、どのような担保権について、どの範囲で認められるか、ということであり、倒産手続において担保権者に認められる実体的権利、およびそれを実現するための手

---

41 ジェフ・フェリル、エドワード・J・ジャンガー〔辰田淳ほか翻訳〕『アメリカ倒産法（上巻）』（レクシスジャパン、2011年）17頁。

続上の手段について言及する。

　倒産手続において、担保権付債権とそうでない一般の債権の取扱いには大きな差異がある。その根拠は、平時実体法に求められるが、担保権を優遇するその正当性について理論上の議論が戦わされてきた[42]。すなわち、その正当性の根拠を、信用市場の効率化を達成し、与信の拡大を産むという理解と、逆に、担保のある与信が低廉な費用でなされるのに対し、担保のない与信のコストを引き上げているとの批判である[43]。しかし、1990年代、2000年代のアメリカ合衆国統一商事法典の改正や連邦倒産法の2005年改正においても、倒産手続における担保権の地位は、強化されたと評されている[44]。

　担保付債権は、その債権の存在を証明し、認容を否定する事由が存在しなければ、認容された債権額について、優先的な弁済を受けることができる（連邦倒産法501条、502条参照）。担保権の種類については、約定担保権（連邦倒産法101条(51)）、司法手続上の先取特権（同条(36)）と制定法上の先取特権（同条(53)）が認められる。

　債権が認容され、有効な担保権として認められ、否認権行使の対象とならない場合、優先権の範囲を確定することとなる[45]。連邦倒産法506条(a)によれば、担保目的物の価値の範囲において、担保権者は優先的な地位を持つこととなる。

　担保権者が自己の優先的地位を実現する重要な方法として、担保権の実行手続が存在するが、これは、倒産手続上、制約されることとなる[46]。そのかわりに、担保権者は、倒産手続を通じて、担保目的物の価値を保障されるのである。連邦議会は、1978年法制定時において、担保目的物を売却する権限を保護するのではなく、あくまでも、担保目的物の価値を保護することを示唆した[47]。また、連邦

---

[42] Elizabeth Warren, CHAPTER 11: REORGANIZING AMERICAN BUSSINESSES, at 46 (2008); Charles J. Tabb, THE LAW OF BANKRUPTCY 2nd., at 736 (2009).
[43] こうした議論の嚆矢となった論文として、Alan Schwartz, *Security Interests and Bankruptcy Priorities: A Review of Current Theories*, 10 J. Legal Stud. 1 (1981).。
[44] Tabb, *supra* note 42 at 736.
[45] *Id*. at 739.
[46] *Id*. at 740-741.
[47] See S. Rep. No. 989, 95th Cong., 2d Sess. 54 (1978).

最高裁も、担保目的物の価値の範囲で担保権の権利が保護されるが、それ以上の権利は認められないとした[48]。具体的には、担保目的物の価値の範囲で、優先権が付与され、その価値が及ばない部分は、一般債権として扱われることとなる[49]。

(2) 担保目的物の評価

重要なことは、この価値の評価方法である。連邦倒産法506条(a)(1)によれば、評価の目的に照らし、当該目的物を売却するのか、利用を継続するのか、それによって、評価基準が変わる。この点は、連邦議会が、1978年法制定時において、目的物を継続企業価値で評価するのか、清算価値で評価するのかについて、事案ごとに裁判所に裁量を認めることで、責任を転嫁したと評されている[50]。後述するRash事件を踏まえ、2005年改正においては、第7章手続および第13章手続の個人債務者の有する担保目的物につき、再調達価格（replacement value）での評価を命じることとなった（連邦倒産法506条(a)(2)）。しかし、この条項は第11章手続の事件等に適用されないことには注意を要する[51]。また、いったん目的物の評価基準が定まっても、既判事項（res judicata）とならず、評価ごとに基準が変わってもよい[52]。

連邦倒産法506条(a)(1)について、債務者が担保目的物の保持を選択すれば、再調達価格（replacement value）の弁済が必要となり、その処分を選択した場合の、清算価値ないし競売価格よりも高額な基準となる、とされる[53]。

(3) Rash 事件

これまでに見たように、問題とされるべきは、債務者が再建型の計画において担保目的物を保持しようとした場合の価値基準である。これは、処分を前提とし

---

48 Wright v. Union Cent. Life Ins. Co., 311 U.S. 273, 278 (1940).
49 Tabb, *supra* note 42 at 740.
50 *Ibid*.
51 *Id*. at 756.
52 *Id*. at 750.
53 *Ibid*.

た場合の価値基準とは対立するものとなる。この両者の関係について、*Assocs. Commercial Corp. v. Rash*, 520 U.S. 953（1997）という重要な判決がある[54]。

債務者である Elray Rash は、荷物運送業用に、牽引トラックを購入した後、その妻とともに第13章手続を申し立てた。そのとき、41,000ドル以上の残債務があったが、計画においてそのトラックを保持することを求めた。そのために、彼らは、認容されたトラックの価値を全額弁済しなければならなかったが（連邦倒産法1325条(a)(5)(B)）、その額は、トラックの価値によって決まるものであった。債権者側はこれを同種同程度のトラックを取得するのに必要とされる価額である41,000ドルと評価し、債務者側は、これとは異なり、トラックを競売した場合の価額である31,875ドルとした。Rash 夫妻は、このトラックを保持するために、41,000ドルを支払うのか、31,875ドルを支払うのか、あるいはその中間となる価格を支払うべきなのか、争いとなった。

合衆国最高裁判所は、債務者が、第13章手続において、担保目的物を保持するためには、再調達価格を弁済するべきであると判示した[55]。最高裁は、担保目的物の利用目的を勘案し、その目的物を保持する場合には、再調達価格（replacement value）を弁済しなければならないとする。なぜなら、債権者は、債務者が担保目的物を保持する場合、その債務不履行のリスクと、目的物の価値低減のリスクにさらされるからである。債務者が担保目的物を処分することと、保持・利用することの差異が強調されている[56]。

合衆国最高裁の多数意見に対しては、John Paul Stevens 判事の反対意見が存

---

54 この事件の詳細は、田頭章一『企業倒産処理法の理論的課題』（有斐閣、2005年）79頁、とくに80頁以下が有益である。この判決が第11章手続にも適用されるかについては、同86～87頁参照。また、福岡真之介『アメリカ連邦倒産法概説』（商事法務、2008年）201頁以下参照。また、Rash 判決とともに、連邦倒産法506条(a)についての的確な紹介として、松下前掲注34・235頁以下参照。
55 この判決は、再調達価格を明示した2005年法506条(a)(2)に影響を与えたとされるが、この条文は、事業目的で利用される動産には適用がなく、皮肉にも Rash 事例には適用がないとされる（Tabb, *supra* note 42 at 756.）。
56 520 U.S. at 962.

在する[57]。多数意見は、担保目的物を保持することと処分することの差異を強調するが、Stevens 判事はそれに同意しない。債権者には担保目的物の現在価値が保障されている（連邦倒産法1325条(a)(5)(B)）のであり、担保目的物を取得するか否かは無関係であるとする[58]。そして、債務不履行のリスクについては、より高い利息を適用しなければならず、本件で債権者は、９％の利息を設定することができる[59]。また、目的物の価値低減のリスクについては、弁済額の増額も含む「適切な保護」（連邦倒産法361条）を要求することができるため、問題にならないとする[60]。

Stevens 判事によれば、当時の連邦倒産法506条(a)は、本件における適切な評価基準として、競売価格を示唆しているとする[61]。その理由はこうである。506条(a)の第１文（「担保目的物に対し財団の有する権利うち、債権者の権利の価値」を決めるよう裁判所に示唆するもの）によれば、担保目的物の価値は、債権者の観点から決定されるべきであるという[62]。その第２文は、「そのような価値は、評価の目的、及び当該担保目的物に提案された使用の方法ないし処分の仕方に照らして決定されるべきである」と規定する。本件で、「評価の目的」は、クラムダウンを規定する連邦倒産法1325条(a)(5)(B)に基づいて決められるべきであるとされる[63]。この規定は、第13章手続において、債権者の反対があっても、債務者に担保目的物の保持を認める規定であり、その場合、債務者は、債権者に対し、当該目的物の「価値」を弁済しなければならないとするものである[64]。この規定の目的によれば、連邦倒産法506条(a)に基づく評価基準は、あたかも、債権者が担保

---

57 田頭前掲注54・84頁参照。
58 520 U.S. at 966.
59 *Ibid*.
60 *Ibid*. Tabb 教授も、Rash 判決多数意見（Ruth Joan Bader Ginsburg 判事による）にいう「二重のリスク」論は、ファイナンスの基本理論を誤解していると指摘する（Tabb, *supra* note 42 at 752)。
61 *Ibid*.
62 *Ibid*.
63 *Ibid*.
64 *Ibid*.

権を実行した場合に得られる価値と同様のものとなる[65]。また、連邦倒産法506条(a)は、連邦倒産法典において、各章の手続を横断して適用される規定であることを忘れてはならない[66]。クラムダウンの文脈で、「提案された処分または利用」という文言が特別な意味を持たないとしても、それ以外の適用場面で、重要な機能を有するであろう[67]。こうした文脈において、競売価格基準は、経済の実態にもっとも適合していると思われる[68]。さらに、競売価格以上の価値を認めることは、一般債権者の犠牲のもとに、担保付債権者の担保割れ部分を優遇することになる[69]。*In re Hoskins*, 102 F.3d 311, 318-320 (CA7, 1996). において、Frank Hoover Easterbrook 判事は、一般的な法理として、足して2で割るような妥協的な方法を採用することを否定しているが、競売価格基準は、各章の倒産手続を横断して、担保権付債権者と一般債権者を等しく扱うことにより、より大きな制定法の企図するスキームに適合している、と。

(4) Hoskins 事件

Hoskins 事件における、Easterbrook 判事の補足意見を概観しておく。この事件で、NBD 銀行は、債務者である Hoskins 夫妻の所有する1990年製のフォード製乗用車に担保権を有していた。管財人は、その提出した第13章手続の計画において、担保目的物を3,987ドル50セントと評価した。これは、小売価格（retail value）4,650ドルと卸売価格（wholesale value）3,325ドルの中間価格である。NBD 銀行はこの評価を争ったが、倒産裁判所はこの計画を認可し、また連邦地方裁判所もこれを肯定した。それゆえ、NBD 銀行が第7巡回区連邦控訴裁判所に上訴した。結論において、首席裁判官である Richard Posner 判事は、この中間価格を支持した。

---

[65] *Ibid*.
[66] *Id*. at 967.
[67] *Ibid*. この点は、Easterbrook 判事が Hoskins 判決での補足意見において強調されるところでもある（*In re Hoskins*, 102 F.3d 311, 320 (CA7, 1996)）。
[68] *Ibid*.
[69] *Ibid*.

Easterbrook 判事は、この結論を支持し、補足意見を展開している[70]。興味深いのは、本件の当事者である、Hoskins 夫妻からクロス・アピールがなかったため、あえて中間価格を維持したとされる点である[71]。上訴の方法如何によっては、中間価格よりも評価基準を下げる可能性があったかもしれないということである。

　債務者が担保目的物を保持する場合においても、クラムダウンに関する連邦倒産法1325条(a)(5)(B)が適用され、担保権の価値は処分価格である卸売価格にとどまるとする、Easterbrook 判事の見解を紹介する[72]。NBD 銀行が担保目的物である乗用車を倒産手続によらず、競売にかけたとする。本件で、その卸売価格（wholesale value）は3,325ドルとされた。Hoskins 夫妻にとって本件車の価値はそれ以上であろう。それゆえ、Hoskins 夫妻は、競売において、3,326ドルを提示し、競り落とすことになるであろう。しかし、それ以上の価格をつける自動車ディーラーは存在しないと思われる。なぜなら、3,325ドルで、本件のフォード製乗用車と同じ程度のものを市場から入手できるからである。NBD 銀行も同様であろう。なぜなら、3,325ドルより高い価格を提示した場合、何らの見返りもないまま、自己の無担保債権部分が減少するからである。こうして、当該乗用車は、Hoskins 夫妻のもとに留まり、銀行の被担保部分は、卸売価格（wholesale value）で清算されることになるであろう。担保目的物をもっとも高く評価する者が、2番目に高い価格で、その物を取得することができるということである[73]。かかる競売の後、Hoskins 夫妻は担保されなかった部分につき責任を負い、NBD 銀行は、他の一般債権者と同じ地位に立つ。

　セカンドベストで担保目的物の価格が決まるという示唆は興味深いものである。結局、債務者が担保目的物を手元に残す場合であっても、処分価格と思われる卸売価格（wholesale value）以上の価値を、債務者が負担することはない、ということであろう。

70　102 F.3d 317-320.
71　*Id*. at 317.
72　*Id*. at 320.
73　See *Van Zelst v. CIR*, 100 F.3d 1259, 1996 U.S. App. LEXIS 29750 (7th Cir. 1996); R. Preston McAfee & John McMillan, *Auctions and Bidding*, 25 J. Econ. Lit. 699 (1987).

(5) オートマティック・ステイからの救済事例

　担保目的物の価値評価につき、別の事例として、オートマティック・ステイからの救済事例[74]を検討する。債務者が再建手続において担保目的物を保持しようとする場合、債権者はオートマティック・ステイからの救済を得て担保権を実行したり（連邦倒産法362条(d)）、現金を収受するなど適切な保護を求めることができる（連邦倒産法363条(e)）。こうした、債務者による目的物の保持と債権者の求める救済とは、担保目的物の評価につきRash事件のような対立・緊張関係を生じさせるものである[75]。

　裁判所は、Rash判決を踏襲しつつ、連邦倒産法506条(a)(1)に基づき担保目的物を評価する際、債務者が当該目的物を事業目的で利用するという理由から、継続企業価値に依拠して評価するという強い誘惑にかられる[76]。しかし、同条項は、「評価の目的」をも斟酌することを規定している[77]。ここでその「目的」とは、債務者の再建計画がうまくいかないとしても、債権者が「適切に保護されて」いるか否かを確定することである[78]。債権者にとって適切な保護の必要性が高まるのは、債務者が再建できなかったため、債権者が担保目的物に依拠せざるを得ない場合であろう[79]。その場合、債権者が得るのは、清算価値しかなく、それゆえ、適切な保護の必要性がある場合には、より低廉な競売価格によることが適切であるとされる[80]。

---

[74] この問題については、倉部真由美「アメリカ連邦倒産法における担保権実行の制限——自動的停止をめぐる議論の変遷——(1) (2・完)」民商123巻3号54頁（2000年）、同4＝5号266頁（2001年）が有益である。倉部准教授によれば、アメリカ法における担保権者への「適切な保護」の議論が、今後の日本の再建型倒産法制における担保権実行の制限を考えていく上で大いに参考になると結論づけられる（123巻4＝5号291頁）。

[75] Tabb, *supra* note 42 at 756.
[76] *Ibid*.
[77] *Ibid*.
[78] *Ibid*.
[79] *Ibid*.
[80] *Ibid*.

⑹ 小　　括

　以上から、アメリカ法において、担保目的物の価値評価は、倒産手続における担保権の取扱い全般と連関する問題であることがわかる。理論研究者から、倒産手続において担保権は一般債権者の犠牲のもとに優遇されているとされる一方、その正当性が問われているが、このことは担保目的物の評価の場面でより先鋭化する。

　アメリカ法の特徴は、担保目的物の評価を必要に応じて繰り返し、かつそこで採用された評価基準は、他の評価場面を拘束しないとする点である。日本法は、この点、手続開始時における 1 回の評価を重視する点で対照的である。

　評価基準については、Rash 判決で、再調達価格が提示されたが、かかる基準の適用場面は、2005年法においても限定されており、第11章手続や不動産を目的とする場合には適用されない。

　連邦倒産法506条(a)の文言から、担保目的物を処分するのか、使用継続するのか、その差異を評価基準に反映させようとすることは興味深い。前者であれば、前述した遊休資産の場合には、処分価額での対応が可能となりそうである。しかし、こうしたアプローチでは、目的物を保持し、使用を継続する場合には、プラス a の価値を上乗せする必要が生じてしまう。

　その意味で、本稿の行論との関係で重要なのは、Rash 判決における Stevens 判事の反対意見であろう。連邦倒産法506条(a)が、各章手続に適用される規定であることから、競売価格基準を採るべきであることを主張され、説得力をもつと思われる。そこで重視されているのは、評価の際に、債権者の視点に立つこと、また、他の一般債権者の利益を斟酌することである。また、この見解は、倒産事件において著名な裁判官である Easterbrook 判事の見解とも方向性を同じくする点も重要である。

6　まとめと展望

　以上、会社更生法の採用する時価基準の正当性について、会社更生法における

当該事項の大まかな沿革、処分連動方式をめぐる最近の実務の傾向、その正当性を考察する有力な理論研究者の見解を素描し、比較法として、アメリカ倒産法の概要を参照した。これらの検討から、さしあたり、以下の点をコメントしたい。
　会社更生法が、担保目的物の価値評価をめぐる紛争を回避するため、時価基準を採用し、その基準時を手続開始時においたことには、一定の合理性があると思われる。しかしながら、その後も、実務では、処分連動方式という方法が採用され、活用されているようである。これは、遊休資産、つまり処分を前提とした担保目的物の評価が問題となるものである。重要なことは、手続開始時ではなく、実際の売却時の価額が基準となっていることである。アメリカ倒産法では、評価基準を固定することなく、必要に応じて評価を繰り返しており、そこで採用された評価基準は、別の局面での評価を拘束しない。他方で、アメリカの第11章手続の迅速性は、最近注目を集めるところでもあり、手続開始時における評価基準を固定することは、あらためて検討されてよいかも知れない。
　担保目的物の評価基準につき、処分価額で実施するという有力な見解があり、本稿も基本的にこの方向性を支持したいと考える。アメリカ法の知見からうかがえることはこうである。倒産手続において担保権の優先性を尊重するとしても、一般債権者の利益を過度に侵害してはならないという理論上の示唆が有益である。連邦倒産法では506条(a)に評価について明文の規定があった。この条文は、すべての倒産手続に適用されるものであり、統一的な評価を実現するものであることが、合衆国最高裁判事であるStevens判事らにより強調されていた。わが法も、こうした統一的な基準を持つべきであるように思われる。
　そして、そこで採用される基準は、処分価額を前提とするべきであろう。これについては、理論上の難点が存在するものであるが、前述したように、アメリカ法の業績がある程度参考になるように思われる。Rash事件では、担保目的物を処分するのか、保持するのかによって、評価基準が異なるとされ、とくに後者では再調達価格が示唆されたが、必ずしもそうする理論的必然性はない、ということがうかがえた。Stevens判事が指摘するように、担保目的物を保持する場合であっても、評価は、その目的を踏まえつつ、あくまでも債権者を起点に考

えるべきであろう。そうすることで、そもそも、倒産手続の外の世界で、債権者が把握していた価値は何であったのか、という基礎的な問いに適切に答えることになる。たしかに、担保目的物をもっとも高く評価するのは債務者であるが、Easterbrook判事のいうように、そうした債務者であってさえ、当該目的物を取得する価額は、セカンドベストなものに過ぎないのである。

　アメリカ法では、担保権の実行を制限する対価として、種々の方策が倒産法の中に埋め込まれている。たとえば、オートマティック・ステイからの救済という形で、一定の場合には、担保権者は担保権実行ができるようになるし、担保目的物の価値低減については、「適切な保護」の付与が保障されている。こうした保障により、一般債権者の利益を過度に害しない範囲での、担保権者の保護が図られることになると思われ、その導入可能性が検証されるべきであろう。

　最後に、処分価額を採用した場合、もっとも大きなインパクトは、会社更生法と民事再生法の統一という方向が見えることであろう。DIP型を基本とした手続を構想しつつ、あるべき担保権の処遇について考えるのに、本稿はまったく不完全に過ぎないのであるが、その第一歩として、処分価額の正当性を若干ではあるが、検討の対象とした。大方の批判やご教示を仰ぎつつ、さらに考察を深めたいと考える。

［資料］

1967年法

（財産の価額の評定）

第177条　管財人は、更生手続開始後遅滞なく、裁判所書記官、執行官又は公証人の立会のもとに、会社に属する一切の財産につき手続開始の時における価額を評定しなければならない。この場合においては、遅滞の虞のある場合を除く外、会社の立会を求めなければならない。

2　前項の規定による評定は、会社の事業を継続するものとしてしなければならない。

（更生担保権に係る担保権の目的の価額）

第124条の2　更生担保権に係る担保権の目的の価額は、会社の事業が継続するものとして評定した更生手続開始の時における価額とする。

2002年法

（財産の価額の評定等）

第83条　管財人は、更生手続開始後遅滞なく、更生会社に属する一切の財産につき、その価額を評定しなければならない。

2　前項の規定による評定は、更生手続開始の時における時価によるものとする。

3　管財人は、第1項の規定による評定を完了したときは、直ちに更生手続開始の時における貸借対照表及び財産目録を作成し、これらを裁判所に提出しなければならない。

4　更生計画認可の決定があったときは、管財人は、更生計画認可の決定の時における貸借対照表及び財産目録を作成し、これらを裁判所に提出しなければならない。

5　前項の貸借対照表及び財産目録に記載し、又は記録すべき財産の評価については、法務省令の定めるところによる。

（定義）

第2条　・・・

10　この法律において「更生担保権」とは、更生手続開始当時更生会社の財産につき存する担保権（特別の先取特権、質権、抵当権及び商法（明治32年法律第48号）又は会社法（平成17年法律第86号）の規定による留置権に限る。）の被担保債権であって更生手続開始前の原因に基づいて生じたもの又は第8項各号に掲げるもの（共益債権であるものを除く。）のうち、当該担保権の目的である財産の価額が更生手続開始の時における時価であるとした場合における当該担保権によって担保された範囲のものをいう。ただし、当該被担保債権（社債を除く。）のうち利息又は不履行による損害賠償若しくは違約金の請求権の部分については、更生手続開始後1年を経過する時（その時までに更生計画認可の決定があるときは、当該決定の時）までに生ずるものに限る。

Ⅷ 実務からみた民事再生法上の担保権消滅請求制度の課題

弁護士 中森 亘

1 制度の概要等

(1) 民事再生法上の担保権消滅請求制度について
　a　制度の概要
　ア　担保権消滅許可の申立て
　再生手続において、担保権の目的財産が事業の継続に欠くことのできないものであるとき、再生債権者は、裁判所に対し、当該財産の価額に相当する金銭を裁判所に納付して当該財産につき存するすべての担保権を消滅させることについての許可の申立てをすることができる（民再148条1項）。
　イ　担保権者の対抗手段
　これに対して担保権者が取りうる対抗手段は、許可決定自体に対する即時抗告（民再148条4項）と、申立書に記載された目的財産の価額に対する異議（価額決定請求。民再149条1項）しかない。なお、この価額決定請求があったときは、裁判所によって評価人が選任され、当該評価人の評価に基づいて財産の価額が定められる（民再150条1項2項）。
　ウ　担保権の消滅
　これらの手続を経て価額が確定したときは、再生債務者は当該価額に相当する金銭を納付しなければならず、この納付があったときに担保権が消滅する（民再152条1項2項）。
　以上が制度の概要であるが、以下、本稿においては、特段の断りのない限り、民事再生法148条以下に規定される担保権消滅許可に関わる手続を「担保権消滅請求制度」と呼ぶ。

b 制度の位置付け等

担保権消滅請求制度は、再生手続において別除権とされ、手続外でその本来的効力に従って行使できるはずの担保権に対して制約を課すものであり、その趣旨が民事再生法の基本理念、すなわち再生債務者の事業を再生するという政策目的にあることは明らかである。しかし、担保権に認められている実体法上の効力を制限するものである以上、その導入過程では諸種の議論が交わされた[1]。

本稿は、制度導入から10年以上を経て実務上生じている担保権消滅請求制度の課題を指摘した上、その対応策の方向性を検討・提案するものである。もっとも、現時点ではあくまで実務上の必要性の観点からの提案（というより要望）の域を出ておらず、今後、さらに理論的な検証等を積み重ねる必要があることは重々承知しているところであり、本稿はその問題提起にでもなれば幸いである。

以下では、まず、担保権の実体法上の効力と制度導入の正当性根拠等について簡単に振り返っておく。

(2) 担保権の実体法上の効力

担保権に認められている実体法上の効力を整理すると、概要以下のとおりであり、債務者が担保権を消滅させようと思えば、いわゆる担保割れが生じていようと、その被担保債権全額を支払わなければならないし、後順位の担保権が存在する場合にはその被担保債権も全額支払わなければならない。しかし、現実問題として、債務者にとってこれはかなり過酷であり、その反面、担保権者からすれば強力な回収手段を与えられているということができる。

a 実行時期選択権と弁済圧力機能

担保権者は、被担保債権全額の弁済を受けるまで担保権の実行時期を自由に選

---

[1] 制度導入当時の議論については、山本和彦「新再建型手続における担保権の処遇と国際倒産」NBL665号29頁（1999年）、伊藤進「担保権消滅請求制度の担保理論上の問題」ジュリ1166号96頁（1999年）、鎌田薫「倒産法における物的担保権の処遇－民法学の立場から」民訴雑誌46号186頁（2000年）、木内道祥「新再建型手続における担保権の取扱」判タ991号12頁（1999年）、『逐条研究』125頁ほか参照。

択でき、債務者に弁済を促し続けることができるとされる。つまり、担保権者は担保権の実行を強いられることはない。ただし、この効力ないし機能は、旧来の民法上の滌除制度、そしてそれに由来する現行の抵当権消滅請求制度（民379条以下）により、一部制約されているといえる。

　　b　不可分性

　また、担保権は、被担保債権の一部につき弁済があっても、被担保債権全額について弁済を受けるまでは消滅しないとされる（民296条ほか）。ただし、担保権が実行されれば、当該担保目的物の価額を限度としてしか優先弁済を受けられず、その弁済によって担保権は消滅するのであり、かかる担保権実行の局面では、担保権の不可分性は制限されているといえるし、そもそも、この不可分性自体、担保権の本質的要素ではないとの指摘もある。

　　c　順位昇進の原則

　さらに、後順位担保権は先順位担保権が消滅するとその順位が昇進するのが原則で、後順位担保権者も順位上昇を期待しているとされる。そして、この機能によって、債務者の与信枠が拡大し資金調達の便宜に資するともいわれている。

(3)　**担保権の抑制**

　　a　**担保権の効力を維持することの不合理性**

　このように担保権には実体法上強力な効力が認められているが、更生手続を除き債務者が倒産手続に入った局面でも、別除権としてなおその効力を維持することができるのが原則である。しかし、再生手続についていえば、被担保債権の額が担保目的物の価額を超えているような担保割れの状況においてまで、なお被担保債権全額の弁済を再生債務者に強いることは、事業の再生を図るという民事再生法の趣旨（民再1条）を大きく没却し、また、倒産手続全般を貫く債権者平等原則にも反するといわざるを得ない。そもそも、担保権者は担保目的物の価値を把握しているにすぎないのであり、少なくとも債務者の倒産という局面においては、その把握価値の限度で優先的効力を認めれば十分であるともいえる。

　　b　**担保権抑制の正当性根拠**

　かかる観点から担保権消滅請求制度導入の議論につながるわけであるが、これ

を正当化する根拠については諸種の説明がなされているところであり、その中でも、倒産処理の開始は担保権実行の開始に等しく、そこでは債務者に対する弁済圧力という機能は失われ、担保権の優先的効力は担保目的物の価値に限定されて、それを超える部分は一般債権と同等に取り扱われるべきである、また、法的倒産手続は集団的債務整理手続であることから個別執行は制限され、開始時点における担保権設定状況に固定して集団的かつ包括的に処理されるべきであって、そう解することで後順位担保権者の順位昇進への期待を保護する余地もなくなる、などといった考え方には十分な合理性が認められると解される[2]。

この点、倒産手続における担保権の抑制が、①平常時での与信抑制につながらないか、②早期の担保権実行が促されないか、③後順位担保権者の順位上昇の期待を奪うことで貸し渋りを誘発しないか、④担保目的物の有効活用が妨げられないか、等の実務上の懸念も指摘されたが[3]、実際にはそのような影響の報告はなされていない[4]。

2 実務上の課題と対応策の検討

(1) 実務の状況を踏まえた総論

バブル崩壊からリーマンショックへと景気の低迷は長期化し、とくに担保目的物の大半を占める不動産市況の低迷は著しい。そのような状況のもと、担保権者においては、担保権実行や任意売却による担保目的物の処理を先送りしようとする傾向が強まっている。この先送りの間、例えば、担保権者によって賃料に対する物上代位が実行されると事業の再生に著しい支障を来すほか、この間の担保目的物の維持・管理コストを最終的には一般債権者が負担することになることを考えると債権者間の平等をも害することとなる。また、依然としてわが国ではDIP

---

2 これらの点については、前掲の各論文のほか、『条解民再』697頁以下〔小林秀之〕参照。
3 山崎福寿＝瀬下博之「担保権消滅請求制度の経済的分析―民事再生法改正の提案」ジュリ1216号107頁（2002年）等参照。
4 『条解民再』699頁以下〔小林秀之〕参照。

ファイナンスが普及しておらず、担保権消滅請求制度を利用した場合の納付資金を一括で用意できない再生債務者も少なくない。

そこで、以下では、かかる実務の現状をふまえ、担保権消滅請求制度を事業の再生のためにもっと活用できるようにするにはどうしたらよいかという観点から、いくつかの論点について検討を加えるものである。なお、かかる方向性は、担保権をさらに制約する方向に進むことを意味し、再生手続における別除権を更生手続における更生担保権に近づけるものともいえるが、筆者自身は、再生手続と更生手続の融合を志向すべきとする立場である（本書第2部Ⅲ参照）。

(2) 事業継続不可欠性要件（民再148条1項）の緩和ないし同要件を必要としないオプションの創設

a 不可欠性要件の趣旨

再生債務者が担保権消滅の許可を申し立てるためには、対象財産が「再生債務者の事業の継続に欠くことのできないもの」である必要がある（民再148条1項。以下「不可欠性要件」という。）。これは、本来は別除権として自由に行使できるはずの担保権に対する制約は、再生債務者の事業の継続を図るという再生手続の目的を達成するのに必要不可欠な範囲に限定するのが相当であるとの理由に基づくものである[5]。つまり、担保権者の利益と再生債務者の事業再生を達成する利益との調整を図る趣旨である。

b 実務上の問題

しかし、実際の再生手続においては、事業資金の捻出や、近年増加しているスポンサー支援を得ての清算型再生計画（再生債務者の事業を会社分割や事業譲渡によってスポンサーに承継し、抜け殻となった再生債務者については清算することを内容とするものなど。）における換価処分、不足額の早期確定の必要性等から、遊休資産など事業継続に直接的には必要といえない財産でも適時に担保目的物を処理する必要がある場合があり、担保権者の対応いかんでは担保権消滅請求制度を活用

---

5 『要説』403頁。

すべきニーズがある。

　そこで、一律に不可欠性要件を形式適用するのではなく、個別の状況や必要性等に応じて要件を緩和的に運用するか（もともと不可欠性要件自体、相対的で裾野が不明確なものであるともいえる。）、あるいは会社更生法上の担保権消滅請求制度の要件である「事業の更生のために必要」（会更104条1項）という程度にまで緩和するような改正はできないだろうか。

　また、これらが困難であるとすれば、民法上の抵当権消滅請求制度や破産法上の担保権消滅請求制度と同様の不可欠性要件を必要としない担保権消滅請求制度を、民事再生法にもオプション的に創設することを提案したい。

　c　検　　討
　　ア　不可欠性要件の解釈～代替性の有無

　上記のとおり、不可欠性要件は担保権の効力を事業継続に必要不可欠な限度において制限する趣旨であるが、具体的には、「担保権が実行されて当該財産を利用できない状態となった場合には再生債務者の事業の継続が不可能となるような代替性のない財産」であることを要するなどと解されている[6]。そして、当該要件の充足性を検討するにあたっては、当該目的物の利用を継続するか否かではなく、当該目的物自体が事業継続のために代替性がないか否かを問うべきであるとされる[7]。そうすると、例えば、商品や原材料についてどう考えるべきかが問題となり得るが、これらも基本的には代替性の有無で判断すべきということになる[8]。

　　イ　緩和的解釈の可能性

　かかる観点からすると、事業とは直接関係のない遊休資産などは、たとえその換価金を事業資金に使う必要があるとしても、担保権消滅請求制度の対象としては認められないということになる[9]。ただ、「事業」の継続のためであればよいこ

6　『一問一答民再』191頁。
7　中嶋弘雄ほか編『民事再生法判例の分析と展開』（経済法令研究会、2011年）85頁〔小林信明〕など。
8　なお、戸建分譲業者の販売用宅地につき不可欠性要件を認定し担保権消滅請求を認めた裁判例として、東京高決平成21.7.7金判1323号16頁。
9　『新注釈民再（上）』729頁〔木内道祥〕など。

とから、第三者に事業を譲渡するなど事業主体が変更される場合でもよいとされているし[10]、さらに進んで保養所などの施設であっても、それを売却することにより事業資金を捻出できる場合には広義の意味で不可欠性要件を満たすという見解[11]や裁判例[12]もある。

　この点、担保権の実体法上の効力を重視する立場からは、不可欠性要件はより厳格に解されるべきということになろうが、そもそも事業再生という目的のもと民事再生法を制定し、その一つの武器として担保権消滅請求制度を導入した以上、その利用要件をあまりに厳格に解したのでは、その目的・趣旨を没却してしまうことになりかねない。実務の現状からすれば、事業の再生を果たすために必要な範囲で、個別具体的状況に応じて総合的に不可欠性要件の充足性を判断するという運用が望まれる。

　　ウ　他の倒産手続における類似制度との比較
　会社更生法にも、その104条以下に民事再生法に類似した担保権消滅請求にかかる制度が規定されているが、更生手続はもともと担保権を手続に取り込んでしまう手続であることから、対象財産にかかる不可欠性要件までは求められておらず、「事業の更生」のために必要であるか否かという、総括的な必要性のレベルで線引きがなされている。

　また、破産法上の担保権消滅請求制度（破186条以下）は、清算を目的とする破産手続の迅速な遂行と破産財団の増殖を主眼とするものであって、事業の再生を目的とする民事再生法等におけるのとは根本的に性質が異なることから、その要件にも担保目的物自体の属性に関連するものは定められていないし、担保権者には担保権実行の権利がなお残されている。さらに、民法にも抵当権消滅請求制度が定められているが（民379条以下）、これとほぼ同様であり、いずれも、債務者自身による保持は前提とされていない。すなわち、破産法や民法上の制度は、あくまで債務者自身による継続保有を前提とする再生手続等とは根本的に趣旨が異

10　『伊藤』766頁など。
11　『条解民再』701頁〔小林秀之〕。
12　名古屋高決平成16.8.10判時1884号49頁。

なる制度として位置付けられる。

　以上からすれば、再生手続でも事業継続にその財産自体は必要ではなく、再生債務者による保有を前提としないという場合には、破産法等におけるのと同様の制度を持ち込めないかということを議論する余地が出てくる[13・14]。

【担保権消滅請求制度の比較】

	民事再生	会社更生	破　産	民　法
目的等	事業の再生	事業の再生	迅速処理と財団増殖	抵当権と所有権の調整
要件等	対象財産が事業の継続に欠くことができないものであること	事業の更生のために必要であること	①破産債権者の一般の利益に適合すること　②担保権者の利益を不当に害しないこと	行使者は第三取得者に限定される
担保権者の対抗手段	価額決定請求※担保実行不可	価額決定請求※担保実行不可	担保権の実行	担保権の実行

d　まとめ

　以上をまとめると、次のとおりである。

---

[13] この点、『新注釈民再（上）』851頁〔木内道祥〕は、「実質論としては、担保権を消滅させるについて目的財産の価額の相当性がどのように担保されているかが問題である。」と指摘した上、再生手続では、他の制度と異なって目的財産を「市場に出す」ことなく「評価」によって決定する仕組みとなっており、その理由は、その目的財産が事業に不可欠であり売却できないことにあるのであり、それを売却するために「評価」という方法により消滅を認めることは制度の趣旨にそぐわないとしてしているが、かかる指摘からすれば、再生手続でも売却前提で価格の相当性を担保すれば不可欠性要件は逆に必須ではないということもできよう。

[14] また、『詳解民再』425頁・注30〔山本和彦〕では、遊休資産を担保権消滅請求の対象とすることに関し、「本来、現行破産法において導入された任意売却＋財団組入れの制度とパラレルに、担保権消滅とは別個の制度として構成されるのが筋であろう。」と指摘されている。

① 不可欠性要件につき、事業資金捻出を含め事業継続にとって必要か否かという広義に解釈した運用を行う。
② 更生手続における担保権消滅請求制度のように「事業の再生」のためというより広義の要件に規定自体を改正する。
③ 再生債務者による継続保有を不可欠としない担保目的物を対象に、破産法上の担保権消滅請求制度等と同様の制度を民事再生法にも創設し、そこでは不可欠性要件を必要としない代わりに、担保権者に担保権実行による換価回収の機会を付与して調整を図る。

(3) 清算型再生計画における特例措置
a 問題の所在

スポンサー支援による事業再生が増えているが、このようなケースでは、事業譲渡等によってスポンサーに事業を承継させ、抜け殻となった再生債務者を清算する、いわゆる清算型の再生計画が立案されることが多い。このような場合、スポンサーへの事業承継を果たした後の再生債務者の作業としては非承継資産の換価業務が中心となり、債権者への配当は、スポンサーから得た事業承継の対価と、この非承継資産を換価して得た金銭からなされることになる。

このようなケースで問題となるのは、非承継資産のなかに担保目的物が含まれるところ、担保権者が担保権を実行することも、任意売却に応じることもせず、ときには賃料への物上代位を行って回収を図ってくるような場合である。このようなケースでは、再生計画の履行（それどころか再生手続の継続自体）に重大な支障が生じるとともに、担保目的物の維持・管理コストは再生債務者が負担していることから、一般債権者との平等も著しく害される結果となる。そこで、かかる不合理な事態に対処するための何らかの措置を検討できないかというのが、ここでの問題意識である。

b 検　　討

この点、対して上記のようなケースに対して現行法上とり得る措置としては、再生手続の継続を断念して破産手続に移行させた上、破産管財人によって担保目

的物を放棄するなどであろうが、現行の運用では破産手続に移行することに要する時間（と手間）、コストは小さくなく、配当原資の目減り、配当時期の遅れ等、債権者の一般の利益を害することは明らかである。そこで、破産的清算に類似する清算型再生計画においては、わざわざ破産手続に移行させるまでもなく、再生手続において法人の解散や特定財産の管理処分権の放棄など、破産手続と同様の制度を認めるのが合理的であるといえる。

これに対し、清算型再生計画が予想される場合は、当初の手続選択の段階から破産手続を選択した上、裁判所から事業継続の許可を得ることで（破36条）、対応できるのではないかという指摘も考えられるが、破産と民事再生とで事業価値に与えるダメージが著しく異なることは経験則上明らかであり、あくまで再建型の手続としての民事再生を選択して、事業価値の毀損を可能な限り回避することが債権者の一般の利益に資するといえる。また、そもそも当初から清算型再生計画を立案することを明確に決めることのできるケースはそう多くはないとも考えられる。

また、担保権消滅請求制度の利用も考え得るが、スポンサーへの承継対象から外れ清算の対象となった残余資産について、同制度が要求する不可欠性要件が認められることは稀と考えられるし、そもそも清算に向かう再生債務者が自己資金で納付金を用意することは（それができたとしても）合理的とはいえないであろう。

c　まとめ

以上から、清算型の再生手続においては、計画による解散、破産法上の担保権消滅請求や換価困難な資産に対する管理処分権の放棄など、破産法と類似の制度を導入することを提案するものである。ただし、再生債務者の第三者性を前提としても、例えば、放棄後の対象財産の管理処分権（所有権）は誰に帰属するのかなど、理論上の問題についてはさらに検討する必要がある（この点、破産手続においては、破産管財人が管理処分権を放棄した財産は清算法人としての破産会社に帰属することになるとされており、同様の方向性を検討することになろう。）。

(4) 分割納付の許容

a 問題の所在

DIP ファイナンスがいまだ浸透していないわが国の現状において、担保権者との別除権協定が難航するも、再生債務者において納付金を一括では用意できないがために担保権消滅請求制度を利用できないというケースが少なくない。このようなケースでも担保権消滅請求制度を利用できる道が開かれれば、DIP ファイナンスの代替手段足り得、事業再生に大いに資するものと思われる。

b 分割納付制度の提案と検討

そこで、かかるケースを想定して、担保権消滅請求制度における納付金の分納を認める措置を提案したい[15]。具体的には、裁判所は、再生債務者から分割納付の申立てがあった場合、分割金全額の完納を条件として担保権の消滅を許可し、その間、担保権は消滅せずに存在するものの実行を禁止する、などの措置が考えられる。つまり、裁判所の決定に基づく別除権協定のイメージである。

この場合、一括納付のケースに比して担保権者が被る不利益は大きいと考えられるため、不可欠性要件はより慎重に判断される必要があろうし、分割納付の期間中、一定の利息を付すことも原則となろう。また、担保権者が分割納付の条件等について争う機会を設ける必要もあると思われ、裁判所が決定を出す前に担保権者からの意見聴取ないし審尋の機会を与える必要があろう。さらに、別除権協定のケースにおけるのと同様、被担保債権の範囲の変更について登記等を行うか否かについても検討を要するが[16]、裁判所の決定に基づくものであることから登記等を要すると考えることになろうか。

なお、この制度を導入した場合に問題となるのは、分割納付が途中で履行されなくなった場合の措置である。一般的には、分割払いを内容とする別除権協定の

---

15 伊藤眞＝須藤英章監修・著『新倒産法制10年を検証する』（金融財政事情研究会、2010年）191頁〔多比羅誠〕。
16 別除権協定のケースでは、被担保債権の範囲の変更に関する登記等の要否について必要説と不要説とに分かれているところであり、さらに不要説においては、再生債務者が協定を履行しない場合に被担保債権の復活を認めるか（復活説）、復活を認めないか（固定説）についても見解が分かれている。

締結後に再生債務者がその支払を怠った場合とパラレルに考えることになろうが[17]、上記のとおり、被担保債権の範囲にかかる登記等の要否と合わせて、被担保債権の復活（不足額確定の失効）を認めるか否かにつき争いがあるところであり、実際に制度を導入するにあたってはこれらにつき一定の解決をしておく必要があろう。この点、担保権者からすれば、裁判所によって被担保債権の範囲の縮減を強いられた以上、再生債務者が履行を怠った場合には、少なくとも担保権実行の禁止効は失効するとともに不足額確定の効力も消滅し、被担保債権が復活することとしないとバランスがとれないであろうと思われる。

(5)　その他（一部組入れ）

　以上のほか、本書を執筆するにあたっての研究会では、再生手続でも一般化しつつある担保目的物の任意売却における一部組入れを、担保権消滅請求制度でも取り入れられないかということが議論された。すなわち、任意売却においては、再生債務者の任意の協力および作業が必要でありそれに対する対価、競売による場合よりも高額で売却できるのが通常であり、その超過分を一般債権者にも分配する、などの名目で、破産手続における場合に準じて売買価格の数％を再生債務者財産に組入れてもらうことが多いと思われる。

　しかし、担保権消滅請求制度の正当性根拠の一つに、担保権者は担保目的物の価値を把握しているにすぎない（裏を返せば、担保権者に少なくとも担保目的物の価額の限度においては優先性を認める）という点があり、これとの整合性を理論的に説明できないのではないかということで今回は取り上げないこととした。担保目的物の評価に関する議論は本書第3部Ⅶに譲るが、担保権消滅請求制度ではそれが処分価額とされている以上（民再規79条1項）、当該処分価額からさらに一般債権者への分配を担保権者に強いる理論的根拠を見出すことは、現時点ではやはり困難といわざるを得ないであろう。

---

[17] 別除権協定における具体的なケーススタディについては、事業再生研究機構編『民事再生の実務と理論』（商事法務、2010年）258頁以下〔髙井章光〕参照。

IX 担保権の実行方法の倒産手続における制約の可否

弁護士　野村剛司

1　はじめに

(1)　別除権に対する疑問

　破産手続開始の時において破産財団に属する財産につき特別の先取特権、質権または抵当権を有する者は、別除権者となり（破2条9項・10項）、破産手続によらずに担保権の実行が可能である（破65条1項）。民事再生の場合も同様に、別除権者となる（民再53条1項・2項）。これに対し、会社更生の場合は、更生担保権者となり（会更2条10項・11項）、手続外での権利行使は禁止される（会更47条1項）。

　別除権者は、他の債権者と同様に破産債権者や再生債権者であり、破産手続や再生手続に参加することになるが、別除権付きの債権者であり、その把握している担保物件の交換価値の範囲において破産手続外で優先回収を図ることができ、不足額が生じた場合には、確定した不足額について破産手続や再生手続に参加し、配当や弁済を受ける（不足額責任主義。破108条1項、民再94条2項、160条1項）。このように、破産債権者や再生債権者であることで、倒産手続に参加する立場であるが、その担保権の実行においては、一旦は倒産手続外に出て（民事執行手続等）、不足額が確定した場合には、再度それぞれの倒産手続に戻ってくる。その際の倒産手続への戻り方は、倒産手続外での民事執行手続等の担保権実行による回収額を差し引いた残額であり、この倒産手続外での優先回収にあたっては、倒産手続における規律は働いていない（他の一般の債権者は、基本的に倒産手続開始前の利息・遅延損害金までで倒産手続に参加している。）。この倒産手続と担保権実行手続（民事執行手続等）が連動していない点に疑問を感じつつも、別除権であるという性質により、やむなしとしてきた感は否めない（民事再生における別除権の問題はさ

らに先鋭的であるが、この点は別稿に譲り、破産の場面を中心に、必要に応じて民事再生の場面の検討を行う。）。

(2) 本稿の目的

　本稿では、典型担保のうち、約定担保権である抵当権、根抵当権、質権を対象として、倒産処理の実務上生じている矛盾、弊害を紹介し、それらを克服するという観点から、別除権者となる担保権者の担保権の実行方法に対する倒産手続におけるさらなる制約が可能か、その観点での倒産法改正の提案を行いたいと考えている。

　その際の対象としては、抵当権、根抵当権については、当然に不動産であり、質権については、債権を念頭に置くこととする。

　そして、究極的なパイの奪い合いとなる破産の場面を中心に検討し、必要に応じて再建型の民事再生における検討も併せて行いたい。

　破産の場面では、前述のとおり、担保権者は、別除権者として破産手続外で担保権の実行が可能であり、実行後の不足額につき、破産手続に参加して、他の一般の破産債権者と共に配当を受けることとなっている。担保権の実行にあたっては、破産管財人の任意売却に協力することによる回収の場合も多いが、民事執行法における担保権の実行手続等により、破産手続外で担保物件の交換価値からの優先回収を図り、それでも不足する場合に破産手続内で配当を受ける。この破産手続への参加は、破産手続においては劣後的破産債権となる開始後の遅延損害金（破99条1項1号、97条1号、2号。年14.6％といった高率が多い。）から充当された上での不足額となっている。すなわち、破産手続では通常回収できない（配当を受けることができない）債権（劣後的破産債権）から回収し、残った債権で破産手続に参加し、配当を受けている（一般の破産債権者との関係で、配当対象となる破産債権額に違いが生じ、不平等な結果となる。ただし、時期の面で、担保権者は配当から除斥される可能性もある。）。

　また、担保不動産に修繕を要する場合、土壌汚染等の調査を要する場合、固定資産税等の管理にかかる費用が生じる場合、いずれの費用も、担保権の実行手続

では担保権者に後れることが通常であり、その費用負担は、倒産手続における優先順位の低い者、すなわち、一般の債権者の負担に依拠している（なお、異時廃止事案であれば、財団債権者の負担となっている。）。

さらには、担保不動産が収益物件で賃料債権がある場合、物上代位による差押えを行うことが可能であり、破産者から賃借人に対する債権が、単に賃料となっていると、その全額について差押えが可能となっているのが実情である。破産管財人は、差押え後の賃料を回収できないにもかかわらず、物件の維持管理を強いられることになり、破産管財人が破産財団にとって不利益であるとして当該不動産を破産財団から放棄すると、賃借人らによる自主管理を強いることになる可能性が高い。

このように、担保権者と一般の債権者間の利益の調整、債権者平等との関係、別除権とすることによる弊害、その問題点の克服といった点を検討することにより、担保権者の把握する担保価値は何か、実行方法は何か、現行法よりさらに制限すべきか、明らかにしたい。

(3) 本稿における検討の視点

その際の検討の視点としては、担保権者の担保権実行を別除権として全くの破産手続外とするのではなく、早期の担保権実行を許容している別除権の性質はそのまま残した上で、担保権の実行は可能としても、破産手続における規律、すなわち、債権者平等原則の趣旨を担保権実行の場面にも及ぼすべきと考える。そのためには、担保権の被担保債権についても破産手続開始時を基準として固定し、破産手続において劣後的破産債権となる被担保債権部分の回収を制限し、手続開始後の物件管理、担保価値維持費用も原則として担保権者負担とし、破産手続開始後の物上代位を制限し、早期の担保権の実行を促すことで、他の一般の破産債権者との債権者平等を図る必要がある。

担保権を現行法どおり別除権としつつも、担保権の実行方法である民事執行手続に破産手続における破産手続開始時基準という1点を連動させることにより、民事執行手続に破産手続による制約を課すことの調整は十分可能であると考え

いる。

2 具体的な倒産法改正提案

　民法の物権法で定められた約定担保物権である抵当権、根抵当権、質権は、究極の危機状態である倒産法の場面においても、当然その効力を尊重されるべき性質のものではある。ただ、約定により担保権を設定し、第三者対抗要件を具備したからといって、倒産手続において全ての効力が尊重されるべきというものではなく、倒産法により一定程度の制限や変容を受けることはやむを得ないはずであり、倒産手続の制度趣旨により担保権者と一般の債権者との利害調整を図るべきものである。そこで、前述した検討の視点から、以下の倒産法改正提案をしたい。

(1) 別除権に破産手続と民事執行手続の連動を
　　―被担保債権の破産手続開始時固定化

　別除権者としての担保権の実行は可能としつつ、担保権の実行手続である民事執行手続に破産手続のおける規律や制限を課すことにより、債権者平等に配慮すべきである。具体的には、破産手続において劣後的破産債権となる破産手続開始後の遅延損害金につき、担保権の実行手続である民事執行手続においても連動させ、劣後させる。すなわち、担保権の被担保債権を破産手続開始決定時で固定し、その範囲内での優先回収を可能とし、不足額につき破産手続に参加できるものとする。そうすれば、一般の破産債権者も含め、破産手続開始決定前の元本、利息、遅延損害金までで破産手続に参加し、担保物件からの優先回収を除く債権額により平等な分配（配当）とすることが可能となる（劣後的破産債権には配当がないことを前提としている。）。

　この点、民事再生においても、劣後的再生債権という概念はないが、おそらく全件で、再生債権のうち再生手続開始後の利息、遅延損害金については、全額免除を受ける再生計画としていることから考えると同様に解することが可能であろう。

⑵ **倒産手続開始後の物件管理、担保価値維持費用の担保権者負担を**
　倒産手続開始後は、担保物件の管理にかかる費用や担保価値維持にかかる費用については、担保権者負担とすべきである。破産の場面では、かかる費用は、結局のところ、破産財団の負担、すなわち一般の破産債権者の負担となっている。また、担保不動産競売の場合にも、担保権設定登記との先後関係により担保権に劣後している。具体的には、物件の管理費用、修繕費、土壌汚染等の各種調査費用、固定資産税等、担保物件の管理、担保価値を維持するために必要な費用である。また、担保不動産競売の売却代金に含まれる建物消費税も同様である。
　破産管財人としては、担保物件といえども破産財団所属財産であり、必要な範囲で相当程度の物件管理を行い、その費用は不動産の任意売却時には売却代金から控除でき、担保不動産競売であっても、共益費用として、優先的に配当を受けられるようにすべきである。

⑶ **倒産手続開始後の物上代位権の行使の制限を**
　担保物件を第三者に賃貸している場合、すなわち収益物件として賃料収入がある場合には、物上代位に基づく賃料債権の差押えが可能とされ、担保不動産収益執行の制度ができた後も物上代位権の行使が認められているが、弊害が多く、制限すべきである。
　また、物上代位権の行使は、担保不動産競売とセットで、競落までの間の賃料回収として利用されてきたが、必ずしも担保不動産競売とセットになっていない場合もある。物上代位権の行使を制限するとともに、担保不動産収益執行を認めるとしても、基本的には担保不動産競売までの間とすべきである。

⑷ **任意売却時の財団組入れの明文化を**
　担保権消滅制度には財団組入れが規定されたが（破186条1項1号の組入金）、破産管財人が破産裁判所の許可を得て行う不動産の任意売却（破78条2項1号、14号）の際の財団組入れについても明文化すべきである。破産裁判所の運用として、一定の財団組入れがない限り許可しないこととしているが、正面から財団組入れを

認める規定を置くべきである。

(5) 質権の実行方法の明確化を

債権質の場合に、直接の取立権が定められているが（民366条）、平常時には担保価値維持義務違反による損害賠償請求権等は一般の破産債権であるにもかかわらず、倒産時においては、財団債権や共益債権として請求できる可能性があり、取立権による質権の実行ではない面での優先的回収の可能性があるのは問題である。もともとの取立権の範囲内での担保権の実行に止めるべきである。

3 現行法における担保権の実行方法

(1) 担保権の実行方法

a 抵当権、根抵当権の場合

抵当権者、根抵当権者は、別除権者として、破産手続や再生手続外で担保権の実行が可能であり、その担保権の実行方法は、①担保不動産競売、②担保不動産収益執行、③物上代位権の行使の三つである。

抵当権設定者が担保不動産を自己使用している場合であれば、担保不動産による賃料といった収益はなく（実際には、自己使用で事業を行っていれば、その事業による収益自体はあるが）、抵当権者は特段の権利行使ができず、実行方法としても、①担保不動産競売のみとなる（担保不動産を売却処分することが前提となる。）。

抵当権設定者が第三者に賃貸し、賃料収入を得ている収益物件の場合、担保権の実行方法は、前述の三つとなり、担保不動産を売却処分してしまうという意味では、①担保不動産競売が基本的な実行方法である。ただ、競落されるまでの間の賃料収入からの優先的回収を図るために、②担保不動産収益執行または③物上代位権の行使として賃料差押えが併用されることがある。③の物上代位権の行使（民372条、304条）は、倒産手続が開始しても可能とされており（動産売買先取特権に基づく物上代位につき、最判昭和59.2.2民集38巻3号431頁）、後順位の担保権者による差押えも可能である（③の弊害から②が設けられたが、未だに③もなくなっ

ていない。この点、制限を課したいと考えているところである。)。

　b　質権の場合

　質権者、倒産手続でよく問題となる債権質の場合、質権者には、直接の取立権が認められている（民366条）。質権設定者が請求可能な債権額を質権者が直接請求し、第三債務者が任意に弁済するか、弁済しない場合は取立訴訟により回収を図る。

(2)　担保権の実行手続による回収の範囲

　抵当権の場合、他の債権者との関係で、優先弁済権の範囲が利息、遅延損害金のうち最後の2年分とされている（民375条）。根抵当権の場合、極度額の範囲で全額となる（民389条の3）。権利質の場合、特に制限はない（民362条、346条）。

　民法には、倒産手続開始との関係についての規定はないので、例えば、破産手続開始後の利息、遅延損害金が劣後的破産債権となるという破産法の規律（破99条1項1号、97条1号、2号）は、破産手続内におけるもので、別除権として破産手続外で担保権の実行を行う場合の定めである民事執行法には全く及んでいない（担保権実行手続における送達先が破産管財人となる点のみ）。

　この点、更生担保権となり担保権の実行が制限される会社更生手続においては、更生手続開始後1年を経過する時（その時までに更生計画認可の決定があるときは、当該決定の時）までに生ずる利息、遅延損害金に限定されている（会更2条10項）。

(3)　倒産法改正の経緯

　平成8年10月から始まった法制審議会倒産法部会における倒産法制の見直しについての調査審議において取りまとめられた「倒産法制に関する改正検討事項」第4部倒産実体法の第5担保権の倒産手続上の取扱いにおいて、「1　担保権の倒産手続上の取扱いについて、改正すべき点があるか。」とあるが[1]、具体的には、

---

[1]　法務省民事局参事官室編『倒産法制に関する改正検討課題〔別冊NBL46号〕』（商事法務研究会、1998年）55頁。

動産売買先取特権や非典型担保についての検討のみで、本稿の対象としている典型担保については、その後も提案されていない[2]。

平成16年の破産法改正においても、次項で紹介する2点を除き、大きな改正はなかった（破産管財人が担保権付きのまま任意売却した場合の破65条2項等）。

(4) 現行法における担保権の実行の制約

担保権は旧法下でも別除権とされてきたことから、大きな制約は課せられていないが、現行法に導入されたところでは、①破産管財人による競売申立てが可能となったこと（破184条2項）と、②任意売却を促進するための担保権消滅の制度（破186条以下。後順位の無剰余担保権者が不当に高額の担保抹消料を要求し、任意売却が頓挫していた旧法下の弊害を克服するもの）である。

このうち、①は、破産管財人にも競売申立権を認め（換価のための形式的競売）、これを担保権者は拒むことができない。また、旧法下では無剰余執行禁止の規定（民執63条等）が適用されるとされていた点が適用されないこととなった（破184条3項）。この2点により、破産手続においては、担保権者の換価時期選択権は保障されないことになったといえる[3]。

ただ、実務上は、破産管財人からの競売申立てはほとんど行われておらず、費用対効果の観点から破産財団からの放棄で対応していると思われる。この点、本稿における提案内容からすると、担保権者の換価時期選択権の制限と、破産管財人からの競売申立てにつき再検討したいと考えている。

---

[2] 『破産法等の見直しに関する中間試案と解説〔別冊 NBL74号〕』（商事法務、2002年）36頁においても、第3部倒産実体法の第5担保権等の倒産手続上の取扱い欄には、典型担保にかかる改正提案は見当たらない。
[3] 『一問一答破産』248頁においても、担保権の実行につきその時期を選択する利益はないと説明されている。

4　破産手続と民事執行手続の連動

(1)　両手続の連動の意味するところ

　別除権となっていることによる実務上の弊害は、前述したとおり、破産手続開始後の遅延損害金が破産手続上は劣後的破産債権となるにもかかわらず、担保権の実行手続においては、破産法における規律が及ばないため、破産手続開始後の遅延損害金を回収した上で、確定した不足額で破産手続に参加し、他の一般の破産債権者とともに破産配当を受ける点にある。

　破産手続と民事執行手続の連動を求めるという意味は、民法における担保権の優先回収の範囲につき破産法における制約を受ける、すなわち、担保権の被担保債権にも破産法における債権の順位を及ぼし、劣後的破産債権となる破産手続開始後の遅延損害金について優先回収を認めない、いわば被担保債権の破産手続開始時固定化を図るべきということにある。

(2)　優先回収の範囲との関係

　この点、前述したとおり抵当権であれば最後の2年分（民375条）、根抵当権であれば極度額の範囲で全額（民398条の3）まで遅延損害金を優先回収できることになっている。

　また、担保権の実行手続における配当は、民法の弁済充当の順番に従った法定充当がされることから、債権の全額に足りない場合、破産手続開始後の遅延損害金は優先して充当されることになる。

　今回の倒産法改正提案はこの2点を修正するものである。

　この点、会社更生法は、前述したとおり、更生担保権として担保権の実行を制限し、更生手続開始後1年経過時までの遅延損害金の範囲で更生担保権としている（会更2条10項）。更生担保権として担保権実行ができないことの代償としての性質が強いものと考えられるが、一律に優先回収を認める範囲を定めることには疑問がある。

　別除権の場合、早期に担保権の実行を図ることを認めている。その制度趣旨か

らすれば、破産手続が開始されれば、基本的に担保不動産競売を行い、それと並行して破産管財人が行う任意売却に応じるかを競売との比較による経済的合理性で判断する（時期の関係では、配当からの除斥の可能性があり、この点でも早期の担保権の実行を促しているといえよう。）。破産手続開始後の遅延損害金の優先回収が図れないということは、担保権者の立場でそれほど大きな制約ではなく（任意売却における優先回収分を元本に充当する金融債権者が一部を除き多いのは、元本の回収を優先していることの現れであろう。）、許容できる範囲内であると考える。それよりも、破産手続に入った場合は、破産法の規律に従い、別除権として破産手続外で担保権の実行ができるとしても、その際にも破産法の規律が及ぶとすることは可能であろう。

(3) 換価時期選択権との関係

換価時期選択権との関係でも十分許容できると考える。すなわち、担保権の実行時期の選択の意味を考えた場合、担保権者が時期を選んで実行できるというが、債務者が任意の履行を行っている限りは、担保権の実行はできず、担保権実行は、債務者が債務不履行になってからであり、その究極的なものが破産、その手前が民事再生、会社更生（会社更生では、更生担保権として担保権実行不可）で、別除権の場合は担保権の実行が可能であるが、実際には、担保権者がその時期を見計らっているわけではない。不良債権の回収の手順の中で、担保不動産競売を申し立てているのである（後述する収益物件で賃料がある場合でも、多くは物上代位権の行使（賃料の差押え）をせず、仮に物上代位権の行使をしても、競売とセットである。）。この点、前述したとおり、現行法では、破産法184条2項で破産管財人による競売申立てが認められており、破産手続における担保権者の換価時期選択権は保障されるものではなく、換価時期選択権をもって担保権実行の制限をすべきでないとの立論の基礎は崩れており、現行法からさらなる制約を受けることもやむを得ないといえよう。

⑷ **具体的な処理方法**

　民事執行手続が形式主義としても、同じ裁判所の手続である破産手続の開始決定は、破産管財人が執行裁判所に上申することにより知ることが可能であり、被担保債権額の計算も破産手続開始決定日の前日を基準とすることで容易である。

　すでに行われている民事執行については、破産管財人が上申することで判明する。破産手続開始後であれば、担保権者は知っており、申立ての際に被担保債権額を破産手続開始決定日の前日までで計算することで足りる。

　仮に担保不動産競売で余剰が生じた場合は、破産手続であれば劣後的破産債権となる破産手続開始後の遅延損害金には充当せず、破産財団に返還し、破産手続における平等な分配で処理することとなる。このように処理することで、担保権者は、破産手続開始までの債権につき担保物件で優先回収を図り、不足額につき、他の一般の破産債権者とともに配当を受けることで債権者平等原則を貫徹することが可能となる。

⑸ **他の連帯保証人、物上保証人との関係**

　このように、破産者については、破産手続と民事執行手続を連動させ、被担保債権の破産手続開始時基準とした場合、他に連帯保証人や物上保証人が存在した場合の関係が問題となる。この点、担保権者（債権者）と連帯保証人や物上保証人との関係には、かかる制約は及ばないが、破産者の破産手続との関係では、手続開始時現存額主義（破104条）の面で、破産手続開始時基準が生きることになる。また、連帯保証人や物上保証人の求償権については、破産債権となり、破産手続開始後の遅延損害金は劣後的破産債権となるので、関係としては、現行法どおりとなる。

5 倒産手続開始後の担保物件管理費用及び担保価値維持費用の担保権者負担

(1) 現行法における規律

担保不動産競売における配当の順序においては、(根)抵当権設定登記との先後で判定するため、原則として(根)抵当権が優先する。例えば、固定資産税との関係では、(根)抵当権設定登記と固定資産税の法定納期限の先後で判断することから、多くの競売手続においては固定資産税の負担は考慮されず、債務者にその負担が残る。

この点、収益物件で賃料収入がある場合で、担保不動産収益執行の場合には、収益(賃料)から「不動産に課される租税その他の公課及び管理人の報酬その他の費用を控除」した上で担保権者に配当することになる(民執188条で準用する106条1項)。ただ、物上代位権の行使により賃料差押えが行われた場合は、適用されないので、担保不動産競売と同様となる。

(2) 問題となる場面

a 固定資産税

固定資産税のうち、破産手続開始時までに発生している場合は破産法148条1項3号で財団債権となり、破産手続開始後に発生した場合(すなわち翌年1月1日に破産財団に帰属していた場合)は、破産財団の管理に関する費用として同項2号の優先する財団債権となる[4]。破産財団の負担ということは、一般の破産債権者の負担ということになる。

また、この点、破産管財人が不動産を破産財団から放棄しても、破産財団で弁済されない限り(財団不足であれば、弁済されない。)、個人の場合は非免責債権として破産者本人に負担が残る(破253条1項1号参照)。個人の居住用不動産で、

---

[4] 破産手続開始後に発生する固定資産税を劣後的破産債権(破97条4号)とする解釈があり得るが、個人の場合、非免責債権として残る点は同様の結果となる。

明渡しをして空家となっていたとしても、所有者名義基準で課税されることから、個人にとっては負担である[5]。また、事業用不動産の場合、固定資産税が多額となる場合もあり、その場合、多額の非免責債権の負担が残る。

法人の場合は、清算法人に負担が残ることになり、清算人が選任されない限り、いわば塩漬け状態となっているのが実情である。

　b　物件の維持管理費用

特に収益物件の場合、賃借人に対する義務の関係で、物件の維持管理にかかる費用は必ず発生するが、担保不動産競売においては考慮されていない。担保不動産収益執行の場合は、前述したとおり、管理人の管理にかかる費用として支出される。物上代位権の行使による賃料差押えの場合、全額が差し押さえられる可能性がある。このように、担保不動産の維持管理費用を破産財団から負担することになった場合、その負担は一般の破産債権者がしていることになる。

個人の居住用不動産の場合、破産手続開始後、明渡しまでの間、居住しており、実務上、その間の物件の維持管理費用は、破産者負担としている[6]。

　c　修繕費用

担保不動産に修繕すべき箇所があった場合も同様となる。担保不動産収益執行の場合には、管理人により賃料収入の中から支出されることになるであろうが、そうでなければ、破産財団の負担となり、一般の破産債権者の負担となる。

　d　調査費用

担保不動産に土壌汚染のおそれがある場合、特に特定施設で廃止に伴い調査を行う必要がある場合などには、破産財団の負担で調査を行っている。このような調査費用は、担保不動産競売の場面では考慮されていない。

　e　借地上の建物の地代

---

[5] この点、財団債権の場合は、破産財団のみが負担すべきであるとの見解もあるが（『伊藤』554頁参照）、破産財団から放棄された後に発生した固定資産税の場合は対象外となる。
[6] 破産者に対し、破産手続開始後の賃料相当額の負担を求めることは行っていない。引渡命令の制度はあるが（破156条）、一定期間の明渡しの猶予をし、任意に引越しをしてもらい、空家とし、任意売却している。破産手続開始後の物件管理も兼ねているともいえる。

担保不動産が借地上の建物の場合、地代不払いによる解除のおそれがあることから、担保価値維持のためには地代を支払う必要がある。この点、破産財団にとり有益ではないとしても、破産手続開始後の地代は財団債権として破産財団で負担せざるを得ない[7]。

この点、担保不動産競売の開始決定後は、地代の代払いの許可（民執188条で56条1項を準用）により担保権者が代払いし、共益費用となる（同条2項）。

f　マンションの管理費、修繕積立金

マンションの場合、管理費や修繕積立金が毎月発生する。その請求権は、共益費用の先取特権であり（区分所有7条）、特定承継人にも行使できることから（区分所有8条）、担保不動産競売の場面でも評価の際に負担を考慮しており、最終的には競落人が負担している。ただ、管理組合が管理費等に加えて毎月請求している他の債権については対象外であり、破産手続開始後の発生分が問題となる。

g　建物消費税

法人や個人事業者の場合、担保不動産競売であっても建物消費税が課税される。対象不動産の売却代金の中に内税として含まれているはずであるが、この点の配慮はなく、担保権者に配当されている（不当利得ではないかとの疑問がある。）。

(3)　任意売却の場合の処理方法

破産管財人が行う不動産の任意売却の場合、前述した各種費用については、担保権者の了解を得て、売却代金から相当程度控除することで調整を図っている。

a　固定資産税は、決済日の前日までの滞納額を売却代金から控除し、決済日後分は買主負担とすることで調整している[8]。b　物件の維持管理費用は、賃料が差押えされていなければ、賃料収入から支払っているが、賃料が差押えされている場合は、一定額を担保権者に譲歩してもらうか、財団組入れの点で配慮しても

---

[7] 借地上の建物の破産管財人としての処理方法や注意点については、『実践マニュアル』187頁以下を参照。
[8] 『実践マニュアル』158頁。滞納固定資産税を売却代金から控除する方法は、破産財団にとってメリットである。

らう。c 修繕費用も売却代金から控除するか、財団組入れの点で考慮する。d 調査費用については、土壌汚染の調査のように、基本的に担保価値を把握するためにも必要であり、その全額を売却代金から控除している。e 借地上の建物の地代も売却代金からの控除または財団組入れの点で配慮する。f マンションの管理費、修繕積立金は、決済日までの滞納分は売却代金から控除する。g 建物消費税も売却代金の配分の中で計上し、破産財団に組み入れる。

　このように、任意売却であれば、破産財団の負担、すなわち一般の破産債権者の負担が少なくなるようにしている（破産財団への組入れの点で、一般の破産債権者への分配への配慮も含め）。これは、不動産の任意売却には、裁判所の許可が必要であり（破78条2項1号、14号）、担保権者も経済的合理性の観点とともに、裁判所の許可の点を考慮しているものと思われる。

(4) 担保権者の費用負担の許容性

　任意売却の場合には、相当程度の調整が図られているにもかかわらず、担保不動産競売の場面では、ほとんど考慮されていない（この落差はかなり大きい。）。この点、今回の改正提案は、担保権者に倒産手続開始後の費用負担を求めるものである。もともと、担保価値維持は担保権設定者の義務であり、破産手続が開始したからといって破産管財人が承継しない理由はないとされているが（最判平成18.12.21民集60巻10号3964頁）、前述したとおり、破産手続の場面は、究極的なパイの奪い合いの場面であり、破産手続開始後の担保権者の利益の尊重は、一般の破産債権者の犠牲の下に成り立つ関係にある。他に責任財産があるかもしれない平常時と違い、破産管財人が全て管理下に置く破産財団をいかに適切に分配するかの問題となるのである。そして、この点も前述したが、別除権として担保権の実行が破産手続外で可能ということは、早期に担保不動産競売を行い、担保不動産を処分することを目指すべき状況にあるのであって、任意売却における処理方法の妥当性も加味すれば、担保権者にかかる制約を課すことも許容されるべきものである。

　具体的には、かかる費用を不動産の任意売却の際には、売却代金から控除でき、

担保不動産競売においても、共益費用として、優先的に配当を受けられるようにすべきである。

なお、民事再生の場面では、担保不動産が事業継続に必要な場合は、何とか確保したいところであり、再生債務者にも一定程度の負担もやむを得ない面もあるが、売却予定の場合や事業譲渡等の後の清算型の民事再生の場合であれば、破産手続と同様のことがいえるのではないかと思われる。

6 倒産手続開始後の物上代位権の行使の制限

(1) 破産における弊害

物上代位権の行使による弊害は、前述したとおりであり、担保権者が行使しない限り、賃料は破産財団に帰属するが、一旦、行使されると、共益費等を分けずに全てが「賃料」となっている場合には、その全てが差押えの対象となり、賃料のほかに共益費や消費税等が別扱いとなっている場合は、賃料部分のみが差押えの対象となる。全て差押えされた場合、物件の維持管理にかかる費用は全て破産財団の負担、すなわち、一般の破産債権者の負担になる。また、共益費等が差押えを免れたとしても、実際上、物件の維持管理にかかる費用はそれ以上となることも多い。任意の交渉により、差押えにより回収した賃料を一部解放してもらう場合もあるが、基本的には、破産財団に寄与しない場合が多く、破産管財人としては、破産財団から放棄せざるを得なくなる。この場合、破産者が個人であれば、破産者本人に管理を委ねることも可能であるが、法人の場合、清算法人に管理能力はなく、実際上、賃借人の自主管理となってしまうおそれがある[9]。また、前述した費用負担の問題に関連し、破産財団から放棄したとしても、放棄までの間に必要となった物件の維持管理費用のほか、発生済みの固定資産税、競落時の建物消費税（劣後的破産債権となると解される[10]。）といった負担が破産財団に残る。

---

9 実務上の注意点については、『実践マニュアル』196頁参照。
10 劣後的破産債権と解するものとして、『運用と書式』206頁参照。破産財団からの放棄の時期との関係について、『実践マニュアル』178頁参照。

この点、担保不動産収益執行が行われた場合は、管理人による管理が行われ、維持管理費用の負担が行われることになるであろうが、破産管財人としては、破産財団から放棄せざるを得ない点は同様である。

そして、前述のとおり、担保権者が、この回収した賃料を破産手続開始後の遅延損害金に充当していくことになると、遅延損害金は日々発生しており、一般の破産債権額が減少しない場合が生ずる（ただし、別除権者が配当に参加するためには、不足額の確定が必要であり（破198条3項）、配当除斥の可能性は残る。）。

(2) 民事再生における弊害

民事再生における賃料に対する物上代位権の行使はさらに弊害が大きい。

再生債務者が、不動産賃貸業者の場合、賃料収入が事業収入であり、その収益を基に事業計画を立案することになるが、この場合に、別除権者である担保権者から物上代位権の行使をされ賃料が差押えされると、事業の根幹となる賃料の全てを担保権者に把握されてしまいかねない。この点、中止命令を得られたとしても、それは中止にすぎず、再生債務者は、その間の賃料の回収はできない。また、中止命令は、別除権協定のための交渉期間を提供するものにすぎず、長期間の中止は認められていないので、抜本的な解決には繋がっていない（中止命令だけでなく、取消命令まで認めるべきであるが、この点は、本稿では立ち入らない。）。

また、民事再生においては、破産のように破産財団からの放棄（破78条2項12号）ということは認められていないことから、担保権者が任意売却に応じず、担保不動産競売も行わずに物上代位権の行使のみを行った場合、賃料収入は全て担保権者に回収され、再生債務者は担保物件を抱え続け、その維持管理費用を負担しなければならない。

(3) 担保権者も弊害は認識している

賃料債権に対し、物上代位権の行使をすることは、前述のとおり大きな弊害があるが、このことは、担保権者側も十分認識しているところであろう。

収益物件の場合、建物の建設資金の融資の際に、事業計画としてテナントへの

賃貸が予定され、その想定収益の範囲内でのローン返済の計画を組んでいる。すなわち、ローンの返済は、回収した賃料の中から返済しているが、物件の維持管理費用についても賃料で賄い、債務者の利益もカウントしている（なお、逆ザヤの場合、持出しとなってしまうが）。

　この状況で、賃料全額を差押えして回収できるということは、本来予定していない回収まで可能とするものであり、前述のとおり判例で認められ、民事執行実務が確立されているからとはいえ、矛盾を抱えていることは、債務者が一定額の譲歩を求め、差押えの一部解放が実現がされている場合もあることからしても明らかであろう。

　担保不動産収益執行制度ができた以上、物上代位権の行使は制限されるべきである。

(4) 担保権者の把握している価値

　（根）抵当権者は、担保不動産の使用収益については、原則として関与できないことから（実際には、対象不動産上で事業を行うことで収益を上げているが）、（根）抵当権設定者が対象不動産を自己使用している場合には、設定者の債務不履行後も関与できず、基本的に担保不動産競売を行うことになり、競落後に代金から優先的に配当を受ける。すなわち、物件の交換価値から優先回収を図ることができ、かつ、その範囲に止まる。

　ところが、賃料という収益がある場合には、債務不履行後に生じた法定果実にも抵当権の効力が及ぶことから（民371条）、物上代位権の行使が可能とされている現状では、賃料債権の差押えをすることにより、物件の交換価値以外にも優先回収を図っている。この民法371条は、担保不動産収益執行を根拠付けるために平成15年改正で「果実」には法定果実も含まれることになったものであり、物上代位権の行使を根拠付けるためのものではないはずである[11]。

　会社更生手続の場合には、担保権の実行は禁止されることから、当然、物上代

11　改正の経緯については、道垣内弘人『担保物権法〔第3版〕』（有斐閣、2008年）143頁参照。

位権の行使もできず、財産評定（会更83条）における評価の場面でも、基本的には物件の交換価値のみ把握しているものと取り扱われている。

担保権者は、物件の交換価値を把握しているのであるなら、倒産手続との関係では、その範囲で優先回収を図ることができれば足り（賃料債権からも回収したい場合は、質権設定で対応することが可能である。）、前述したとおり、破産と民事再生において担保権を別除権としたのは、早期に担保権の実行を可能とする考慮によるものであり、物上代位権の行使を制限したとしても、速やかに担保不動産競売を行い、併せて、破産管財人の不動産の任意売却に協力することにより、十分な回収を図ることが可能である。

(5) 抵当権に後れる賃借権との関係

担保権者の立場として、設定者が破産したときに、物上代位権の行使ができないとすると、もともと想定していた回収に狂いが生じることになる可能性がある。とはいえ、この点は、破産管財人が収益物件として任意売却することでの優先回収は可能であり、その範囲内で足りるのではないかと考える。平成15年の担保執行法の改正で、短期賃貸借が廃止され、6カ月の明渡し猶予となったため（民395条）、抵当権設定登記と賃借権の対抗要件の具備（建物の引渡し）の先後関係で判断すると、多くの賃借権は抵当権に後れることとなる。この点は、再度改正の必要があると考える。担保不動産競売においても、有用な賃貸借の存続を前提とした、すなわち収益物件であることを前提とした売却が可能なように、法的な裏付けをすべきである（賃借人が差し入れている敷金の取扱い（承継）も任意売却（承継）と担保不動産競売（承継しない）で大きく異なることになる。）。もちろん、濫用的賃貸借の問題への対応も重要なことである。現行法でも、登記をすることで収益物件として尊重することは可能であるが（民387条）、実際に登記まで行うことはあり得ず、保護としては不十分である。

また、物上代位権の行使が認められると、賃借人が敷金返還請求権を有する場合の賃料の寄託請求（破70条後段）にも影響する。すなわち、賃料の差押えがされると、賃借人は差押債権者である担保権者に賃料を支払うこととなり、破産財

団には賃料が入らず、この場合に寄託請求が可能か問題となる。筆者は、この場合には、寄託請求は認められないと解するが[12]、かかる弊害を克服することも必要であろう。

(6) 賃借人の情報提供

関連して、破産管財人には、抵当権者に対し、賃借人の情報を提供する義務があるのか疑問を感じることがある。抵当権者は、物件の使用収益に対し主張できないのが原則であり、実際上も賃借人の情報を提供してしまうと、物上代位権の行使で賃料の差押えをされ、破産財団の増殖に何ら寄与しない。この点、民事執行の場面では、かつて、強制管理を利用し、管理人が調査した賃貸借契約の情報を記録の閲覧・謄写により入手し、物上代位権の行使を行うという手法が用いられたこともあった。担保不動産収益執行の制度が設けられ、直接に担保不動産収益執行を用いることで同様の結果となるであろう（どの程度、物上代位権の行使に進んでいるのかはわからないが）。担保権者が破産記録を閲覧・謄写することによりある程度の情報は入手できるかもしれないが、破産管財人には、担保権者に対する情報提供義務まではないと考える。この点も、前述のとおり物上代位権を制限できれば、解決できる点であろう。

(7) 火災保険の保険金に対する物上代位権の行使

物上代位権の行使における賃料以外の場面としては、火災保険の保険金に対する物上代位権の行使があるが、この点も、担保権者は、別途火災保険の保険金に対する質権設定を受けることで対処することが十分可能である。また、質権により保険金からの回収が可能としても、その範囲は倒産手続開始時の物件の価値、すなわち処分価格の範囲内とすべきである。なお、倒産手続開始後に火災保険の保険期間が満了した場合、火災保険更新時に再度質権設定を求められることがあ

---

[12] 野村剛司＝余田博史「賃貸人の倒産における敷金返還請求権の取扱い（上）」銀法678号32頁以下（2007年）参照。

るが、質権設定の義務はないものと考える。

7　任意売却時の財団組入れ

(1)　運用の明文化を

　破産管財人が担保権者の協力を得て行う不動産の任意売却の場合、前述したとおり、裁判所の許可が必要であり（不動産の任意売却につき、破78条2項1号、別除権の受戻しにつき、同項14号）、その際の運用として、売却価格の5％から10％程度を破産財団に組み入れることとしている[13]。

　現行法に担保権消滅許可の申立ての制度が導入された際、この制度が任意売却を促進するための制度であることから、「組入金」が認められた（破186条1項1号。この組入金は、担保権者の対抗手段である担保権の実行の場合（破187条）だけでなく、5％以上の額での買受け申出の場合（破188条）にも認められない。この点は不合理であり、改正が必要な点であろう。）。

　前述のとおり、破産手続開始後の物件管理、担保価値維持費用の担保権者負担を求める本稿の立場からすれば、様々な調整の要素として使うことのできる財団組入れにつき、明文化すべきであると考える。上記の運用は旧法下から確立はしてはいるが、破産管財人として理解に苦しむ主張をする担保権者も存在する現状では、抽象的でも規定を置き、運用は従前どおり、さらには、本稿の立場のように、担保権者にさらなる譲歩を求めることで対応することが可能となる。

(2)　財団組入れの根拠について

　この点、破産管財人の立場で、担保権者と交渉する際、前述したとおり、各種費用を売却代金から控除するとともに、財団組入れを求めるが、その根拠を突き詰めた場合、一つの根拠だけというわけにはいかない。

---

[13] 『運用と書式』133頁参照。大阪地裁では、実質的な財団組入額が売却価格の3％を下回る場合には許可しない運用であるが、実際上、最低5％を目安としている。財団組入額については、『実践マニュアル』158頁も参照。

大きな根拠としては、任意売却の方が、担保不動産競売よりも早期に、かつ、市場価格に近い高額で売却できてきたという一種の経験則がある。時期については確実に早期であるが、具体的な額は実際に競売をしないため不明ではあるとはいえ、一定の幅でその利益の分配をしていることにある。

　また、担保権者のために、破産財団、すなわち一般の破産債権者が負担を強いられてきた点に対する配慮の面もある。本稿の立場のように、破産手続開始後の物件管理、担保価値維持費用の担保権者負担が明確になれば、この点の配慮が貫徹することになる。

　さらには、破産管財人が任意売却の努力をし、早期に任意売却により担保権者に優先回収を実現させ、その際の手続としての裁判所の許可を得るという点まで含めた対価的側面も重要であろう（実際、破産管財人は、高額での任意売却に向けた活動を積極的に行っており、評価されてしかるべきである。）。

　財団組入れの根拠は、複数の考慮を総合的に組み合わせたものといえる。

　この点、民事再生における不動産の任意売却の際にも、同様の組入れを求めているが[14]、担保権者の中には、理解いただけない場合もある。民事再生とはいえ、担保不動産競売ではなく、担保不動産を任意売却するということは、担保権者、再生債務者双方にとってメリットのあるものであるべきで、再生債務者側のインセンティブにも配慮すべきと考える。

8　質権の実行方法の明確化

　債権質の場合、第三者対抗要件を具備していれば、破産手続開始後も質権の目的である債権を直接に取り立てることができる（民366条）。

　この点、設定者が賃借人として賃貸人に敷金を差し入れている場合に、この敷金返還請求権に質権を設定してもらった場合、平常時であれば、明渡し完了までの賃料または賃料相当損害金、原状回復費用等が全て控除され、具体化した敷金

14　実務は、木内道祥監修『民事再生実践マニュアル』（青林書院、2010年）228頁参照。

返還請求権の残額に対して質権者は取立てが可能となる。債務者の担保価値維持義務違反に伴う損害賠償請求権といった債権は、一般の債権であり、債務者が破綻した場合に、その回収は困難であることが多い。

ところが、前述した最判平成18.12.21の事案では、破産手続開始後に発生した賃料を合意解約時に敷金で充当した点につき、質権者から不当利得返還請求でき、その請求権は財団債権となるものとされている。破産財団が十分あり、賃借物件を使用していた事案の特殊性はあるとはいえ、平常時には、一般の債権にすぎない不当利得返還請求権が、担保価値維持義務を破産管財人が承継したとして、質権者の取立権ではない、別のルートでの回収を認めることになっている。

平常時に約定担保権を設定してもらった場合、債務者の債務不履行で担保権の実行をした場合に回収可能な範囲が上限のはずであり、これが倒産手続に入ったからといって、質権者が平常時よりも倒産時の方が多く回収できるという結果は質権者の期待を超えるものであって許容できない。担保価値維持義務違反に伴う請求権は、一般の債権にすぎず、これを倒産手続で優遇する理由はない。

そこで、質権者の担保権実行方法としては、民法に定める取立権のみであり、他の請求権は、一般の倒産債権にすぎないことを明確にすべきである。

9 最後に

今回の倒産法改正提案は、典型担保の約定担保権である抵当権、根抵当権、質権につき、民法の物権法における規律を倒産法の観点から制約を課そうとするものであって、担保権者の立場からは容易に受け入れられない向きもあるであろう。ただ、日々倒産処理を行う弁護士としての疑問点を出発点とした検討であり、冒頭にも指摘したとおり、限られたパイの奪い合いとなる倒産の場面における担保権者の優先的回収と一般の債権者の負担を総合的に考慮している倒産処理弁護士にとっては、何とか実現したい点も含まれている。

単純に、「担保権は別除権である」、という諦めにも似た感覚を再度見直し、民法の改正の議論の中でも物権法の改正の話題は先送りされているようにも思われ

るが、倒産法改正は日々の倒産処理における大小様々な矛盾や弊害を克服するために定期的に行われるべきものである。
　そこで、今回の提案となったわけであるが、検討の際の一助となれば幸いである。

X 集合動産、将来債権譲渡担保の再生手続、更生手続における取扱い
―各譲渡担保の実体法上の効力を踏まえて―

弁護士　赫　高規

1　問題の所在

　在庫や売掛債権を包括的に担保対象とする譲渡担保の普及が進んでいるが[1]、かかる譲渡担保を設定した債務者が不幸にして被担保債務の弁済に滞り、担保権が実行される段階に至ると、直ちに事業継続をあきらめなければならない事態に直結する。担保権実行により事業継続をあきらめざるを得ない事態は、他の担保権においてもあり得るところではあるが、これら担保権の実行は事業そのものともいえるモノ・カネの流れを即時寸断するものであり、事業に対する影響はとりわけ甚大である。

　しかしながら、たとえこのような譲渡担保を設定した債務者であっても、法的倒産手続を申し立てて、同手続に基づいて合理的な事業再建を目指す方途は残されるべきである。当該債務者の事業再建の成否がおよそこれらの譲渡担保権者の任意の意思に委ねられてしまうのならば、それは当該担保権の効力が過大であることの証左である。

　本稿では、このような問題意識から、再建型倒産手続である再生手続及び更生手続において、かかる譲渡担保を適正に取り扱うための現行法の解釈論、さらに

---

[1] かかる譲渡担保を活用した融資手法は ABL（Asset Based Lending）といわれ、かつての不動産担保に依存した金融手法に代わる新しいものとして位置付けられ、設定時の担保評価、設定者に対するモニタリング、実行・換価等に関して従前の担保と異なる知識・ノウハウが求められるといわれる。もっとも現実には、債務者において、金融機関からの借換えの際の追加担保として、あるいは無担保取引をしていた仕入れ業者からの取引継続条件として、ともかく価値のあるものを何か担保に差し入れて欲しい、といった要請を受けていわば泥くさく設定される場合がむしろ多いものと推測される。

は若干の立法論を試みることとする。

2 集合動産譲渡担保の意義、法的構成及び倒産手続外（平時）における効力

(1) 集合動産譲渡担保の意義

　集合動産譲渡担保とは、一般には、流出・搬入が繰り返されてその構成要素が変動している動産の集合体を対象とする譲渡担保のことをいい、流動集合動産譲渡担保ともいう。

　通常は、動産の保管場所を特定することにより集合動産の範囲の特定が行なわれ、担保権者は、当該保管場所に現在保管され、また将来保管されるすべての動産を対象として譲渡を受ける一方で、担保権設定者に、通常の営業の範囲内での担保物の処分を認める旨の合意をするという形式をとるのが一般的である。

　集合動産の譲渡についての対抗要件は、占有改定による引渡し（民183条、178条）の方法がとられるのが一般的である。また、平成16年改正法により、動産及び債権の譲渡の対抗要件に関する民法の特例等に関する法律（以下、「対抗要件特例法」という。）に基づく譲渡登記をすることによって、対抗要件を具備することが可能となった（対抗要件特例法3条1項）。

(2) 集合動産譲渡担保の法的構成

　a　集合動産譲渡担保の法的構成については、古くから、集合物の概念を敢えて観念せずに、個々の動産が、集合範囲に搬入することを停止条件として譲渡担保の目的物となり、範囲から搬出されることを解除条件として譲渡担保の目的物ではなくなるとする分析論が知られている。この分析論の立場によれば、個々の動産が保管場所に搬入されたときに譲渡の効力が生じ、かつまた対抗要件を具備するとみるのが自然である。そうすると、設定契約は債務者の危機時期前になされた場合であっても、支払停止等の後に搬入された個別動産の譲渡担保権について倒産法上の対抗要件否認（破164条1項等）の対象となり得ることになってしま

う。

　b　そこで、判例・通説は、構成要素の変動する集合物の概念を認めた上で、集合物を構成する個別動産のほか、集合物それ自体も譲渡担保の目的物になっているとする。この考え方によれば、設定契約と同時または近接した時点に集合物の引渡しがなされたとして、対抗要件否認の問題を回避できる。もっとも、このような考え方に対しては、集合物にも個別動産にも譲渡担保が設定される二重帰属構成となり、集合物と個別動産との関係も曖昧であるとして批判される。

　c　そこで、集合動産譲渡担保について、実行前は集合物のみが譲渡担保の目的物であり個別動産には譲渡の効力が及んでいないとし、他方、実行がなされると、目的物が集合物から個別動産に転化するという見解が有力になっている。

　しかし、この有力説は、当事者の意思、すなわち一般的な集合動産譲渡担保契約の条項とかけ離れる理論構成であり、妥当でないものと考える。一般的な集合動産譲渡担保契約においては、前述のとおり、実行の前後を通じて、保管場所に搬入される個別動産には、すべて譲渡担保の効力が及ぶ趣旨の合意がなされ、しかし実行前には設定者の処分権限が認められているから設定者は有効に第三者に譲渡できるとの合意が付加されるのであるから、当事者の合意内容に即して、実行前であっても集合物を構成する個別動産に譲渡担保の効力が及ぶものとすべきである[2]。

　また、有力説は、集合動産譲渡担保において、平時には集合物の構成要素の入

---

[2]　最判平成18.7.20民集60巻6号2499頁は、あたかも譲渡担保契約の当事者が「構成部分の変動する集合動産を目的とする譲渡担保」を設定したことを所与の前提にして、契約書の条項は当該前提を「確認的に規定したもの」と捉えるかのごとくの判示をしているが、疑問であるものといわざるを得ない。当事者がどのような譲渡担保を設定したのかは、契約により決定されることである。もとより契約書の条項がすべてを決するものではなく当事者意思の合理的解釈によって定まるものであるし、また、当事者が意図したとおりの効力が必ず認められるものでもない。しかし、非典型担保である譲渡担保について、その契約条項が何らかの確認規定であるとするのは少なくとも表現として行き過ぎでないだろうか。また、同最判はさらに、設定者の処分権限に基づかない処分であっても、保管場所から搬出され集合物から離脱すると、相手方による目的物の承継取得が可能とする判示をする。しかし、そのような解釈は、譲渡担保契約の条項からは導かれないものであるし、実質的にも、目的物の即時取得が成立しないような相手方を保護すべき要請は存せず、妥当でない。

れ替わりが保障されている循環型のもののみを想定しているものといわざるを得ないが、種々の契約に対応できる理論構成が望ましい。実例が知られているわけではないが、集合動産譲渡担保についても、平時から集合物を構成する個別動産の一定範囲について担保権者による搬出・換価が認められるタイプのものも想定し得るところである[3]。確かに、有力説の構成は、譲渡担保権の実行により個別動産の譲渡担保権に転化するとして、実行後に保管場所に搬入された個別動産に担保権の効力を及ぼさない点において、過大になりがちな集合動産譲渡担保の効力を制限しようという本稿の趣旨に合致するものであり魅力的である。しかし、譲渡担保契約が多様であり得ることからすれば、このような、いわゆる固定化が、集合動産譲渡担保の実行により論理必然に生じるとみることはできないのであって、ひとまず当事者の合意に基づき、実行の前後を問わず一旦保管場所に搬入された物にはすべて譲渡担保の効力が生ずるとした上で、別途、その効力制限が試みられるべきである。

　d　そこで筆者は、従来の分析論の考え方と判例・通説の考え方の中間に位置する折衷的な考え方をとるべきものと考える（折衷説）。

　思うに、集合動産譲渡契約の特色は、現在保管場所に保管されている個別動産のみならず、将来保管されることになる個別動産、すなわち、譲渡契約の時点では、未だ譲渡人の所有になっておらず、第三者が所有していて、それが将来譲渡対象になるかどうか確定していないような動産、あるいは未だこの世の中に存在すらしておらず、物権の客体たる要件を備えていない動産をも含めて、包括的に譲渡することを約する点にあるものと考える。そういった譲渡契約であっても、譲渡の対象が特定されている限り譲渡契約としては有効であるし、社会的有用性も存するから、当事者の意思を尊重して対応した効力を与えるべく、譲渡契約と同時ないし接近した一時点でかかる譲渡の対抗要件を民法178条に基づき具備できるものとする法解釈を採用することは妥当である。問題は、かかる対抗要件具

---

[3] 例えば、平時において債務者の処分権限を認めつつ、一定限度で担保権者が搬出する権限も否定せず、担保権者の搬出分につき所定の評価額をもって被担保債務に充当されるとの契約も想定可能であり、かつこれを無効とすべき理由もない。

備が認められることの理論構成である。民法178条によれば、動産譲渡は、「その動産の引渡し」が対抗要件とされていることから、判例・通説は、集合物概念を構想し、「集合動産」の引渡しがなされたと捉えることにより、将来保管場所に保管される動産の譲渡も含めて対抗要件が具備されるという説明をしたものと解される。民法178条の「その動産の引渡し」に関してこのような集合物概念を採用することに異論はないが[4]、その意味するところをより分析的に検討するならば、将来保管場所に搬入される個別動産につき、民法178条にいう「引渡し」が既にあったものとみるという擬制のために「集合動産」の「引渡し」という概念を持ち出しているのであり、集合物概念の採用により、引渡しの対象たる「動産」概念が拡張し抽象化したというよりも、むしろ「引渡し」概念が拡張し柔軟化したとみるべきことが十分に留意されるべきである。

　すなわち、集合動産譲渡担保に特徴的なのは、設定契約時に未だ物権の客体の要件すら充たしていない動産についての譲渡をも含む、その包括的な譲渡形式、譲渡対象の特定形式であり、そのような契約形式に着目して、当該譲渡契約に対応した対抗要件具備を認めるために集合物概念、集合動産の概念を採用するとしても、譲渡の客体ないし物権の客体までが、集合動産であると捉える必然性はないし、そのように捉えるべき積極的意味も存しない。従って、譲渡の客体は集合動産概念を通じて特定されるもののあくまで個別動産であり、将来保管場所に保管される動産についても、個別動産がこの世の中に存在するようになって物権の客体の要件を充たした上で、かつ、譲渡人の所有物として保管場所に搬入された時点で、譲渡の効力を生ずるものと分析論的に理解すれば足り、ただ当該譲渡の対抗要件は、「集合動産の引渡し」という柔軟化観念化された「引渡し」概念により、譲渡の効力が生ずるのに先立って、既に譲渡契約時に具備されているとみ

---

[4]　もっとも、ここで構想される「集合動産」の概念は、民法178条の「引渡し」の対象として構想されるものであるから、将来保管場所に搬入される動産を包括して捉えることができることが必要であるとともにそれで十分であり、さらに、一定限度で平時に搬出が許されその構成要素が入れ替わることまでも必須の要件とすることは、前述のとおり通常の当事者の意見と異なるし、循環型の譲渡にしか対応できなくなるから妥当でない。

れば足りるものと解する[5・6]。

　以上の折衷説を前提に、倒産手続外の平時の場面で、集合動産譲渡担保の効力が問題となる若干の論点を、以下確認する。

(3) 集合動産譲渡担保の倒産手続外（平時）における効力

　a　第三者の所有物が保管場所に搬入されたとしても、当該第三者所有物に担保権の効力は及ばない。従って、譲渡担保設定後実行前に、例えば、設定者が保管場所たる自己所有倉庫を第三者に賃貸し、当該保管場所には当該賃借人の動産が搬入されるようになった場合には、たとえその集合動産譲渡が登記によって公示されていたとしても、また当該第三者が集合動産譲渡担保が設定されている事情を知っていたとしても、当該第三者の所有動産に集合動産譲渡担保の効力が及ばないのは当然である。仮に譲渡担保設定当事者が第三者所有動産についてもすべて効力が及ぶ意思で契約をしたとしても、かかる動産譲渡は他人物売買にほかならず当然に譲渡の効力が生ずるものではないことは明らかである。

　b　集合動産譲渡担保の実行は、設定者が、それまで通常の営業の範囲内で認められていた担保目的物の処分権限が完全に奪われることにほかならない。契約書上は、期限の利益喪失事由が生じたときに当然に実行される旨規定することも

---

[5] 対抗要件特例法における動産譲渡の登記事項は集合動産譲渡担保に対応しており、将来保管場所に搬入されるべき動産の譲渡につき、登記の時点で対抗要件を具備することが可能であることを前提とする法制度である。分析論に立つ論者も、登記制度を利用する場合には、同法3条1項による擬制の効果として将来搬入されるべき個別動産の譲渡につき、譲渡の効力が発生する前の登記時に対抗要件を備えることが可能と解することになるものと思われる。筆者の立場は、そのような分析論を前提に、さらに、保管場所によって目的物が特定された動産譲渡については、将来保管場所に搬入されるべき個別動産についても、契約時にあらかじめ民法178条の「引渡し」ができるものと解することにより、あらかじめ対抗要件具備が可能と解する考え方にほかならない。

[6] 集合債権譲渡担保における民法178条の「引渡し」は、通常、占有改定の方法（民183条）により行なわれる。この「引渡し」概念を柔軟化するためには、民法183条の「自己の占有物」の概念についても柔軟化が必要である。すなわち、対抗要件具備のための「引渡し」に際し、保管場所を占有する者が将来当該保管場所に搬入されるべき動産を引渡す意思を有する場合には、当該動産についても「自己の占有物」として占有を取得させることが可能であると解すべきである。

少なくないものと思われるが、実際には、担保権者の設定者に対する通知によって実行段階に入るのが一般的である。

集合動産譲渡担保の実行についても、一般の譲渡担保と同様、被担保債権額が目的物の適正な評価額（帰属清算方式の場合）または処分価格（処分清算方式の場合）より少額の場合は、担保権者は清算義務を負い、当該清算の終了をもって担保権の実行段階が終了するものと解する。また、被担保債権額が目的物の価額よりも高額である場合にも、担保権者は、目的物の評価（帰属清算方式の場合）または処分（処分清算方式の場合）を完了したときは、担保権の実行によって回収した金額を設定者に通知することを要し、当該通知をもって譲渡担保権の実行段階が終了するものと解する。

c 集合動産譲渡担保が実行された後に、保管場所に搬入された動産についても譲渡担保権は及ぶのか、という点については、折衷説によれば、実行後の搬入物に担保権の効力が及んでいることを否定すべき理由はないというべきである（実行時固定化の否定説）。

かかる考え方を前提とすると、担保目的動産の範囲が包括的である場合は、担保権実行の結果、事業そのものともいえるモノの流れを全般的に即時寸断し、事業継続は直ちに不可能になるであろう。担保権の実行が、即時債務者の事業継続の可否に直結することになる。従ってまた、法的には、実行後の搬入動産に効力が及ぶとしても、現実に、実行後に動産が継続して搬入されることなど、合理的に期待できないことから、担保権者としても、融資時・担保権設定時において、担保権実行後の搬入動産の価値を見積もって担保価値をその分高く評価するような実務は存在しない。すなわち、実行後の搬入動産に担保権の効力が及ぶと解したとしても、担保権の経済的価値はほとんど増加しない。

しかし、たとえかかる法効果に伴う経済的価値の増加がさしたるものではないとしても、当該法効果の社会的意味は存するところであり、設定者が、そのような強烈な効果が生じることを承知の上でかかる担保権設定契約をした場合に、少なくとも平時においてそれが直ちに過剰担保として公序良俗に反するとまではいえないものと思われる。

もっとも、再建型法的倒産手続時においてかかる強力な効力が制限されるべきことについては、後述する。

　他方、前記のとおり、担保権者が、清算義務の履行し、または、目的物の評価または処分の完了したことに基づき回収金額を通知したときは、担保権は目的を終えて消滅するものと解すべきであるから、その後に保管場所に搬入された動産には、もはや譲渡担保の効力は及ばないものと解される。

3　将来債権譲渡担保の意義、法的構成及び倒産手続外（平時）における効力

(1) 将来債権譲渡担保の意義

　将来債権譲渡とは、将来生ずべき債権の譲渡のことであり、将来債権には「債権の発生の基礎は存在するが未発生の債権、さらに…譲渡の時点ではその発生の基礎すら存在しない債権」が含まれる[7]。将来債権譲渡の概念は、必ずしも譲渡対象たる債権の構成要素が流出・流入が繰り返されて変動することを前提とするものではなく、これを含むより広い概念である。本稿では、担保のためになされる将来債権譲渡を検討の対象とする。

　「将来生ずべき債権」の用語が用いられた最判平成11.1.29民集53巻1号151頁の事案は、Y社が、昭和57年11月16日、医師であるAとの間で、同人に対する債権の回収を目的として、同人が同年12月1日から平成3年2月28日までの8年3カ月の間に社会保険診療報酬支払基金から支払を受けるべき各月の診療報酬債権のうち各一定額を目的とする債権譲渡契約（合計79,468,602円）を締結し、確定日付のある証書をもって基金に通知されたというものであり、当該事案では、昭和57年12月1日以降、毎月、診療報酬金のうちの所定の一定額が基金から債権譲受人であるY社に対して実際に直接支払われていたものと思われる。このように、譲渡対象たる債権について譲渡人に取立権限がなく、譲渡対象債権の構成要

7　民法（債権法）改正検討委員会編『詳解・債権法改正の基本方針Ⅲ』（商事法務、2009年）273頁。

素は流入してくるものの流出はしないようなタイプの債権譲渡は、累積型の将来債権譲渡とも呼ばれる。これに対し、平時は譲渡対象債権の回収権限が設定者に認められ、対象債権の構成要素が入れ替わるタイプのものは、循環型の将来債権譲渡と呼ばれる。

今日担保実務で用いられる将来債権譲渡担保は、通常は循環型ものである。譲渡対象たる債権は、その債務者を特定しない将来債権であっても、債権の種類、債権発生原因、並びに、債権発生日の初日と末日を特定することにより、特定性は満たしているものと解されており、具体的には、例えば「譲渡契約日以降10年間にわたって発生する、すべての得意先に対する商品売買に基づく売掛債権」が譲渡担保に供される。その上で、担保権者が第三債務者に対して実行通知をするまでの間、設定者が譲渡対象債権の取立権限を有する旨の合意が付加される。

将来債権譲渡についての第三者対抗要件は、確定日付ある証書によってする通知、承諾（民467条2項）、または、対抗要件特例法に基づく譲渡登記（同法4条1項）をすることによって具備することができる。実務的には、第三債務者に知られずに対抗要件具備が可能である、譲渡登記による方法が多用されている。

(2) 将来債権譲渡の法的構成

a 法的構成の議論の前提として、集合債権と将来債権の概念ないし用語の関係が問題となり、この点、集合債権の用語は、構成要素たる個別債権の変動を予定し、循環型の譲渡を念頭にしたものと捉えた上で、債権譲渡担保に関しては、循環型のみならず累積型のものも視野に入れた議論を展開するために、集合債権より広い概念が便利であることから、近時の判例と同様、将来債権の用語を選択するのが一般的であるように思われる[8]。

---

[8] なお、筆者は、集合動産の概念について、将来保管場所に搬入される動産を集合体として捉えた抽象概念であるものの、一定限度で保管場所からの搬出が許されその構成要素が入れ替わることまでは要件としない考え方をとっている（前掲注4）。筆者のような集合財産概念を前提とすると、集合債権と将来債権の意味は異ならないことになるが、本稿では定着している将来債権の用語を使うこととする。

その上で、法的構成としては、譲渡対象たる将来債権が「譲渡担保契約時に譲渡担保設定者から譲渡担保権者に確定的に譲渡される」（最判平成19.2.15民集61巻1号243頁）ものと解した上で、循環型の譲渡担保における構成要素の変動の点については、「甲（譲渡担保設定者）、乙（担保権者）間において、乙に帰属した債権の一部について、甲に取立権限を付与し、取り立てた金銭の乙への引渡しを要しないとの合意が付加されている」（最判平成13.11.22民集55巻6号1056頁）ことによる効果、すなわち当事者の合意による効果と解するのが今日の通説であるように思われる。また、上記平成19年最判の判示に基づき、将来債権の移転時期は譲渡契約時であると解するのが有力であり、かかる将来債権の譲渡につき譲渡契約と同時ないし接近した一時点で第三者対抗要件を具備できることになる。将来債権の移転時期についてかかる理解をする前提として、将来具体的に発生する個別債権とは区別された、集合的な概念としての将来債権を措定しているものと思われ、その意味では、集合動産譲渡担保における二重帰属構成の問題と同様の問題、将来債権とそれに含まれる個別債権との関係の曖昧性の問題を抱えているといえる。

　b　筆者としては、将来債権譲渡についても、既に集合動産譲渡担保に関して述べた筆者の考え方と全く同様のアプローチをとるべきものと考えている（折衷説）。

　すなわち、将来債権譲渡の判例・通説が、循環型譲渡担保における構成要素の変動を、集合財産概念からの帰結とせず、当事者の合意に基づく効果と解する点は妥当である。

　また、将来債権譲渡契約の特色は、将来債権、すなわち、未だ債権とは捉えることができず、将来発生するかもしれず、あるいは発生しないかもしれないようなものとしての債権を包括的に譲渡することを約する点にあるものと考える。そういった譲渡契約であっても、譲渡の対象が特定される限り譲渡契約としては有効であるし、社会的有用性も存するから、当事者の意思を尊重して対応した効力を与えるべく、債権が発生する前の時点でかかる譲渡の対抗要件を民法467条2項に基づき具備できるものとする法解釈を採用することは妥当であるし、また、

同様の理由で債権譲渡登記制度が設けられたものと考える。そのための理論構成として、債権ならざる「将来債権」の概念を構築し、かかる将来債権の譲渡の通知または承諾、ないし登記をもって第三者対抗要件が具備されると説明することも妥当である。

しかし、集合動産譲渡の場合と同様、集合債権譲渡の場合も、未だ発生すらしていない債権を包括的に譲渡するという特徴的な契約形式に着目して、当該譲渡契約に対応した対抗要件具備を認めるために将来債権の概念を採用するとしても、譲渡の客体までが、将来債権であると捉える必然性はなく意味もないし、さらには、将来発生するかもしれず、あるいは発生しないかもしれないものとしての「将来債権」の移転時期を問題にすることにも積極的意味はないものといわざるを得ない。すなわち、そのような「将来債権」が、法律行為の一般法理に基づき「債権」として現実に発生するプロセスに従って、その帰属先を分析するならば、現実に債権が発生した時点において少なくとも瞬間的には当該債権は一旦、法律行為の一当事者である将来債権の譲渡人に帰属していたものとみるほかなく、しかし発生と同時に、将来債権譲渡契約の効力として譲受人に移転したものとみるほかないものと考えられる。上記平成19年最判が、将来債権が「譲渡担保契約によって…確定的に譲渡されている」と判示したのは、譲渡担保契約後に現実に債権が発生した場合に「譲渡担保権者は、譲渡担保設定者の特段の行為を要することなく当然に、当該債権を担保の目的で取得することができる」ことをいわんとするためのものであり、将来債権譲渡の客体はあくまで個別債権であり、将来その範疇の個別債権が現実に発生することを停止条件として、譲渡の効力を生ずると解すれば足りるのである。

以上の折衷説を前提に、倒産手続外の平時の場面で、将来債権譲渡担保の効力が問題となる若干の論点を、以下確認する。

(3) 将来債権譲渡担保の倒産手続外（平時）における効力

a　担保権が実行される前に、設定者が第三者に事業譲渡を行ない、当該第三者の販売行為によって従前からの当該事業の得意先に対する売掛債権が発生した

場合に、当該第三者のもとで発生する売掛債権に将来債権譲渡の効力が及ぶか。

　この点、将来債権譲渡契約によって、当然に譲渡の効力が生ずるのは、譲渡人（設定者）がした法律行為によって生じた債権に限られるのであって、第三者の法律行為によって生じた債権を仮に譲渡の対象としたとしても他人物売買と同様、当該第三者の承諾がない限り、当然に譲渡の効力が生ずるものではないことは明らかである。そして、事業譲渡によって譲渡人（設定者）の得意先関係や取引基本契約が事業譲受人に承継されたとしても、その後に発生する売掛債権は、そのような事実関係や取引基本契約が発生原因であるとはいえず、事業譲受人と得意先との間の受発注（法律行為）によって生じたものといわざるを得ないから、将来債権譲渡に基づく譲渡の効力は生じないのである[9]。

　b　将来債権譲渡担保の実行は、それまで認められていた設定者による対象債権の取立権限が完全に奪われることにほかならない。将来債権譲渡は、前述のとおり、近時は債権譲渡登記制度を使ってサイレント形式でなされるのが一般的であり、譲渡担保権の実行は、債務者対抗要件の具備（対抗要件特例法4条2項）によってなされるのが通常である。

　将来債権譲渡担保の実行についても、集合動産譲渡担保について述べたのと同様、担保権者は、清算義務を負い、または、取立て等を完了したときに回収金額を通知する義務を負い、これらの義務を履行した時点で譲渡担保権の実行段階が終了するものと解する。

　c　将来債権譲渡担保が実行された後に発生した債権についても譲渡担保権の効力は及ぶものと解される（実行時固定化の否定説）。集合動産譲渡担保について述べたのと同様、そのように解することにより、担保目的債権の売掛先が広範である場合には、担保権の実行が即時事業継続の不可能という過酷な結果をもたらし、従ってまた、担保権者側も実行後に売掛債権が継続して発生することを期待

9　ただし、一方の申込みに対する承諾義務が定められているような、債権発生原因と評し得る基本契約が承継された場合は別である。しかし、実務上そのような基本契約が締結されることは稀である。詳細は拙稿「将来債権譲渡の効力と債権法改正（上）」銀法730号34頁以下（2011年）、参照。

できず、担保権の経済的価値の増加をそれほどもたらすものではないとしても、当事者の合意内容に即した効力が認められるべきことからすれば、平時においてひとまず担保権実行後に発生する債権に譲渡の効力が及ぶことを否定すべき理由はないというべきである。また、再建型倒産手続時において効力が制限されるべきことについても同様である。

　他方、担保権者による清算義務の履行ないし取立て完了時の回収金額の通知により、実行段階が終わると、担保権は目的を終えて消滅するものと解すべきであるから、その後に発生した債権には、もはや譲渡担保の効力は及ばないものと解される。

4　倒産手続における集合動産、将来債権譲渡担保の効力（総論）

(1) 債務者の倒産手続開始と集合動産、将来債権譲渡担保の効力——いわゆる開始時固定化説について

　再生手続、更生手続が開始した後に、再生手続における再生債務者、管財人、更生手続における更生管財人が保管場所に搬入した動産、管財人等の取引行為によって発生した債権に、譲渡担保の効力が及ぶか。

　この点、管財人等が、開始前の債務者と同視され、あるいはその一般承継人と同視されるのであれば、管財人等は、譲渡担保権設定契約上の担保権設定者の地位も承継している以上、開始後の搬入動産や発生債権について、譲渡担保の効力が及んでいることを否定すべき理由はない。

　しかし、管財人等は常に開始前の債務者ないしその一般承継人と同視されるわけではなく、管財人等の第三者性の議論が存するところである。すなわち、前述のとおり（2(3)a、3(3)a）、第三者所有の動産や第三者たる事業譲受人のもとで発生した売掛金に譲渡担保の効力は及ばない。管財人等が当該第三者に同視できるとすれば動産ないし売掛金に譲渡の効力が生じないとする議論は、管財人等の第三者性の観点からあり得るところである。

　この点について、本稿では深く立ち入る余裕はないが、次のように考えるべき

である。すなわち、管財人等と債務者の相手方との法律関係は、債務者の倒産というあずかり知らない事由によって債務者の相手方が不利益を被るべき理由はないことから、管財人等を債務者と同視し、またはその一般承継人として規律するのが原則であるというべきである。ただ、債務者の相手方が、仮に債務者財産に個別執行がなされた場合に確保できない利益は、包括執行たる倒産手続時にも確保できないこととするのが、利害調整として妥当であると考えられることからすれば、仮に債務者の財産に個別執行がなされ、利害関係人として差押債権者が出現した場合に、債務者の相手方が取得し得る利益が、従前の債務者のみとの関係で取得し得た利益よりも削減されるような場面においては、倒産手続開始に伴う管財人等との関係でも、債務者の相手方にも同様の不利益が及ぶものと解すべきである。管財人等の第三者性の議論は、基本的に以上のように理解されるべきであり、これを超えて、管財人等を債務者財産の譲受人や事業譲受人に同視するのは、債務者の相手方の地位を不安定にするものとして妥当でないというべきである[10]。

以上によれば、結論的には、管財人等は、譲渡担保権設定契約上の設定者の地位、義務を承継しているというべきであり、また、譲渡担保権者は、保管場所の動産を差し押えた差押債権者や売掛債権を差し押えた差押債権者よりも、対抗要件上、優位しており、個別執行時にも削減される利益はないというべきであるから、管財人等の第三者性の観点を考慮しても、開始後に保管場所に搬入された動産や、開始後に発生した売掛金について譲渡の効力を否定することはできないことになる[11]。

(2) **倒産手続における集合動産、将来債権譲渡担保の効力（総論）**

集合動産、将来債権譲渡担保については、前述のとおり（2(2)d、3(2)b）、平

---

[10] 詳細は拙稿「将来債権譲渡の効力と債権法改正（下）」銀法731号38頁以下（2011年）、参照。実務的にも、開始後の搬入動産や発生債権に譲渡担保の効力が及ばないとする考え方（開始時固定化説）は、かえって、開始時における担保権の実行を促進させる効果を持つものであり、債務者の再生を困難にするものであって採用し得ない。

時の効力として、その実行前から、保管場所に搬入される個々の動産や発生する個別債権に、譲渡の効力が及んでおり、いわゆる循環型の譲渡担保においては、設定者に処分権限、取立権限が与えられるが、実行されると、当該処分権限、取立権限が喪失されるものと解され、実行後に搬入される動産や発生する債権についても譲渡の効力が及ぶものと解される。そして、かかる譲渡担保の効力について、倒産手続開始により当然に何らかの影響を受けるものではないことも、前述（4(1)）のとおりである[12]。

以上を前提として、債務者に倒産手続が開始された場合、集合動産、将来債権譲渡担保についても各倒産手続における担保権の規律が及ぶことになる。各倒産手続における担保権の規律としては、再生手続における担保権消滅許可制度や更生手続における更生担保権の制度などの手続制度上の規律と、倒産法上の公序に基づく担保権設定契約の効力制限などの倒産実体法上の規律があり得るところである。以下は、これらの担保権に関する規律を通じて、集合動産、将来債権譲渡担保がどのように取り扱われるか、あるいは取り扱われるべきかを、再生手続と更生手続のそれぞれについて検討し、併せて立法的課題に対する私見を述べることとする。

---

[11] 債務者は、手続開始後は自らの財産に対する処分権が制限ないし剥奪されるから、開始後に取得する財産を譲渡担保に供することは許されないといった論拠により、開始後に保管場所に搬入した動産や開始後に発生した債権について譲渡の効力を否定する見解も存するが、集合動産、将来債権譲渡担保においては、譲渡担保設定契約時に将来保管場所に搬入される動産や将来発生する債権をも含めて譲渡の対象としているのであり、手続開始後に債務者の譲渡行為があるとはいえず、開始後に管財人等が保管場所へ動産を搬入し売掛金を発生させた結果、当該動産や債権について譲渡の効力が及ぶものに過ぎないことからすれば、かかる見解は説得力を欠くものであろう（伊藤眞「倒産処理手続と担保権」NBL872号64頁（2008年）参照）。

[12] なお、集合動産、将来債権譲渡担保で担保目的たる在庫ないし売掛先等の範囲が包括的であるものについて、その実行後に設定者が、敢えて動産を搬入する行為、債権を発生させる行為は、偏頗行為否認の対象になり得るものと考えるが、本稿ではこれを論ずる紙面の余裕がない。

5 再生手続における集合動産、将来債権譲渡担保の効力

(1) 集合動産、将来債権譲渡担保の実体的な効力制限の可能性と限界

　前述のとおり、集合動産、将来債権譲渡担保は、実行後に搬入される動産、発生する債権すべてにその効力が及ぶから、担保目的たる在庫ないし売掛先等の範囲が包括的である場合は、担保権実行の結果として、事業そのものともいえるモノ・カネの流れを全般的に即時寸断し、事業継続は直ちに不可能になる。

　ところで、再生手続においては、担保権は別除権とされる。従って、担保権者は、再生手続開始後も何らの制約も受けずに手続外において自由に担保権を行使でき、また、既に着手された担保権の実行手続は、再生手続開始によって影響を受けることなく進行するのが原則である。従って、再生手続申立て、手続開始によっても、集合動産、将来債権譲渡担保の実体的効力は、当然には何らの制約も受けないことになる。

　しかしながら、設定者が、再生手続を申し立てた場合には、同手続に基づいて合理的な事業再建を目指す方途は残されるべきであり、当該債務者の再生の成否がおよそこれらの譲渡担保権者の任意の意思に委ねられるとするのは妥当でない。すなわち、再生手続申立て後においては、担保目的動産ないし債権の範囲が包括的である循環型の譲渡担保権については、担保権者がその実行に着手すれば、その時点で担保目的動産ないし債権の範囲が固定し、以後保管場所に搬入される動産や発生する債権については、譲渡担保の効力が及ばないものとすべきであり、譲渡担保設定契約において、これを超える効果を定める部分は、再生手続との関係では、過大な担保を定めて再生債務者の事業の再生を著しく困難にするものであり、民事再生手続の趣旨、目的に反するものとして、無効であるものと解すべきである（再生手続申立て後における実行時固定化説）[13]。もともと倒産手続外で譲渡担保権が実行された場合であっても、設定者は、その在庫を販売できずあるい

---

[13] かかる考え方は、倒産法上の公序に基づき過大担保を定めた契約条項の効力を制限する考え方にほかならない（山本和彦「債権法改正と倒産法（上）」NBL924号17頁（2010年）を参照）。

は債権を回収できないのにわざわざコストをかけて保管場所に在庫を搬入しあるいは売掛先に債権を発生させ続けることはあり得ないから、継続して在庫が搬入され債権が発生することは担保権者も合理的に期待できないところであり、担保権者自身、かかる継続搬入、継続発生を前提とした担保価値評価を経済的に行なっていないから、このように解しても担保権者に不測の損害が生じるものでもない。また、同様の趣旨から、担保権が実行された後に再生手続が申し立てられた場合には、再生手続との関係では、再生申立て時点で担保目的財産の範囲が固定し、以後の搬入動産や発生債権に及ばないものとすべきである（申立て前実行担保権の申立て時固定説）。

　もっとも、民事再生手続の趣旨、目的から導かれる、かかる担保権の実体的な効力制限は、倒産実体法の解釈論から導かれるものであり、それを超えて、立法論として、民事再生法に明文の規定を設けることについては筆者としては消極意見である。その根拠としては、明確な要件を定めることが技術的に困難であり、また、抽象的要件を設ける実践的意義が乏しいことが挙げられる。すなわち、効力制限の対象とする担保権の要件を具体的明確に規定することは不可能である。例えば、譲渡対象たる債権について平時より譲渡人に取立権限がない、累積型の債権譲渡担保については、いわば平時から実行されている状態にあるから、実行時の対象債権の固定化といった形での効力制限には馴染まないことは明らかであるし、また、循環型の譲渡担保であっても、対象動産ないし債権の範囲がごく限定的である場合にも一切の例外なく実行時の固定化が認められるべきであるとは断言できない。さらには、効力制限が認められるかどうかは、当該設定契約の趣旨の解釈のほか、当該債務者が当該再生手続においておかれている事業の状況、端的には、債務者の資金繰り状況を踏まえた再建可能性が、判断に影響を与えるであろう。以上のような点を踏まえて、効力制限についての明確な要件を定めることは不可能であり、抽象的な要件とならざるを得ないものと思われる[14]。

　他方、倒産法に抽象的要件を明文化した場合には、実務的には必然的に、担保権実行後、債務者と担保権者との間で要件具備を巡って紛争を生じることになる。紛争が決着するまでの間、債務者の事業そのものといえるモノ・カネの流れが凍

結することそれ自体が、債務者の事業継続を不可能にすることからすれば、抽象的要件の明文化が、この問題の解決をもたらさないことは明らかである。

　以上に鑑みれば、この問題に対する法制度的対応のあり方としては、担保権に対する実体的効力規制からアプローチするよりも、むしろ、担保権の手続的規制からアプローチするのが妥当であると思われ、具体的には、現行法を前提とすると担保権実行中止命令により再生債務者が在庫品の処分権限、売掛債権の回収権限を維持しながら担保権者と協議し、協議不成立の場合は、担保権消滅許可により対応すべきである。項を改めて検討する。

(2) 担保権実行中止命令制度の解釈問題及び関連する立法提案

　a　担保権実行中止命令の制度については、そもそも「競売」以外の実行方法による担保権がその対象となるかが問題となり得るが、かかる担保権についても再生のために必要な担保目的物を暫定的に確保して担保権者と交渉する機会を得る必要性が存することにかわりはないことから、今日、これを認める見解が多数であり、妥当であるものと解される。

　民事再生法改正の機会には、中止対象手続として非典型担保の実行手続を法文に明記するとすることは困難であるとしても、担保権の物上代位に基づく債権執行手続が中止の対象となり得ること[15]を明確にする趣旨で、「競売申立人」の用語は回避し、担保権の実行手続の申立人をひろく含む表現に改められるべきである。

　b　次に、中止命令制度によって、担保権者の設定者に対する集合動産譲渡担保の実行通知、担保権者の第三債務者に対する将来債権譲渡担保の実行通知を禁止することができるかが問題となる。この点、これらの担保権については、実行

14　例えば、小林信明「将来債権譲渡に関する法制」山本和彦ほか編『債権法改正と事業再生』（商事法務、2011年）140頁は、「将来債権の譲渡は、倒産手続開始後において、当該債権を発生させるための費用を不当に負担する場合、その他債権者一般の利益を不当に害するものと認められる場合には、その効力の全部または一部を及ぼすことはできない」との規定を倒産法に設けることを提案する。

15　この点については、後掲注17及び後述（5(2)c）参照。

着手から完了までの時間が極めて短いことから中止命令の実効性を確保するために必要であるとして、実行通知前の中止命令の発令を認める見解も有力であり[16]、現行法の解釈としてはその結論は妥当である。もっとも、譲渡担保の実行の完了時期については、実行通知の到達による担保目的物の担保権者への帰属時等ではなく前述のとおり（2(3)b、3(3)b）別異に解すべきであり[17]、実行の着手前に中止命令の発令が認められる根拠としては、担保権の実行の着手が直ちに事業継続に支障を及ぼす点に求められるべきである。また、裁判所は、中止命令の発令に際して担保権者の意見聴取義務があるが（民再31条2項）、意見聴取により実行通知を誘発するから妥当でなく、中止命令の実効性を確保するために、意見聴取なしにごく短期間の中止命令を発令し、当該期間内に意見聴取の上期間延長をなすべきとの運用提案がなされており[18]、現行法を前提にすると妥当である。中止命令に違反してなされた実行通知は、無効であるものと解すべきであるが、将来債権譲渡担保の実行が中止されても、中止命令は第三債務者に送達されないから、第三債務者が中止命令を知らずに担保権者に弁済する事態が生じ得る。かかる弁済は、現行法のもとでは、債権の準占有者に対する弁済（民478条）として保護されるべきである[19]。

もっとも、民事再生法27条が、強制執行等の手続を行うことの「禁止」と「中止」の概念を区別していることからすれば、担保権についてのみ実行手続がなされる以前に中止命令を発することができると解するのは法文上は不自然であることは否めない。また、短期間の中止命令に限定するとはいえ担保権者の意見聴取なしに中止命令を発することができると解することも法文上は問題である。

16　倉部真由美「集合債権譲渡担保に対する担保権実行中止命令をめぐる諸問題」NBL948号19頁（2011年）。伊藤眞「集合債権譲渡担保と事業再生型倒産処理手続再考」曹時61巻9号22頁（2009年）、東京地判平成16.2.27金法1722号92頁参照。
17　抵当権や動産売買先取特権の物上代位に基づく債権差押え手続についても、債権差押命令の発令をもって終了するものではなく、取立ての完了、転付命令、配当の完了等をもって終了するのであり、その間、差押命令発令後も手続を中止することは可能と解される。
18　伊藤眞「集合債権譲渡担保と民事再生手続上の中止命令」谷口安平先生古稀祝賀『現代民事私法の諸相』（成文堂、2005年）456頁。
19　倉部前掲注16・23頁。

そこで、民事再生法改正の機会には、中止命令の制度とは別途に、特定の担保権者に対し、一定の期間、担保権の実行の禁止を命ずる制度（担保権実行禁止命令制度）を設けるべきである。再生手続において担保権の制約が例外的であることからすれば、強力な制約手段となる禁止命令制度はより限定的であるべきであり、禁止命令の発令要件としては、中止命令と同様の要件のほか、「再生債務者の事業の継続のために特に必要があると認めるとき」との要件を設けるべきである。禁止対象となる担保権の実行手続としては、集合動産、将来債権譲渡担保の実行通知のほか、在庫品についての動産売買先取特権に基づく動産競売申立て、債務者が不動産賃貸業者である場合などの抵当権（物上代位）に基づく不動産賃料債権差押命令申立てなど、担保権の実行の着手が直ちに事業継続に支障を及ぼし、中止命令によっては弁済協定の交渉の機会の確保という目的を達することができないようなものが想定される。また、禁止命令制度においては、その制度趣旨から、発令にあたり担保権者の事前の意見聴取は不要とすべきであり、裁判所は、禁止命令発令後遅滞なく担保権者の意見を聴取すべきものとし、その上で、禁止命令を変更し、または取り消すことができるものとすることが考えられる。さらに、中止命令制度についても同様であるが、担保目的物が債権である場合に命令の第三債務者への送達の制度を設け、当該送達をもって命令の効力発生事由とすべきである。禁止命令の発令要件として、中止命令同様、担保権者に「不当な損害を及ぼすおそれがない」との要件を設けるべきであるが、当該要件の具備のためには、事業継続の見込みがあって、新規に、保管場所への在庫搬入や売掛債権の発生がなされる蓋然性があることを要するものと解されるものの[20]、禁止命令時の在庫残高、債権残高を維持できることについての蓋然性まで要求するのは現実的ではない。担保権者が禁止期間経過後に担保権を実行した際に、在庫残高や売掛債権残高が減少していることに伴う担保権者の損害は、別途の保護が図られるべきである[21]。

20　伊藤前掲注18・456頁は、将来債権譲渡担保に関し新規債権発生の「高度の蓋然性」が認められるか、代担保の提供が必要とする。

c　次に、集合動産、将来債権譲渡担保の実行通知がなされた後であっても、担保権の実行手続の終了前までは、設定者たる再生債務者が中止命令を申し立てることができるものと解すべきである。もっとも、中止命令が発令されても、担保権の実行手続がそれ以上進行することを止める効果を持つに過ぎず、既になされた実行通知の効力が失われるわけではないことは、競売手続に中止命令が発令された場合との対比上明らかである。すなわち、実行通知後に中止命令がなされても、担保権者が目的財産の換価・回収をなし得なくなるに留まり、設定者が動産の処分権限、債権の回収権限を当然に回復できるわけではないのである[22]。従って、設定者は、中止命令を得ても、事業継続が極めて困難な状況が継続することになるが、担保権者と交渉する時間を得て、担保の差替え等により在庫や資金の解放を受けて資金繰りをつなぐ可能性もないわけではなく、設定者に処分・回収権限が回復しないことをもって一概に中止命令が無意味であるとして発令の可能性を否定するのは妥当でない[23]。

　とはいえ、設定者に動産の処分権限、債権の回収権限が回復しないのであれば、本来の中止命令の目的を十分に達成できているとはいいがたいところである。そこで、民事再生法改正の機会には、一旦なされた担保権実行の効力を失効させて、設定者に動産の処分権限、債権の回収権限を回復させることができるようにするため、中止した担保権実行手続の取消命令制度を創設すべきである（会更24条5項、

---

[21]　設定者が、禁止命令取得後に、敢えて所定保管場所へ在庫を搬入せず、譲渡対象売掛先への債権を発生させない行為は、担保価値維持義務違反になり、再生手続開始後の違反行為については共益債権として損害賠償請求が可能である。集合動産譲渡担保やいわゆる循環型の将来債権譲渡担保については、前述のとおり、原則として、再生手続申立後における実行時固定化説をとるとしても、禁止期間経過後に実行された担保権については、少なくとも禁止命令発令時の在庫残高ないし債権残高に充つるまで、実行後の搬入在庫や発生債権に担保の効力が及ぶものと解すべきであり、禁止命令がなされた担保権についての消滅許可請求時の担保評価の際にも、かかる実体法上の解釈が反映されるべきである。この点については、後述する（5(3)b）。
[22]　大阪高決平成16.12.10金法1750号58頁は、債権差押命令手続（物上代位）に対する中止命令に関し、この点を的確に指摘する（もっとも、同決定が、中止命令を発することができる場合として摘示するところは、厳格すぎる）。
[23]　『新注釈民再（上)』150頁〔三森仁〕。

50条6項、参照)[24]。担保権制約を過度のものにしないために、中止命令では目的を達することができない場合のみ取消しが認められるべきであり、取消要件としては、中止命令と同様の要件のほか、「再生債務者の事業の継続のために特に必要があると認めるとき」との要件を設けるべきである。取消命令の対象となる担保権の実行は、禁止命令のそれと同様となるべきものと解される。

(3) 担保権消滅許可制度の解釈問題及び関連する立法提案

　a　担保権者との弁済協定が整わない場合、再生債務者たる設定者は、集合動産、将来債権譲渡担保について、担保権消滅許可を得ることができるか。

　まず、譲渡担保が消滅許可の対象たる担保権に含まれることは、今日、争いがないといってよい。法文上も「第53条第1項に規定する担保権」とされており、同条項の「担保権」に非典型担保が含まれることは解釈上争いないところである。

　集合動産、将来債権譲渡担保との関係で問題なのは、「当該財産が再生債務者の事業の継続に欠くことのできないものである」という要件を満たすかどうかである。再生手続上別除権であるはずの担保権の消滅を例外的に認める根拠は、当該財産を事業の再生に活用することで一般債権者に対する弁済が増加することになるという一般債権者の利益に点にあるのであって、この、事業継続のための不可欠性の要件は、担保権消滅許可の最も重要な要件である[25]。事業のために継続して使用することが必要な不動産等の資産がこの不可欠性要件を満たす典型例とされ、遊休資産については、たとえそれを売却して事業資金を捻出することが不可欠な場合であっても、それは単に資金繰りの都合上、資金が必要であるということを意味しているに過ぎず、当該財産が事業継続に不可欠とはいえないから、同要件は充たさないものと解するのが一般であり、立法経緯からも妥当である。これに対し、原材料や商品などの販売用資産については争いがある。販売用資産を流通市場で売却して利益を得るという事業の仕組みを機能させることは事業継

---

[24] 実務的には、設定者は、当該取消命令に併せて、一定期間の実行禁止命令を申立てることになろう。
[25] 『詳解民再』412頁〔山本和彦〕。

続に不可欠であることからすれば、売却目的の資産であるとはいえ遊休資産とは状況が異なるというべきであり、担保権が実行されてこれを活用できない状態になった場合に、単に日常の資金繰りを逼迫するという意味合いを超えて、その事業の継続が不可能になると評価できるときには、当該販売用資産につき不可欠性要件を具備し得るものと解すべきである[26]。また、売掛債権についても、同様に、事業の仕組みを機能させるために不可欠な資産であることを重視し、担保権実行により事業継続が不可能になるということができるときは、不可欠性要件を具備し得るものと解する。以上によれば、集合動産、将来債権譲渡担保における動産や債権は、担保権消滅許可の対象となり得ることになる。

　もっとも、現行法は、当該財産が事業用財産として継続使用されることが要件具備の前提であるような印象を与える文言となっていることから、販売用資産については継続使用なされない点において、売掛債権についてはそもそも事業用資産といいがたい点において、疑義が生じる。そこで、民事再生法改正の機会には、この不可欠性要件を、「当該担保権が実行されれば再生債務者の事業の継続に著しい支障を来すとき」との要件に改めるべきである。ここでいう「実行」は、実行の着手から実行手続の完了までの幅を持ったものを指している。基本的に、現行法の、担保目的物が事業継続にとって不可欠であるということを、担保権実行により担保目的物が失われれば事業継続が不可能になるという、裏からの表現に改めたものにすぎず、意味するところに変わりはないが、上記のような疑義は生じにくくなるものと考える。

　b　価額決定請求時に、集合動産譲渡担保及び循環型の将来債権譲渡担保は、どのように評価されるべきか。

　まず、価額評価は、これらの譲渡担保権が実行後に保管場所に搬入された在庫、発生した債権に効力が及ばないものであるという前提に立って、原則として、評価基準時に保管場所にある在庫、発生している債権を想定してなされるべきである[27]。

---

[26]　東京高決平成21.7.7判タ1308号89頁。

評価基準時については、理論的には担保権の消滅時が基準となるべきであり、担保権消滅許可制度上は価額に相当する金銭の納付時点で担保権が消滅することから、納付時点にできるだけ近接した時点を基準に評価を行うべきものと説かれている[28]。従って、原則として、納付時点にできるだけ近接した時点に保管場所に存在した在庫や、発生していた債権を想定して評価がなされるべきことになる。しかし、消滅請求の対象たる譲渡担保が、実行通知前に中止命令が発令されたもの（または立法提案する禁止命令が発令されたもの）、または、一旦実行通知がなされたもの（立法提案する取消命令により実行通知の効力を失ったものを含む。）である場合であって、当該中止命令（禁止命令）発令時または当該実行時に存在した在庫や債権を基準として評価したほうが納付時点に近接した時点を基準に評価するよりも評価額が高額になるときは、構成要素が入れ替わるというこれらの担保権の特質を考慮し、高額に評価できる時点の在庫や債権を想定して評価がなされるべきである[29]。

6　更生手続における集合動産、将来債権譲渡担保の効力

(1) 更生手続開始前における効力

　a　更生手続は、担保権を全面的に手続的規制の対象としているものの、開始前においては、当然には担保権の実行は禁止されず、既になされている実行手続も中止されない。そこで、集合動産、将来債権譲渡担保が、更生手続開始前に実行された場合にその効力をいかに解するかが問題となる。

　この点、前述した再生手続の場合と同様の趣旨で（5(1)）、担保目的動産ないし債権の範囲が包括的である循環型の譲渡担保権については、申立て後に実行し

---

[27] 再生手続における実行時固定化説を採用した場合の当然の帰結であるが、仮に同説をとらなくても経済的価値の評価の問題としては同様の帰結となる。この点は、更生手続に関して後述する。
[28] 『詳解民再』418頁〔山本和彦〕、『新注釈民再（上）』870頁〔木内道祥〕。
[29] 前掲注21後半に述べた実体法上の考え方を評価に反映させたものである。

た譲渡担保の実行時固定化説、申立て前に実行した譲渡担保の申立て時固定化説が採用されるべきであり、譲渡担保設定契約において、これを超える効果を定める部分は、更生手続との関係では、過大な担保を定めて更生会社の事業の再生を著しく困難にするものであり、更生手続の趣旨、目的に反するものとして、無効であるものと解すべきである。

　b　実体法的効力については以上のように制限されるものと解されるが、更生会社としては、担保権を制約する次のような手続制度を利用することが可能である。

　まず、申立て時にこれらの譲渡担保が実行されていない場合は、設定者は、包括的禁止命令を得ることにより、実行通知をなすことを禁止することが可能である（会更25条1項）。この点、包括的禁止命令は、すべての担保権実行、強制執行、国税滞納処分を包括的に禁止の対象とするものであり、禁止の範囲をそこまで包括的にする必要性は存しない場合が比較的多くあり得るところである。そのような場合でも、集合動産、将来債権譲渡担保については実行されたときの事業への影響は甚大であり、「中止の命令によっては更生手続の目的を十分に達成することができないおそれがある」ことに変わりはない。そこで例えば、かかる譲渡担保の実行以外のすべての手続をその対象から包括的に除外して（会更25条2項）、包括的禁止命令をなすことも許されるものと解すべきである。

　また、更生申立て時に既にこれらの譲渡担保が実行されている場合には、設定者は、中止命令（同法24条1項）を得た上で、取消命令（同法24条5項）を得ることにより、動産の処分権限、債権の回収権限を回復することになる[30]。

---

[30] 更生手続における中止命令等の発令に当たっては更生担保権者等に対する事前の意見聴取は求められておらず（民再31条2項対照）、これを問題視する見解も存するが（倉部前掲注16・18頁）、更生手続におけるこれらの手続は開始の効果を先取りする性質のものにすぎず（再生手続においても民再26条の中止、取消命令については、意見聴取は不要である）、また実質的にも、中止、取消命令の対象とされた担保権の目的財産の価額評価の仕方を後述のとおり工夫すれば足りるのであり（6(2)c）、意見聴取を経ないからといって必ずしも担保権者に不測の損害をもたらすものでもない。

(2) 更生手続開始後における効力

a 更生手続において開始に伴う担保権の制約は強力であり、担保権の実行は禁止され、既になされている実行手続は中止され（会更50条1項）、その被担保債権は更生担保権として更生計画に基づいてのみ弁済されることとなっている（同法47条1項）。集合動産、将来債権譲渡担保についても、開始時に未だ実行されていない場合はもちろん、開始前に実行されている場合であっても、担保権者が、開始後に動産を処分換価したり、債権を回収したりして被担保債権の回収に充てることは手続上なしえず、更生計画に基づく更生担保権の弁済を受け得るに過ぎない。従って、これらの担保権の効力の過大性の問題は、担保権の目的財産の価額評価の問題に収斂されることになる。

なお、これらの譲渡担保が開始前に実行されている場合には、更生会社が動産の処分権限や債権の回収権限を回復するために、担保権の実行手続の取消命令（同法50条6項）を得るべきことになる。

b これらの譲渡担保の目的財産の価額（会更2条10項、153条1項）はどのように評価されるべきか。

まず、開始時に未だ実行されておらず、包括的禁止命令も発令されていない場合について検討する。前述のとおり、これらの譲渡担保における保管場所や売掛先が広範で、担保目的財産の範囲が包括的である場合は、担保権実行の結果、事業そのものともいえるモノ・カネの流れを全般的に即時寸断し、事業継続は直ちに不可能になる。そのような譲渡担保については、現実に、実行後に継続して動産が搬入され、債権が発生することなど、合理的に期待できないことから、担保権者としても、融資時・担保権設定時において、実行後の搬入動産・発生債権の価値を見積もって担保価値をその分高く評価するような実務も存在しない。すなわち、法的には、実行後の搬入動産・発生債権に効力が及ぶとしても、担保権の経済的価値評価としては、増加がないものとしてみるべきである。従って、これらの譲渡担保における目的財産の価額は、開始時に保管場所に存する動産、発生している債権を対象になされるべきであり、その後に搬入された動産、発生した債権は評価対象から除外されるべきである。なお、現実には、開始の効果として

担保権の実行が禁止された結果、開始後に動産が搬入され、債権が発生していることになるが、その事実を評価の前提にすべきではない。上述のとおり、これらの譲渡担保権者は、実行後の搬入動産・発生債権の経済的価値を把握していないものとみるべきであるからである[31]。

　ｃ　次に、譲渡担保が、実行通知前に包括的禁止命令が発令されたもの、または、一旦実行通知がなされたもの（取消命令により実行通知の効力を失ったものを含む。）である場合であって、当該包括的禁止命令発令時または当該実行時に存在した在庫や債権を基準として評価したほうが開始時を基準に評価するよりも評価額が高額になるときは、構成要素が入れ替わるというこれらの担保権の特質を考慮し、高額に評価できる時点の在庫や債権を想定して評価がなされるべきである[32]。

---

[31] 評価対象たる担保目的財産の範囲の問題とこれを時価で評価すべきこと（会更２条10項）は区別して考えるべきである。開始時に保管場所に存在する動産、発生している債権を、競売や債権差押手続に基づく回収基準ではなく、時価基準で評価すべきことになる。
[32] 再生手続について前述したところ（５(3)ｂ）と同様の考え方である。

XI 倒産手続とリース

弁護士　堀野桂子

1　はじめに

　倒産実務の中で、避けることのできない問題の一つに「リース契約」の処理がある。「リース契約」の対象物（以下「リース物件」という。）も、コピー機やパソコンなどの事務機器・自動車といった典型的なものから、ソフトウェアなどの無体物、大規模な事業用機械設備、果ては建物という不動産まで多種多様に亘る。
　しかも、倒産法制において、「リース契約」については、何ら明文規定がないため、その処理は、専ら裁判例と解釈論にゆだねられており、そのため、管財人等の立場とリース会社の立場とで見解に大きな相違が生じ、解決に時間とコストを要することも多々見受けられる。リース契約の対象が事業継続のために必要不可欠であって代替性の利かない物件（事業用機械設備など）である場合には、往々にしてリース料残高が多額であることも多く、管財人等とリース会社との利害関係は激しく対立する。
　そこで、本稿では、「リース契約」に関する解釈論と実務上の問題点を概観しながら、実務家として改正の視点を提示することとしたい。

2　リース契約とは何か

　まず、議論の前提として、リース契約とは何か、改めてここで整理したい。
　リース契約とは、法形式的にはリース会社がリース物件をユーザーに賃貸するという賃貸借契約の形式をとりながら、経済的にはリース会社がユーザーに対してリース物件の購入資金を融資するという金融的性質を有するものである。

この点、特に倒産手続において問題となるのは、会計上、ファイナンス・リースといわれる形式のものである。企業会計基準第13号「リース取引に関する会計基準」によれば、ファイナンス・リースとは①リース契約に基づくリース期間の中途において当該契約を解除することができないリース取引またはこれに準ずるリース取引で、②ユーザーが当該リース契約に基づき使用する物件（リース物件）からもたらされる経済的利益を実質的に享受することができ、かつ、当該リース物件の使用に伴って生じるコストを実質的に負担することとなるリース取引であると定義されている。また、これは、リース期間満了時にリース物件の残存価値がないものとしてリース料を設定するというフルペイアウト方式でもある。このようなリース料設定の考え方から、ファイナンス・リースについては、後述するとおり、金融的側面が重視された解釈が採用されている。

他方、リース契約には、オペレーティング・リース[1]や、メンテナンス特約付きのリース契約など、会計上はファイナンス・リースと異なる取扱いを受ける契約も種々存在する。これらはリース契約の具体的内容によって、法形式と経済的機能のいずれを重視すべきかが異なり、それに対応して、倒産手続における帰趨も異なるものと考えられている。

本稿では、リース契約について、特段の注意を付さない限り、フルペイアウト方式のファイナンス・リース契約を示すものとして議論を進めることとする。

3　リース契約をめぐる立法状況

(1)　平成16年倒産法改正における議論

まず、平成16年の倒産法改正においてリース契約につきどのような検討がなされたのか振り返ってみるに、中間試案の段階から、リース契約は検討の対象から

1　企業会計基準13号「リース取引に関する会計基準」によれば、ファイナンス・リース取引以外のリース取引をいう。なお、同基準において、そもそも、リース取引とは、リース物件の所有者たるリース会社が、ユーザーに対して、リース期間にわたって使用収益する権利を与え、ユーザーは合意したリース料をリース会社に対して支払う取引と定義されている。

除外され、それ以上の議論はなされなかった。

すなわち、法制審議会倒産法部会破産法分科会においては、検討事項として、ファイナンス・リース一般につき、別除権または更生担保権である旨を明らかにする規定を設けるべきであるという意見、フルペイアウト方式のファイナンス・リースに限って更生担保権とする旨の規定を設けるべきであるという意見、リース債権のうち共益債権に該当する部分と更生担保権に該当する部分とを区別し、その合理的基準を明確にすべきという意見が提示された。他方で、倒産法上でリースの取扱いを検討するには、そもそも実体法上、リースの権利内容をいかにとらえるかによるところが大きいため、倒産法に規定を設ける必要はないという意見も提示された[2]。

これに対して、破産法分科会では、リース契約の内容や目的物の必要性に応じて実質的に和解的処理を行っているという実務の実情が紹介されたり、更生担保権として扱ったとしても、評価が困難であることや再リースの法的性質につき議論が混乱していることなどの指摘がなされたりし、最終的には、リース契約についての法的性質は必ずしも一義的に定義ができる状態ではないため、これについての倒産法上の立案は時期尚早であって、特に規定は設けないという結論となり[3]、中間試案からもリース契約に関する記載は除外されるに至った。

(2) 民法（債権関係）改正における議論

他方、実体法である民法（債権関係）の改正につき、現在、法制審議会民法（債権関係）部会において議論がなされているところであるが、ここでも、ファイナンス・リースを新たな典型契約として規定することの要否や、仮に典型契約とする場合におけるその規定内容が検討事項として挙げられている[4]。

その検討過程では、リース契約の定義につき「リース提供者が、ある物（目的物）の所有権を第三者（供給者）から取得し、目的物を利用者に引き渡し、利用者が

---

[2] 法制審議会倒産法部会破産法分科会第1回議事録参照。
[3] 法制審議会倒産法部会破産法分科会第8回議事録参照。
[4] 法制審議会民法(債権関係)部会「民法(債権関係)の改正に関する中間的な論点整理」177頁。

その物を一定期間（リース期間）利用することを忍容する義務を負い、利用者が、その調達費用等を元に計算された特定の金額（リース料）を、当該リース期間中に分割した金額（各期リース料）によって支払う義務を負う契約」と定義する案が指摘されている[5]。

　もっとも、現時点における法制審議会では、定義の具体的内容についての検討には至っておらず、専ら定義化の必要性について検討しているにとどまる。

　しかしながら、後述するとおり、リース契約については倒産法制に取り込まれていないために生じた実務上の問題点が認められる。かかる観点からは、様々な問題点を解決する足がかりとして、リース契約を明文に取り込むことに一定の意義があるものと考える。ただし、すでに実務上、多種多様なリース契約が締結されている状況にあることに鑑みれば、定義を定めるとしても、その具体的内容についてはかかる事情にも配慮して慎重に検討するべきことは間違いない。

4　リース債権の法的性質に関連する問題

(1)　リース料債権の法的性質

　まず、定義化の具体的内容や実務上の問題点を検討する前提として、リース料債権の法的性質につき検討する。従前、リース料債権の法的性質につき争いがあったが、最判平成7.4.14民集49巻4号1063頁は、会社更生手続におけるフルペイアウト方式のリース契約について、「実質はユーザーに対して金融上の便宜を付与するものであるから、右リース契約においては、リース料債務は契約の成立と同時にその全額については発生し、リース料の支払が毎月一定額によることと約定されていても、それはユーザーに対して期限の利益を与えるものにすぎず、各月のリース物件の使用と各月のリース料の支払とは対価関係に立つものではない」と、リースの金融的機能を重視してリース契約の双方未履行の双務契約の該

---

[5]　法制審議会民法（債権関係）部会「民法（債権関係）の改正に関する検討事項（13）詳細版」45頁以下。

当性を否定した。当該判例はリース料債権につき更生債権であると判示したものであって、担保権付き債権であるか否かについて直接的に判示したものではないが、これによってリース料債権[6]は担保権付の金融債権（その性質は破産債権、再生債権及び更生債権（以下「倒産債権」と総称する。））であるという解釈[7]が定着したといえる[8・9・10]。

このように担保権付債権として取り扱うことで実務上は確定しているといえるが、その帰結として、担保権が別除権として扱われる破産手続と民事再生手続においては、別除権者たるリース会社に、担保権実行というリース契約の処遇につきイニシアティブが認められてしまうという点が指摘できる。共益債権説のようにリース契約に双方未履行双務契約の該当性を認めておけば、その解除か履行選択につき管財人及び再生債務者にイニシアティブが認められたところ、担保権付債権と構成することで、図らずも事業継続に必要なリース契約についてもリース会社から担保権実行が主張され、管財人等がその対応に苦慮するという状況が生じていることは否定できない。そこで、後述するとおり、管財人等の担保権実行に対する対抗手段について、より実効性のあるものに改正する実務上の必要性が

---

[6] 未払いリース料、残リース料だけではなく、リース契約解除に基づく規定損害金請求権についても損害賠償額の予定（民420条）として、同じく担保権付の金融債権であると解釈されている（石井教文「リース契約」山本克己ほか編『新破産法の理論と実務』（判例タイムズ社、2008年）224頁。

[7] 担保権付債権と解釈することについては、リース会社はリース物件をユーザーから引き揚げることが認められているため、法律上、その機能を担保権と構成するかはともかくとしても、実質上は目的物の使用権限がリース料債権の弁済を担保していることに着目して、一般債権者と区別して、担保権付債権と構成することが公平であるとの見解が示されている（伊藤眞「ファイナンス・リース・ユーザーの会社更生手続における未払リース料債権の法的性質」金法1428号64頁（1995年））。

[8] 民事再生手続の事案について、大阪地判平成13.7.19金法1636号9頁、東京地判平成15.12.22金法1705号50頁は、リース料債権を別除権付再生債権であると構成している。

[9] 大阪地方裁判所の運用については、『運用と書式』252頁。なお、東京地方裁判所においても担保権付債権との取扱いがなされているが、民事再生手続における保全命令の雛形では「事業所の備品のリース料」は弁済禁止から除外されている点が、大阪地方裁判所とは異なる。

[10] ただし、いまだリース会社からは根強い反論があり（旗田庸「倒産手続におけるリース債権の取扱い——リース会社の視点から——」金法1680号19頁以下（2003年）参照）、共益債権説を主張し、債権届出においても予備的届出として破産債権等として届出されることがある。

認められる。

　なお、リース料債権につき担保権付債権とし、双方未履行双務契約の該当性を否定する立場からすれば、実体法であれ、倒産法であれ、リース契約の定義を定めるにあたっては、リース料債権とリース物件の使用関係に対価性を認めるがごとき定義をすることは不適当であることを付言しておく。

(2) 担保権の目的物

　ところで、リース料債権につき担保権付債権と構成するとしても、担保権の目的物は何か、議論は対立している。

　大きな対立として、①ユーザーの有するリース物件に対する利用権・使用権が別除権の目的物であるとする「利用権説」と、②ユーザーにリース物件の実質的な所有権が帰属していると解釈して、かかる実質的所有権が別除権の目的物であるとする「所有権説」との対立がある。

　かかる議論の対立は、担保権の評価対象、評価基準、リース期間満了後の目的物の返還義務の帰趨、中止命令・担保権消滅請求制度の適否、実行行為概念の検討にリンクすると指摘されている[11]。

　この点、所有権説は、リース期間満了によっても所有権は移転せず、リース会社に目的物を返還するというファイナンス・リースの本質と相容れないという理論的難点があると批判されており、かかる点からも利用権説を採用するべきであるとする見解が強い[12]。

　そして、下級審裁判例でも、民事再生手続の事案において、「リース物件の引渡しを受けたユーザーにつき再生手続開始の決定があった場合、未払いのリース料債権はその全額が再生債権となり、リース業者は、リース物件についてユーザーが取得した利用権についてその再生債権を被担保債権とする担保権を有する」と

11　遠藤元一「リース契約における倒産解除特約と民事再生手続（上）－東京高判平成19年3月14日を契機として」NBL893号17頁（2008年）。
12　遠藤前掲注11・16頁、藤原総一郎「ファイナンス・リース契約におけるリース会社の権利」金判1361号100頁（2011年）ほか。

して、利用権説に立つことを明示したものがあり（大阪地判平成13.7.19。なお、そのほかにも東京地判平成15.12.22。前掲注8参照）、利用権説が有力な状況といえよう。

今後の裁判例の集積がまたれるところではあるが、実体法や倒産法においてリース契約の定義を定めるとすれば、リース契約における担保権の目的物を何と捉えるかについても配慮をする必要があるといえよう。

(3) 第三者対抗要件の問題

さらに、リース料債権につき、担保権付債権と構成した場合には、管財人等の第三者性から、担保権の設定につき、第三者対抗要件の具備が必要となるのが論理的帰結である。

そして、リース契約の担保権の目的物につき、所有権説に立てばリース物件に対応した第三者対抗要件を、利用権説に立てば利用権という（準）債権に対応した第三者対抗要件を要すると考えるのがそれぞれ親和的といえよう。しかしながら、上述したとおり、そもそも担保権の目的物は何か、学説上争いがあるところ、第三者対抗要件についての議論はあまりされておらず、実務上も事案に応じた柔軟な取扱いをしているように見受けられる。

そのため、リース契約について明文で定めるのであれば、第三者対抗要件についても併せて明文化するのが望ましい。

(4) 担保権の評価

会社更生手続は、更生担保権を拘束するものであり、また、更生担保権の価格は、担保目的物の「時価」であると定められている（会更2条10項）。

そこで、担保権の目的物につき、利用権説の立場からはリース物件の[13]、他方、リース物件の所有権であるとする所有権説の立場からはリース物件の、それぞれ「時価」を評価することになるとも考えられる。ただし、所有権説に立ったとしてもユーザーはリース物件の所有権を有していない以上、ユーザーの利用価値を中心に評価するべきであるとの指摘[14]もなされている。

そして、結局のところ、「時価」の評価は、会社更生手続開始時点の簿価、予想処分価格、再調達価格などを総合的に考慮して算定することになるといわれている[15]。この点、更生担保権の評価に関する諸問題については、別稿に詳細を譲ることとするが、特にリースについては確定的な基準がないともいえよう。

なお、民事再生手続においても、事業継続に必要なリース契約については、担保権の価額に対応した別除権協定を締結するようリース会社と協議を行うことになるため、リース契約の担保権の目的物をいかに評価するかは同様に問題となるものであることを指摘しておく。

5　リース契約における担保権実行行為と対抗手段

(1)　リースにおける担保権実行とそれに付随する問題点
a　担保権実行行為

以上のとおり、リース料債権は担保権付きの金融債権という評価が定着しているところであるが、破産手続や再生手続においては担保権者が別除権として倒産手続によらずに権利行使できるところ、リースの担保権実行行為とは法的にどのような行為を示すのか。実行行為概念は、後述するとおり、担保権実行の対抗手段である、民事再生手続における担保権実行の中止命令の適用の可否などを検討するにあたって重要な概念であるため、ここで整理する。

まず、リース会社の権利行使方法につき、契約上、どのように定められている

---

[13]　具体的には、利用権説に立てば、ユーザーにとって特別の価値があるリース契約については、そもそもリース契約におけるリース料がその特別価値を織り込んで利用価値を評価したものと推定できるからリース料を算定基準として、また、汎用性のある利用権であれば市場価値、つまり同種同型のリース物件のリース料相場を算定基準とすることが考えられるため、これをもとに収益還元法（DCF法）などに基づき「時価」評価すれば、リース会社にとっても二束三文の評価となることも少ないという指摘がなされている（山本和彦「倒産手続におけるリース契約の処遇」金法1680号12頁（2003年））。
[14]　事業再生研究機構編『更生計画の実務と理論』（商事法務、2004年）162頁。
[15]　事業再生研究機構財産評定委員会編『新しい会社更生手続の「時価」マニュアル』（商事法務、2003年）190頁。

かといえば、以下の三つの方法に分類できるといわれている[16]。

すなわち、①ユーザーに法的倒産手続開始申立てがあると催告なしで通知のみで、リース料の請求、リース物件の引揚げ・返還、またはリース契約の解除と損害賠償請求ができるという方法、②同様な場合に、無催告で通知のみによってリース契約を解除でき、ユーザーはリース物件を返還して規定損害金を支払わねばならないという方法、③同様の事由が発生した場合には、催告も通知もなくして、当然に期限の利益を喪失し、ユーザーは直ちに残リース料相当額を損害賠償として支払わなければならないという方法である。

そして、リース契約の担保物につき利用権説に立てば、上述した3方法いずれのリース契約であっても、その解除（ただし、解除せずともリース物件の返還が認められている場合には、その返還の主張をすれば足りることになろう。）をすれば、ユーザーが持つ利用権はリース会社に直ちに移転し、かつ、当該利用権は混同によって消滅して、リース会社は何ら制限のない所有権を有することになると考えられている。したがって、リース契約の解除のみを担保権の実行行為と捉え、その後のリース物件の引渡し[17]や清算業務[18]は事実行為と捉えられることになる。もっとも、利用権説に立脚しつつも、リースを動産譲渡担保の帰属清算型と類似する構成と捉え、担保の具体的な実行手続として、利用権の移転とは独立して清算義務の履行を観念し、担保の具体的な実行方法を目的物の引揚げを含め、リース物件の返還を受けるまでを実行行為と捉える見解もある。

他方、所有権説に立てば、担保権の実行行為はリース契約の解除からリース物

16　手塚宣夫「58　リース契約」『倒産処理法制の理論と実務』312頁。
17　このときのリース会社の返還請求は、利用権説の立場からは、解除によって完全な所有権を取得したリース会社が取戻権（破62条）に基づく主張であると評価できる。
18　清算義務につき、最判昭和57.10.19民集36巻10号2130頁は、リース期間中にリース物件を返還した場合に、リース契約に清算に関する定めがないとしても、特段の事情がない限り、リース会社はリース物件の返還によって取得した利益について清算義務を負うとし、かつ、清算対象は、リース物件が返還時において有した価値と本来のリース期間満了時において有すべき残存価値との差額であるとして（評価清算方式）、実際にリース会社がリース物件を換価したときを基準とするもの（処分清算方式）ではないとする。そのため、原則としては、リース会社にはリース物件の返還時の価値での清算を求めることができる。

件の返還[19]を受けるまでの一連の行為ということなる。

このように、実行行為概念については確定的な見解はなく諸説争いがある。ただし、いずれも倒産解除特約条項に基づくなど、リース契約の解除が実行行為の一部となっていることにはかわりない。

b　倒産解除特約条項の有効性

そうだとしても、リース会社は倒産解除特約条項に基づき、リース契約を解除することができるのか、この点、いわゆる倒産解除特約の有効性については、肯定説と否定説とが対立している。詳細は別稿に譲るとして、ここでは倒産解除特約の有効性に関する議論を簡単に概観する。

まず、最判昭和57.3.30民集36巻3号484頁は、所有権留保付売買の買主が会社更生手続を申し立てた事案において、会社更生手続の趣旨、目的を害することを理由として、倒産解除特約条項は無効であると判示した。そして、当該判例の射程は民事再生手続の場合に及ぶかについて議論が分かれていたが[20]、最判平成20.12.16民集62巻10号2561頁は、民事再生の事案において、「民事再生手続開始の申立てがあったことを解除事由とする部分は、民事再生手続の趣旨、目的に反するものとして無効と解するのが相当」と判示した。これによれば、リース会社は民事再生手続開始の申立てがあっただけでは、リース契約を解除することはできないという結論になる。

他方、破産手続における倒産解除特約条項の有効性については、いまだ裁判例がなく、いかなる倒産手続であっても倒産解除特約条項は無効であるとする見解や、清算型の破産手続と再建型の民事再生手続・会社更生手続とは制度の目的や趣旨が異なるため破産手続においては有効であるとする見解などの対立があり、解釈論としても定まっていない状況にある。

c　期限の利益喪失条項の有効性

19　このときのリース会社の返還請求は、所有権説の立場からは、別除権（破65条1項）に基づく主張であると評価できる。
20　民事再生手続における倒産解除特約条項の効力を肯定する下級審判例として、前掲東京地判平成15.12.22、同大阪地判平成13.7.19。

このように倒産解除特約条項の有効性は会社更生手続・民事再生手続において否定されるとしても、倒産手続申立以前にリース料の滞納がある場合には、リース会社は、その債務不履行に基づきリース契約を解除することが可能である。

　また、倒産手続の申立てを期限の利益喪失事由と定めた条項（期失条項）は有効であるとするのが一般的見解[21]であり、また、倒産手続申立て及び開始によっても、倒産債権につき、弁済期の変更等の対外的な効果は生じず、破産者の履行遅滞を免れさせるものではない[22]とされている。そのため、リース会社には、期失条項の適用、及びそれに基づく債務不履行解除、という手段が残されることになる。

　ただし、民事再生手続においては、申立てから開始決定までの間に、弁済禁止の保全命令を受けるのが通常であり、これによっては、リース料についても弁済が禁止[23]されることから、その反射的効果としてリース会社は民事再生手続開始申立て後の不履行を理由に申立てから開始決定までの間はリース契約の解除はできないと解されている[24]。

d　解除後の使用相当損害金

　ちなみに、有効な解除（担保権実行）がなされてしまった場合には、ユーザーにはリース物件の使用収益権が認められないこととなり、リース会社に返還するまでリース物件の使用相当損害金の支払義務が発生することになる。それでは、この使用相当損害金をいかに算定するべきか、新たな問題が生ずる。

　この点、東京高判平成19.3.14判タ1246号337頁（前掲最判平成20.12.16の原審）は、再リース期間中に解除がなされたリース物件の使用相当損害金について、「再リー

21　前掲最判平成20.12.16の田原裁判官補足意見。
22　最判昭和33.6.19民集12巻10号1562頁参照。
23　ただし、東京地方裁判所の保全命令では「事業所の備品のリース料」は弁済禁止の対象から除外されていることは上述したとおりである。
24　前掲最判平成20.12.16の田原最高裁判事補足意見、前掲最判昭和57.3.30。ただし、これに対しては、弁済禁止の効力は、開始決定による倒産債権の弁済禁止の効力の前倒しであると考えて、倒産手続開始後の不払いを理由とする解除もできないとする見解もある（松下淳一「再生手続における倒産解除条項の効力」金判1361号107頁（2011年））。

ス料については、再リース期間中のリース物件使用の対価ととらえることができる」として、再リース料相当額をもって使用相当損害金を算出している。また、使用相当損害金の法的性質について、民事再生法119条5号または6号を根拠に共益債権であるとしている。

かかる事案は再リース期間中の事案であるが、リース料がリース物件の調達価格などから算定されたものであって使用とは対価性が認められないとして共益債権説を否定していることからすれば、リース期間中の解除後の使用相当損害金についても、リース料を基準に算定することは妥当ではない。

さらに、賃料相場があれば、再リース料にもこだわることなく、賃料相場によって使用相当損害金を算出するべきであろう。

(2) 対抗手段としての中止命令・担保権消滅請求制度の適用

a はじめに

以上のとおり、リース会社は、民事再生手続開始後、リース料の債務不履行に基づきリース契約を解除する、すなわち、担保権を実行するという対応をとり得ることが前掲最判平成20.12.16の田原最高裁判事の補足意見によって明らかになったといえる。これにより再生債務者は、事業の継続に必要不可欠なリース契約についても、担保権実行にさらされることとなる。そこで、以下、民事再生手続における、再生債務者たるユーザーの対抗手段として中止命令・担保権消滅請求制度の適用について検討する。

なお、会社更生手続において、更生担保権は会社更生手続に拘束されるため（会更50条1項）、その実行は問題とならない。また、破産手続においても、通常は、管財人はリース物件を返還するよう働くため、その実行は特段問題にならないことが多いため、ここでは民事再生手続における対抗手段に焦点を絞って検討する。

b 中止命令の類推適用の可否

ア 非典型担保権の実行を中止命令の対象とできるか

非典型担保権の実行を中止命令の対象とできるか、すなわち、非典型担保に民事再生法31条の類推適用ができるかについては、従前、議論が分かれていたとこ

ろであった。否定説は、占有型の担保など担保権者が直ちに実行できる担保権において中止命令の実行性が乏しいのではないかといった点を指摘し、他方、肯定説は、非典型担保であっても中止命令を担保権者との間での交渉材料とする必要性などを指摘する[25]。

ただし、最判平成20.12.22の田原最高裁判事の補足意見が、非典型担保権であるリース契約に基づく担保権実行行為について中止命令の適用があることを真っ向から認めたように、現在は、肯定説が優勢である。

イ　リースにおける中止命令の対象行為

リース契約の担保権実行が中止命令の対象となり得るとしても、上述した担保権実行行為との関係で、現行法における中止命令は果たして実効性が認められるものか、具体的に中止を求めるべき対象行為について検討する。

まず、担保権実行行為を解除行為のみと捉えれば、中止するべきは解除の意思表示であるため、リース会社の解除の意思表示に先行して、中止命令の発令を受ける必要がある。

他方、担保権実行行為を解除の通知からリース物件の返還を受けるまでの一連の行為と捉えたとしても、リース物件の返還自体は事実上の実行行為にすぎないため、中止命令の対象にはならない[26]という指摘がされている。

そうすると、中止命令の類推適用は、リース会社との交渉材料にはなるものの、実際に活用できる場面は、リース会社の解除通知前というきわめて限定的なものとなり、対抗手段としての実効性には疑問がある。

また、民事再生法31条2項は、中止命令の発令に先立って「競売申立人」の意見を聴かなければならない、と定めているため、かかる手続によって中止命令申立てを知ったリース会社が直ちに解除の意思表示をすれば、中止命令を発令する

---

[25] 石田憲一＝松山ゆかり「企業倒産（破産・民事再生）をめぐる諸問題─司法研修所における特別研究会の概要」NBL939号23頁（2010年）。ただし、現在では、肯定説が大勢を占めていると言え、集合債権譲渡担保につき中止命令の類推適用があるとした裁判例として、大阪高判平成21.6.3金判1321号30頁。

[26] 遠藤前掲注11・19頁。事実上の引揚げ行為と中止命令については『条解民再』131頁。

対象が消滅する。

　そのため、現行法における中止命令をそのままリース契約に適用したとしても、実効性はきわめて低いものといわざるを得ない。

　　ウ　改正の視点

　前掲最判平成20.12.22の田原最高裁判事の補足意見を前提とすれば、リース会社は、民事再生手続開始後、リース契約を債務不履行解除することが可能であり、再生債務者は、その後の使用相当損害金支払義務を負担するという理論上の帰結が導かれる。しかしながら、いまやリース物件は多種多様にわたり、事業の根本にかかわる建物、店舗の内装一式、機械設備などにつきリース契約の対象となっていることもあり、リース契約の継続が事業再生に不可欠な場合がある。その場合に、リース会社の担保権実行を優先させて、再生債務者の事業の再生に支障が生じることとなっては民事再生法の趣旨に反する。そこで、中止命令につき、より実効性のあるものへと改正する実務上の要請が認められる。

　そこで、具体的な改正事項としては、①非典型担保の担保実行についても中止命令の適用を明文で認めること、②中止命令の対象となるリース契約の担保権実行概念につき、リース契約の解除だけではなく、その後のリース物件の返還及びリース料債務の清算までの一連の行為であると明文で認めること、が必要であると考える。

　この点、①については、「非典型担保」につきどのように定めるのか、ひいてはリース契約の定義をいかに定めるべきかという、前提の論点を解決する必要がある。かかる定義規定を、倒産法に定めるのか、実体法である民法に定めるのか議論はあるにせよ、繰り返し指摘するように、定義を定めることが目的ではなく、倒産法制にリースをとりこむことに目的があることからすれば、少なくとも定義規定を設けることで、定義に直接的に該当しない非典型的なリース契約にも倒産法制における（類推）適用の足がかりとすることができるという意義があるため、前向きにとらえるべきである。何より、リース契約が一般的に浸透している現在において、リース契約を法律から除外するという結論は妥当ではない。

　また、②については、リース契約に限った問題ではなく、所有権留保や譲渡担

保といった非典型担保においても同様の規定を設けるべきではないか問題となるものと考えられるが、所有権留保、譲渡担保とリース契約とで異なるところはないため、所有権留保や譲渡担保にも同様に規定を設けることも検討対象とするべきであろう。

c　担保権消滅請求制度の類推適用の可否
ア　現行法の解釈

次に、リース契約に、担保権消滅請求制度（民再148条1項）の類推適用ができるかにつき、検討する。

まず、非典型担保について担保権消滅請求制度の類推適用を認めるか否かについては、肯定説と否定説とが対立しているが、非典型担保であっても事業譲渡などの場面において担保権消滅請求制度を利用する必要性が高いことから、非典型担保にも類推適用を認める肯定説[27]が優勢であるといえよう。

そして、前掲大阪地判平成13.7.19は、リース契約についても、担保権消滅制度の類推適用を認めることを前提としている。

しかしながら、リース契約について担保権消滅請求制度を認めるとしても、納付するべき「財産の価額」について、どのように評価するべきかという議論がある。

この点、上述したとおり、リース契約における担保権の目的物を何と捉えるかという問題から評価対象が定まっていないことに加えて、民事再生規則は、その79条において、「財産の価額」の算定につき「財産を処分するものとしてしなければならない」と定めていることから、リース物件の処分を前提に評価するときわめて低額な評価しか付かず、妥当な結論にならないのではないかという指摘[28]がなされている。他方で、利用権説からは、担保権の目的たる財産は、「利用権」である以上、処分価値により評価するにしても、利用継続を前提とした評価となり、必ずしも低廉な価格にはならないのではないかという指摘[29]もある。

さらに、たとえ担保権消滅制度を利用して、「財産の価格」を支払ったところ

27　『理論と実務（下）』58頁。
28　手塚前掲注16・315頁。

で、リース物件の所有権はリース会社に留保されたものであり特に利用権説からはリース物件の所有権は担保権の目的物ではなく利用権にすぎないため、再生債務者は当然にはリース物件の所有権を取得できず、リース期間満了後はリース物件をリース会社に返還せねばならず、「財産の価格」を支払う経済的メリットが乏しいのではないかとの問題点も指摘[30]されている。

イ 改正の視点

以上の問題点をふまえても、まずは、リース契約など非典型担保についても担保権消滅請求制度の適用を明文化するべきであると考える。リース契約につき担保権説を採用したことで、リース会社には担保権実行の機会が与えられるものの、対する再生債務者には対抗手段がないという問題を払拭する必要性が実務上認められるからである。

またこれにあわせて、担保権消滅制度のより活発な利用のための価額の納付につき、分割納付の新設も検討するべきである。分割納付の必要性の詳細については、別稿に議論を譲る。

他方、「価額」の評価基準については、例えば、リース物件が自動車、建物やそれと一体となる機械設備などの場合と、コピー機やパソコンのように中古品となれば価格が大幅に減額される場合とでは評価も異なるのはやむをえず、これを明文で整理することはきわめて困難といわざるを得ない。この点については、現行法における「財産の価額」の算定につき「財産を処分するものとしてしなければならない」という定めは基準として一定の意味を有しているといえるから、かかる基準によりながら、実務上、評価事例を積み上げるほかないのではないかと思料する。

また、担保権消滅制度を利用したとしても、リース期間満了後はリース物件を

---

29 具体的には、処分価値とは「リース業者が利用権の復帰により完全な所有権を回復できる価値」を意味するのであって、市場性のある物件については市場におけるリース価額を基準として、汎用性のない物件については再生債務者が利用せざるをえない点を考慮して、それぞれ価額を決定するべきであるという指摘がなされている（山本前掲注13・4頁）。
30 遠藤前掲注11・21頁。

リース会社に返還せねばならないのではないかという問題点については、そもそもリース契約ではリース料を完済したとしてもリース物件の所有権をユーザーが取得するものではないため、倒産手続をへたからといって平時以上の保護をあえてユーザーに与える必要があるか疑問であり、この点については慎重に検討するべきである。

6 再リース契約に関する問題

これまで、リース期間中の問題点を検討してきたが、一般的には、リース期間満了後に、同一のリース物件を引き続きユーザーが使用継続する場合には、「再リース契約」を締結しており、その処理についても実務上多く直面する。

この再リース契約の法的性質について、裁判例はないものの、既にリース会社はリース期間満了によってリース物件の残存価値相当のリース料を回収していることから金融的側面は消滅しているといえ、再リース契約は賃貸借契約にすぎないと評価するのが、一般的である。

そのため、再リース契約については、双方未履行双務契約として、事業継続などに必要な再リース契約については、継続を選択して、再リース料を財団債権・共益債権として弁済する（破53条1項等）、または、不要なリース契約については、解除を選択して、リース物件を返還し、他方、リース会社は倒産債権としてのみ損害賠償請求権を行使することができるにすぎない（破54条1項等）、という処理をすることになる。

ただし、後述するとおり、自動車の残価設定型のリース契約など、「再リース契約」という契約書名であっても、実質的には、当該契約によってリース物件の残価相当の資金を回収するよう設計されている契約もある。かかる場合には、金融的側面が強いものであるから、契約書名にかかわらず、ファイナンス・リース契約と同様に処理をするべきであろう。

7 フルペイアウト方式以外のリース契約に関する問題

　最後に、会計上、フルペイアウト方式以外のリース契約についても簡単に検討する。かかる契約は、一般的に、賃貸借契約という法形式を重視して、双方未履行双務契約の該当性を認めるのが適当といえる。

　さすれば、事業継続などに必要なリース契約については、継続を選択して、その後のリース料を財団債権・共益債権として弁済することとなる（破53条1項等）。他方、不要なリース契約については、解除を選択して、リース物件を返還し、リース会社は倒産債権としてのみ損害賠償請求権を行使することができるという結論になる（破54条1項等）。

　しかしながら、近時、会計上、フルペイアウト方式以外のリース契約であっても、自動車の残価設定型のように、リース物件の評価をあらかじめ行い、その評価額を控除した調達資金をもとにリース料を算定するものもある。この場合には、金融的側面を重視し、フルペイアウト方式と同様に考えるべきであるといえる。

　したがって、会計上の取扱いに拘泥されることなく契約内容を勘案して処遇を検討するべきである。

8 最後に

　リース契約は明文規定がないままに、経済社会ではますます発達しており、経済的な存在感は大きい。それにもかかわらず、これまでは専ら和解処理に頼ってリース契約を処理しており、むしろかかる点がリース会社の予測可能性を害し、管財人等とリース会社との対立を大きなものにしているのではないかとすら感じる。その観点でも、リース契約を倒産法制に取り込むことに意義はあろう。

　学術的な研鑽が足りないことから、本稿は、実務上のニーズやそれに関連する倒産法制の改正ポイントや視点を指摘するにとどまり、議論が未熟なものとの批判を免れないものとは思うが、倒産実務の観点がリース契約と倒産法制を考えるにあたっての何らかの一助となれば幸いである。

XII 民事留置権・商事留置権に関する改正提案（付：先取特権）

弁護士　平井信二

1　はじめに

　本稿は、民事留置権・商事留置権[1]に関し、大要、①破産手続と同様、民事再生手続、会社更生手続においても、民事留置権は失効すること（要保護性の高い債権は先取特権により保護する。）、②民事留置権に基づく競売権を否定すること、③商事留置権に優先弁済権を与え、担保権の実行としての競売権を認めること、④商事留置権の対象から不動産を除外する旨明文化すること、⑤商事留置権の消滅請求制度の内容を改正すること等を改正提案の内容とするものである。

　以下、「2」において、留置権をめぐる現行法上の複雑な規定及びそれに関連する論点を概観するとともに、このような違い・解釈上の争いをもたらす民事留置権、商事留置権の各沿革を振り返るとともに、「3」においてこれまでの立法経過を整理・概観の上、「4」において改正の方向性を設定し、「5」において具体的な改正提案を論じることとする。

　なお、留置権の改正提案に必要な限度で、先取特権の改正提案（不動産工事の先取特権の要件緩和、動産工事の先取特権の新設、消滅請求制度の新設）についても簡単に触れることとする[2]。

1　商事留置権一般を対象とするが、そのうち主に商人間の留置権（商521条）を念頭に置いて検討する。
2　破産管財人による動産売買先取特権の目的物の売却に関し、破産管財人の善管注意義務との関係で問題意識を持っているが、紙幅及び時間の関係から他日を期することとしたい。

2 現行法等の概観及び民事留置権・商事留置権の沿革

(1) 現行法の規定及び関連論点の概観

　民事留置権及び商事留置権に関し、現行法の規定及び関連論点[3]を概観すれば、末尾一覧表のとおりとなる。

　現行法は、実体法上の効力として民事留置権と商事留置権を同一に解しているにもかかわらず、同一倒産手続において、民事留置権と商事留置権の取扱いを異にしている。また、各倒産手続間において、民事留置権・商事留置権それぞれの取扱いが異なる。末尾一覧表のように、民事留置権及び商事留置権を巡る現行法の規律は、非常に複雑なものとなっているという他ない。

　このような複雑さをもたらす留置権の一番の特徴は、やはり、担保物権であるにもかかわらず、優先弁済権がなく、一方で事実上の優先弁済的効力を有するとされている点にあり、留置権は、かかる特徴を指して、「変態的性質」[4]であるとか、「鵺的」[5]などと評されている。

　また、抵当権、質権、先取特権といった他の担保物権について争いなく認められる競売権につき、留置権については競売権の有無そのものが争いとなってきた。民事執行法が制定された現在は、競売権は認められると解するのが一般であるが、その性質は、債務の弁済を受けるまで目的物を留置し続けなければならないという負担から留置権者を解放するために認められた換価のための競売（形式的競売）と解する見解が有力である[6]。

　民事留置権のような優先弁済権のない担保物権という中途半端にして概念矛盾ともいえる存在は、その生い立ちの特異性を改めて視野にとらえつつ、むしろ克服していくべきとの見解すら、有力な学者により唱えられてきた[7]。

---

[3] 論述に必要な限度で取り上げたものであり、もとより網羅的なものではない。
[4] 我妻栄『新訂担保物権法』（岩波書店、1968年）23頁。
[5] 伊藤眞他「＜座談会＞商事留置手形の取立充当契約と民事再生法との関係」金法1884号10頁〔山本和彦発言部分〕（2009年）。
[6] 高木多喜男『担保物権法〔第4版〕』（有斐閣、2005年）33頁。

(2) 民事留置権と商事留置権の沿革の違い

　末尾一覧表のとおり、民事留置権と商事留置権では、要件や各倒産手続における取扱いにおいて多くの相違点がみられるが、このような相違点は、それぞれの沿革及び目的に由来するといえる。

　a　民事留置権は、ローマ法の「悪意の抗弁」に起源を有し、同法においては、債権者がその債務者に対してみずからも債務を負担するにもかかわらず、これを弁済せずに自分の債権の履行を求めることが信義の原則に反するとみられる種々の場合に、債務者に対して、この抗弁権によってその義務の履行を拒絶することを許した[8]。

　そこでは、人的抗弁だったので対人的な権利であった。

　諸外国における法律構成は様々であり、ドイツ民法ではあくまでも同一債権関係から生じた二つの債権の間の拒絶権能として、債権編の総則の中に規定され、物権としてみられていなかった[9]。

　b　一方、商事留置権は、中世イタリアの商人団体の慣習から発達したものであり、その主たる分野において債権と物との間に牽連性を要求しない点で、諸国軸を一にする[10]。

　商取引において質権の設定を求めることは相手方を信用していないことを示すものであって顧客誘引策に反するし、また質権の設定には煩雑な手続を要し、加えて、商人が継続して取引する場合には相互の債権債務関係が絶えず変化するこ

7　三ケ月章「「任意競売」概念の終焉―強制執行制度改正の担保物権法に及ぼす影響の一考察―」、鈴木竹雄先生古希記念『現代商法学の課題（下）』（有斐閣、1975年）1627頁。一方、商事留置権については、留置権として構成するよりは、一種の法定質権として、むしろ優先弁済権を正面から認めつつ再構成を試みる方が留置権概念の不当な混乱を避け得る上に商取引の実情にも合致するとする。

8　我妻前掲注4・21頁。

9　フランス民法では、留置権につき統一的な規定を置くことなく、種々の場合に債務者の拒絶権能を認めているにすぎないが、学説上、これらの規定から根本規定を抽出して一個独立の権利としての留置権を認めている。しかし、これが物権かどうかについては、必ずしも学説は一致しない。スイス民法では、商人の留置権と合わせて、動産質権の章の中に規定し、一種の法定質権とみられていた（我妻前掲注4・21～22頁）。

10　林良平編『注釈民法(8)』（有斐閣、1965年）18頁〔田中整爾〕

とから、各個の取引ごとに質権の設定をなすことは困難であって、商人間の担保に適さなかった。そこで、商人間においては、質権を設定せずに、質権と同等もしくはそれ以上の担保力を有する制度が必要とされ、交互計算による相殺の便法が金銭債権のみにとどまらず、市場において容易に換価し得る物の取引にも及んでいった結果、案出されたものといわれている[11]。

3 立法及び改正経過

(1) 留置権に関する改正提案を検討するに先立って、まず現行法の規律に至るまでの立法及び改正経過を振り返ることとする。

a 民法制定時

旧民法の考え方を引き継ぎ、留置権は物権と構成され、優先弁済権は有しないものとされた[12]。

b 旧競売法制定時

申立権者として、留置権者が規定された[13]。

また、動産の競売については、「其他民法又ハ商法ノ規定ニ依リテ其競売ヲ為サントスル者ノ委任ニ因リ……之ヲ為ス」(3条) とされていたのに対し、不動産の競売については、「其他民法ノ規定ニ依リテ競売ヲ為サントスル者ノ申立ニ因リ……之ヲ為ス」(22条) とされていた[14]。

c 商法制定時

---

[11] 小町谷操三「商事留置権に関する二三の疑点」法学3巻6号610〜612頁(1934年)。
[12] 「留置権者ハ〜質権ニ関スル規定ニ従ヒ留置物ノ競売ヲ請求シ、其代金ヲ以テ弁済ニ充ツルコトヲ得」との原案が議論を生じつつも一旦は採用に決定したが起草委員ら自らが撤回した。梅謙次郎は、旧商法392条を引き合いに出した上、同項は優先弁済権を定めたものとの考えを示していたが、代価のうちから優先権をもってとるというような必要はないということに起草委員3名間の協議がまとまり、とすれば同原案を維持すると疑いを生じることになるとして、撤回されたものである。前田達明ほか「〈史料〉留置権法(二・完)」民商118巻3号448頁・449頁(1998年)。
[13] 実体法上、留置権には優先弁済権が認められない関係で、どのように理解するかにつき解釈上争いが生じた。詳細は、林編前掲注10・44頁以下〔田中〕。

旧商法では、商事留置権に関し、競売権や優先弁済権[15]等の規定が定められていた。

　しかしながら、旧商法の規定は、留置的効力を定めた1箇条を修正して残したのみで、その他の規定は削除され、大幅に修正された[16]。

　優先弁済権の規定の喪失は学説上物議をかもし、削除の理由については全く知ることができないとされている[17]。

d　旧破産法制定時（大正11年）[18]

　商事留置権は、特別の先取特権とみなされ別除権として扱われた[19]。ただし、留置権は本来薄弱な担保権であるから、順位は他の特別の先取特権に劣後するものとされた。

　一方、民事留置権は、商事留置権と沿革を異にし、ただ留置するということだけが留置権の本質であって、破産の場合には破産財団へその目的物が当然に入るべきものであるから、破産の場合には消滅して仕方がなく、民事留置権を別除権と認めると破産手続を徒に遅延させることになり、ただ財団の管理及び換価を妨げるものであって百害あって一利なしとして、破産手続のもとでは効力を失うと

14　司法省民刑局長回答は、不動産については商事留置権が発生しないため、商事留置権による競売を規定しなかったとの解釈を示していた。岩松三郎『競売法〔現代法学全集32巻〕』（日本評論社、1930年）479頁。

15　旧商法392条の文言は「～の規定に従ひて売却し其売得金を以て、弁済に充つることを得」とあるところ、優先弁済権を定めたものと解するのが一般である。毛戸勝元「商法上の留置権の効力を論ず」京都法学会雑誌9巻10号9頁（1914年）。小町谷前掲注11・33頁。鈴木正裕「留置権小史」河合伸一判事退官・古稀記念『会社法・金融取引法の理論と実務』（商事法務、2002年）194頁。

16　小町谷前掲注11・32〜34頁。

17　小町谷前掲注11・34頁。また、毛戸前掲注15・10頁は怪訝に堪えないとしている。三ケ月前掲注7・1624頁は、全くの憶測としながら、既存の民法・競売法の枠組みの中に商事留置権をもはめ込もうとする動機が強く働いたとする。これに対し、鈴木前掲注16・204頁は、おそらく立案担当者は競売法の規定の存在で十分とみたのであろうとする。

18　鈴木前掲注15・212〜213頁。村田典子「倒産処理手続における商事留置権の取扱い〜東京高裁平成21.9.9判決を契機として」事業再生と債権管理128号128頁（2010年）。

19　破産において商事留置権の付随する債権に優先的効力を与えないと商法が留置権を認めた趣旨を無意義に帰するからとされた。深谷善三郎編『司法省編纂　改正破産法理由　附和議法理由』56〜57頁。

された。また、民事留置権を有する場合の多くは、特別の先取特権があることも、効力を失っても構わないとする理由とされた。

e 旧会社更生法制定時（昭和27年）

民事留置権は何ら特殊の地位を与えられることなく、被担保債権が更生債権として認められるにすぎないが、商事留置権の被担保債権は更生担保権とされた。

留置権の効力をどのように規制すべきか一応俎上にのせたものの、適当な立法的解決を見出し得ないまま時間切れとなって見送ったとされている[20]。

f 国税徴収法改正時（昭和34年）

旧国税徴収法上、留置権と租税との関係についての明文規定なく、行政解釈上、留置権者は留置的効力を主張することができないとされていた[21]。

しかしながら、改正により、留置権は、時計や自動車の修理費のようにその物の価値の保存ないし増加に要した費用につき認められる場合が多く、国税が劣後することとしても徴税の確保上大きな支障がないとして、滞納処分による換価の場合、常に留置権が租税債権に先立って弁済され、他の担保物権との関係でも常に優先して配当されることとされた（同法21条）[22]。

g 旧会社更生法改正時（昭和42年）

会社更生手続において、商事留置権者は被担保債権の弁済を受けるまで目的物を留置し、他方、更生手続開始決定後更生会社は更生担保権の支払を禁止されることにより両すくみの状態が生じていた。その際、目的物が更生会社にとって必要不可欠であるため、やむなく更生手続開始後に弁済禁止に反して弁済することにより留置権を消滅させた事例がみられるなどし、実務家より、事業継続上その

---

[20] 宮脇幸彦＝時岡泰『改正会社更生法の解説』（法曹会、1969年）242頁。
[21] 吉国二郎他『国税徴収法精解』（大蔵財務協会、2009年）219頁。優先徴収権を主張できないだけではなく、滞納処分によってその公売代金に余剰が生じた場合においてすら、その残余金は直接滞納者に交付されることになっていたことから、その分配にあずかることができなかった。同14頁。
[22] 同法の改正に関与した租税徴収制度調査会（旧大蔵省に設置。会長我妻栄）の答申では、破産法に準じ、商事留置権により担保される債権に対しては質権と同様の要件により優劣を定め、民事留置権により担保される債権に対しては全て優先する旨の内容であったが、旧大蔵省はこの見解を採用しなかった。吉国他前掲注21・219〜220頁。

留置物が不可欠な場合の留置権能を否定する等更生会社と留置権者との利害の調整を図る立法措置を望む声が強かった。

これに対し、留置権の効力自体を根本的に再検討することはやはり不可能であり、まして商事留置権を破産法の別除権、会社更生法における更生担保権の地位から引き降ろすことは困難であったので、あれこれ比較検討の結果、被担保債権額または目的物の価額に相当する金銭を供託し、供託金の上に質権者と同一の権利を有するとすることによる商事留置権の消滅制度が設けられた（なお、事業上の必要性は要件とされなかった。）。

ただし、民事留置権は対象とされなかった[23]。

方法としては、弁済は許されないという矛盾点を克服するための妥協点として、金銭供託による担保変換という立法がなされた[24]。

h 民事執行法制定時（昭和54年）

競売の性質については、実体法の解釈の問題とも関連するので、これを一律に規定することを避け、ただ、手続としては、担保権の実行としての競売の例によることとされた[25]。

そのため、売却条件として消除主義または引受主義のいずれをとるべきか、一般債権者からの配当要求を認めるか等、諸説分かれたままとなっている[26]。

i 民事再生法制定時（平成11年）

商事留置権は、破産法のように一旦特別の先取特権とみなすという構成はとられず、直接別除権と規定された[27]。

また、民事再生申立てから開始決定までの期間は比較的短期と見込まれ、あ

---

[23] 宮脇＝時岡前掲注20・241～244頁。①破産手続に移行したとき別除権となり保護が厚くなりすぎること、②実例が極めて少ないこと、③少額であることから、民法301条の消滅請求によるか、少額債権の弁済許可の利用が可能であるとして、他に適当な構想も見当たらず、特段の調整はしなかったとされている。
[24] 生田治郎「弁済禁止保全処分と留置権の消滅請求」竹下守夫ほか編『会社非訟・会社更生法〔改訂版〕〔裁判実務体系第3巻〕』（青林書院、1994年）250頁。
[25] 浦野雄幸『条解民事執行法』（商事法務研究会、1985年）890頁。
[26] 園尾隆司「留置権による競売および形式的競売の売却手続」金法1221号7頁（1989年）。

えて保全段階での商事留置権の消滅請求制度を設けるまでの必要性はなく、事業の継続に欠くことのできない財産の確保は一般の担保権消滅制度によることとして、商事留置権に特有の消滅請求制度は設けられなかった[28]。

j 　会社更生法改正時（平成14年）

実務上、商事留置権の取扱いが問題となるのは、倉庫業者や運送業者が商事留置権に基づいて会社の商品や半製品等を留置する場合が典型例であり、この場合商事留置権を消滅させて財産を取り戻す必要性は手続開始後よりもむしろ申立直後の保全段階の方が高いとの指摘がなされており、これを受けて、旧法161条の2の「開始決定後の商事留置権消滅請求制度」が保全段階に前倒しとなった。

その際、供託金の上に質権者と同一の権利を有することとする旧法の制度をそのまま前倒しにすると、保全段階においては担保権の実行や更生担保権に対する弁済が一般的に禁止されているわけではないので、旧留置権者が質権を実行することにより即時に満足を得ることとなって、本来、優先弁済権がない留置権がこのような優先弁済を受けることは相当でないと考えられた。

そこで、留置権の目的が事業の継続に欠くことができない物であること、すなわちその消滅のための費用に共益費用的な性格が認められること[29]及び裁判所の許可という二つの要件を新たに課すことにより、端的に留置権者への弁済を認めて消滅させる制度とされた[30]。

k 　担保・執行法制改正時（平成15年）

「担保・執行法制の見直しに関する要綱中間試案」（平成14年3月決定）において、留置権に対する優先弁済権の付与について「なお検討する」との立場が示され、

---

[27] すべての財産を換価処分する必要がある破産手続では特別の先取特権とみなして担保権実行手続をとることができるものとすることにより、その実行を容易にする側面があるから合理性があるが、再生手続は再建型手続であるから商事留置権の債権に格段の権利保護を与えてまで、別除権の行使を促す必要性に乏しいと考えられたためなどと説明されている。『要説』161頁。

[28] 『倒産法概説』143〜144頁。

[29] 事後的に共益性を付与して支払を認める考え方であり、倒産手続におけるプライオリティを考えるにあたり、興味深い。

[30] 『新会社更生法の基本構造』86〜87頁。

優先弁済権を与えることとした場合には、不動産の留置権に消除主義を導入することが提案された。

また、不動産については、沿革や当事者の合理的意思等を根拠に、商事留置権が成立しないとする提案がなされた[31]。

しかしながら、時間切れとなり、また多くは先取特権でカバーされているということもあって、改正は見送りとなった。

I 破産法改正時（平成16年）

ア 商事留置権の消滅請求の制度

担保権消滅制度（破186条）は任意売却の場面に限定して適用される制度であることから、破産者の事業が継続されるときに商事留置権の対象物が事業に必要なものである場合や、対象となっている原材料や半製品を加工して売却したり、対象物となっている財産を含めて一体として事業を譲渡する場面を想定し、会社更生手続における同様な制度（会更29条）を参考に新設された[32]。

イ 留置権の処遇[33]

「破産法等の見直しに関する中間試案」（平成14年9月決定）では、倒産処理手続における処遇の統一性に焦点があてられ、再建型手続においても民事留置権を失効することとしてはどうかという提案がなされた[34]。

一方で、補足説明内では、民事留置権についても特別の先取特権とみなすとの考え方もありうるとして、同考え方も説明された[35]。このような背景には、担保・執行法改正が同時進行で検討されており、そこで留置権者に優先弁済権を与える

---

[31] NBL734号68頁（2002年）。
[32] 商事留置権が特別の先取特権とみなされる（破66条1項）こととの関係で、破産手続開始後も商事留置権者になお留置的効力が認められるかの問題については非常に解釈が分かれていたところであり、本制度を導入することによって、留置効を肯定したものだと解釈されることについて、特に事務局においては懸念したとされ、解釈において一方の立場に立つものではないということを立法後の解説でも強調し、実際上の必要性から、調整を図るものとして導入されたものと位置付けられている。『一問一答破産』271頁、小林秀之＝沖野眞美『わかりやすい新破産法』（弘文堂、2005年）137頁。
[33] 同143～146頁。
[34] 『破産法等の見直しに関する中間試案と解説〔別冊NBL74号〕』（商事法務、2002年）36頁。

考え方が俎上にのぼっていたことから、その帰趨を見極める必要があるとの事情も存在した。

しかしながら、中間試案に対するパブリックコメントにおいて、少ない意見の中でむしろ多数を占めたのは、牽連性のある民事留置権のほうが商事留置権よりも要保護性が高く、財団への負荷も小さいとして、民事留置権の保護を強化すべきという意見であった。

このような意見照会の結果を受けて、その後の法制審議会では、どのように民事留置権の保護を引き上げるかの検討が軸となった。

しかしながら、建築請負の場合、不動産業などの注文者の立場からは反対意見が強く表明され、反対に請負人の立場からは、商事留置権が不動産について認められるかが不安定な中で、民事留置権に期すところがあり、下請保護の点からも賛成であるという意見も同様に強く、非常に利害対立する問題であった。

結局詰め切れず、民事留置権だけが登場する場面、また登場するとしてもその範囲はいずれもごく限られており現実にはそれほど支障はないだろうということで時間切れのような形となり、改正は見送られた。

(2) 留置権に関しては、学説上も古くから非常に様々な立法提案がなされており、このことは現行法の規定に問題が多いことを端的に示している[36]。

立法経過を振り返ってみると、当初より優先弁済権の付与について紆余曲折があり、その後も改正を試みるも抜本的な改正は都度見送られてきた歴史といえ、一方、実際上の必要性から、商事留置権特有の消滅請求制度の手当てがなされてきたといえる。

民事留置権と商事留置権の沿革の差異にもかかわらず、商法制定時に商事留

---

[35] 民事執行法においては事実上優先的に弁済を受けることができ、また国税徴収法上も最優先の配当を受けることができるにもかかわらず、破産手続においては一転して一般債権者と同列とする根拠に乏しいとか、被担保債権との間で牽連性が要求されており商事留置権よりも保護を図る必要性が高い等が理由とされた。

[36] 「5 改正提案内容」において個別に引用することとする。

置権の優先弁済権が削除され（上述したとおり、その理由を知ることはできない。）、商事留置権の効力に関する規定は留置的効力を定めた規定のみとなったことから、商事留置権は民事留置権と同様の効力を有するにすぎないと解された。商事留置権がこのように民事留置権に引き付けられて考えられてきたことは、改正にあたって障害となり、大きな影を落としてきたものといえる。

4 改正検討にあたっての視点

(1) 以上の概観を前提として、民事留置権・商事留置権の改正検討にあたっての視点を設定したい。

　a　まず、前提として、極めて複雑な現行法は見直すべきといえる。

　留置権は公示性がないにもかかわらず、不可分性（民269条）とも相まって、強大な効力を発揮する。

　留置権に関し執行妨害問題が特に取り上げられ問題となるのもそのためである。

　再建型の倒産手続においては、申立直後における信用低下状況の中で、再建に向け滞りなく事業が継続されているという実質のみならずかかる状態を外観上維持するということも、再建手続に対する債権者の協力・賛同を得るにあたり、非常に大事となる。そのため、留置権を主張されること自体、物流を一旦滞らせることによって債権者の不安を招き（再建手続に協力せず個別回収にかかっている事実を示すものである。）、再建への事実上の弊害を生じさせることになりかねず、債務者としては時間的制約もあって、金額や成立範囲を争いたくとも、留置権者の言い分どおりに（または大幅に譲歩して）応じざるを得なくなりかねないといえる。

　このような強力な制度について、規定内容が複雑であり、また多くの解釈上の問題を提起されていることは決して望ましいこととはいえない。数多くの立法提案がなされていることは、解釈上の問題では解決できないという側面を示している[37]。

b 見直しの方向性としては、①倒産手続において、民事留置権の効力を弱くするか、それとも民事留置権を商事留置権のように強くするか、逆に商事留置権を民事留置権のように弱くすることにより差異を設けないこととするか、②各倒産手続間で取扱いに違いを出すか等が考えられる。

これらの点に関し、平成16年破産法改正時において、パブリックコメント後に潮目が変わり、むしろ民事留置権の保護を強化すべきという方向（試案本体でなく補足説明内で紹介された見解）に検討が進んだことは前述したとおりである。

しかしながら、倒産手続において留置権が強大な効果を発揮し、倒産債務者としては金額や成立範囲を争いたくとも、留置権者の言い分どおりに（または大幅に譲歩して）応じざるを得なくなりかねない事態が生じ得ることを考慮すれば、民事留置権を現行法より強化することには慎重であるべきである。

c この点、現行法上、民事留置権が破産手続において失効する（破66Ⅲ）こととされている趣旨は前述したとおりであるが、同規定に関し、民事執行法上、事実上の優先弁済的効力が認められているにもかかわらず[38]、破産手続においては一転して一般債権者と同列とされる取扱いに正当な根拠は見出しがたいとする批判がある。

しかしながら、民事留置権は元来ローマ法における人的な抗弁権にすぎないという沿革からすれば、個別的な権利行使が禁止される倒産手続に入った段階では、民事留置権は消滅してよいし、すべきともいえる[39]。

d また、民事留置権には牽連性の要件があることを理由に、牽連性を必要とされない商事留置権よりも要保護性が高いとの議論がある[40]。

---

37 例えば、松岡久和「留置権に関する立法論」福永有利ほか『倒産実体法 改正のあり方を探る〔別冊NBL69号〕』（商事法務、2002年）101頁は、建築請負代金に基づく商事留置権と抵当権との問題に関連して、「現行法を前提にする限り回避不能な問題を含んでおり、解釈による解決提案はいずれも決定打を欠いているといわざるをえない」としている。

38 国税徴収法上最優先の効力が認められていること（同法21条）も根拠に挙げられるが、前述したとおり、同趣旨は徴税の確保上大きな支障がないこと等が理由とされておりやや特殊な規定といえるのではないか。

39 前掲注34・157頁。

40 前掲注34・158頁、小林＝沖野前掲注32・143頁。

しかしながら、牽連性があると何故、要保護性が高くなるのか十分検討する必要がある。

例えば、動産売買において、代金債権を被担保債権として売主が買主に対し民事留置権を主張する場合を考えてみると、牽連性が認められるが、共益性があるとはいえない。

よって、民事留置権は牽連性を必要とするから商事留置権より保護すべきとする根拠は薄弱なのではないかと思われる。

e　民事留置権については、各種場面においてその成立が判例上争われてきたが造作買取請求権に基づく賃借建物に対する留置権等その多くが否定されており[41]、現在、民事留置権が機能している適用場面は比較的限られているのではないかと考えられる。

とすれば、被担保債権の種類によって法定担保としての要保護性が高いと考えられるものについては、端的に特別の先取特権として保護することによりカバーし得るのではないかと考えられる。

例えば、運送料金請求権は、運輸の先取特権（民311条3号）、倉庫保管料は動産保存の先取特権（同4号）[42]、売主の代金については動産売買の先取特権（同5号）によって保護される。また、宅地造成における請負代金について民事留置権が成立するものと判例上考えられているが[43]、不動産工事の先取特権（民325条2号）によって保護し得る（ただし、後述のとおり、要件を緩和すべきである。）。

修理代金（必要費の費用償還請求権）は、動産保存の先取特権（民311条4号）により保護されるが、動産に加えた有益費の費用償還請求権については、これまで民事留置権の保護の対象であった。同請求権については、その共益性を根拠として、倒産手続においても保護されるよう動産工事の先取特権を認めるべきである。

その他必要に応じ、保護が必要なものは特別の先取特権を新設すればよく、民事留置権を強化することには慎重であるべきである。

41　高木前掲注6・23〜27頁。
42　江頭憲治郎『商取引法〔第6版〕』（弘文堂、2010年）371頁。
43　最判平成3.7.16民集45巻6号1101頁。

また、民事留置権と商事留置権の沿革及び目的の違いに照らせば、両者を統一的に理解しようとすることには無理が生じ、倒産手続において両者に差異を認めてよいと考える。

5 改正提案内容

倒産手続における民事留置権・商事留置権に関する改正を行うにあたっては、民法、民事執行法の規定が関係する場面が生じ、これらも必要な限度において併せ検討する。

(1) 民事留置権

a 優先弁済権・競売権

ア 民事留置権につき、優先弁済効を認めるべきとする見解がある。かかる見解は民事留置権を別除権（更生担保権）として取り扱う考えにつながるものである[44]。

しかしながら、上述の改正の視点で述べたとおり、倒産手続において民事留置権を強化することには慎重であるべきであり（必要に応じ、先取特権の改正を行えばよい。）、優先弁済権を認める改正は妥当でない。

イ また、現行法上、民事留置権に基づく競売は、留置権者としての負担を避けるための形式的競売と考える見解が有力であるところ[45]、留置権者の負担を避けるためには、被担保債権に基づき、通常の強制執行による手段をとることも可能であり、民事留置権に基づく形式的競売としての競売権の規定は削除すべきである[46]。

---

[44] 鈴木前掲注15・223〜224頁、227頁、230頁。山木戸勇一郎「民事執行手続における留置権の処遇―留置権に優先弁済請求権を認める立法をした場合に生じる問題―」慶應法学14号103頁（2009年）。

[45] 浦野前掲注25・891頁。

[46] 我妻前掲注4・45頁結論同旨。また、担保・執行法制見直しに関する要綱中間試案に対する裁判所の意見としても、留置権者に競売権を与えないとすることについては、おおむね異論がなかったとされている（判夕1094号57頁）。

b 破産手続における取扱い

現行どおり失効させるべきであり、要保護性の高い債権については、別途、先取特権の付与を検討すべきである。

c 再生手続・更生手続における取扱い

ア 現行法における不都合

現行法では、民事留置権は、商事留置権と異なり別除権や更生担保権とされていない（民再53条、会更2条10号参照）。そのため、被担保債権は再生債権・更生債権として計画によらずに弁済を受けることができないにもかかわらず、したがって弁済を促す効果もないまま留置し続ける状態となってしまう[47]。

そのため、前述のとおり、現行破産法制定に際し、再建型手続においても民事留置権を失効させることが検討されたが、民事留置権を弱体化することに強い批判が寄せられ、むしろ民事留置権の強化の方向が一旦模索されたが、最終的にはいずれも見送られた[48]。

しかしながら、民事留置権強化の要望は主に建物建築請負代金債権の保護との絡みで提出されていたものと考えられるところ[49]、同請負代金債権の保護は不動産工事先取特権の要件緩和によることが可能であって、民事留置権強化による保護に必然性はない。目的物の留置継続は再建の妨げになることがあり得るのであって、破産手続と同様、失効させるべきである。

(2) 商事留置権

a 優先弁済権・競売権

ア 前述したとおり、繰り返しになるが、商法制定時に優先弁済権等の規定が削除されてしまったがために（理由は不明）、商事留置権の効力に関する規定は留

---

[47] なお、現行法においても、和解（民再41条1項6号）によって留置物を取り戻す方法は考えられるが、あくまで和解が成立した場合に取ることのできる手段であって、また優先弁済権のない民事留置権者に支払することの理由付けにも困難が生じる。
[48] 『倒産法概説』144頁。
[49] 小林＝沖野前掲注32・144頁

置的効力に関するもののみとなり、商事留置権は、民事留置権と同様、優先弁済権がないものと解釈されてきた。

しかしながら、担保物権であるにもかかわらず優先弁済権がないことが留置権の理解を困難にさせ、商事留置権の受戻しの可否についての疑問や、後述する両にらみの状態が発生する事態を招いている。

前述したとおり、商事留置権は、質権設定の代替として生まれ、これにより商事取引の円滑化を図ろうとしたものであり、民事留置権とは沿革が全く異なるのであって、商事留置権には優先弁済権を明文で認めるべきである[50]。

イ　商事留置権に対し優先弁済権を認めることに伴い、形式的競売でなく、端的に担保権の実行としての競売権を認めることを提案する[51・52]。

商事留置権に優先弁済権を認め、担保権の実行としての競売を認める本提案は、後述のとおり、消滅請求制度の改正提案内容にも関わるものである。

b　目 的 物

ア　商事留置権の目的物に不動産が含まれるかについては、特に建物建築請負人の建物敷地に対する商事留置権の成否という形で活発な論議がなされており、明文上目的物は「物又は有価証券」（商521条）とされ、目的物から不動産が除外されていないことから問題となる。

例えばデベロッパーが民事再生手続を申し立てた場合、建物建築請負人が建築請負代金を保全するため、バリケード等を築き、商事留置権に基づいて建築途上の建物及び敷地の引渡しを拒むことがある。この場合、デベロッパーの信用は大きく毀損するほか、引渡しを受けられない事態が長期化すれば資金繰りにも多大

---

[50] 三ケ月前掲注7・1627頁。小町谷前掲注11・38頁。薬師寺志光「民事留置権と商事留置権との効力の差異」民商法雑誌1巻3号29頁（1935年）。毛戸前掲注15・7頁。松岡前掲注37・102頁以下。山木戸前掲注44・103頁。
[51] 我妻前掲注4・24頁。商事留置権は、競売権を含む一種の質権とすることが制度の本来の使命を果たさせるに適当だと考えられるとしている。
[52] 他の担保物権との優先関係が問題となるが（消滅請求の場面でも同様）、破産における取扱いを一般化し他の特別先取特権に後れるとすべきである。譲渡担保権との優劣については、譲渡担保権者の対抗要件具備と商事留置権の成立時期の先後によるとすべきではないかと考える。

な影響を及ぼすため、工事代金を払って引渡しを受ける旨の和解をせざるえなくなり、また建築途上であれば工事の完成をどのように行うか担保権者、請負人等と調整を要し、申立直後に非常な負担が生じる[53]。

　イ　松岡教授の整理[54]に従えば、①全面否定説[55]、②要件操作説[56]、③対抗関係説[57]、その他④反射的効力説他[58]が存在する。

　具体的な利益衡量としては、請負代金債権の保護と土地担保融資の保護のバランスをどう考えるかによることとなる。敷地に対する留置権が成立することとなると、買受人が不足の損害を被らないよう、当該土地の価額から当該留置権の被担保債権額を控除して評価し、当該評価に基づいて売却基準価額及び買受可能価額を定める必要が生じ、その結果、当該土地の評価額が低廉となり、場合によっては無剰余として不動産競売手続が取り消されることにもなるからである。

　ウ　上記問題については、従来、裁判例においても肯定説、否定説と分かれていた[59]。そして、このような状況を踏まえ、東京地裁民事執行センターにおいては、商事留置権の成立が認められる余地がある以上、買受人が不足の損害を被ることがないようにという実践的見地から、肯定説によって事件が処理されていた[60]。

　しかしながら、平成22年になって、商事留置権の成立を否定する東京高裁決定[61]が相次いで出されたことを受け、過去の決定例にも照らすと、少なくとも建

53　木内道祥監修『民事再生実践マニュアル』（青林書院、2010年）224頁。
54　松岡前掲注37・90〜94頁。
55　浅生重機「建物建築請負人の建物敷地に対する商事留置権の成否」金法1452号16頁以下（1996年）ほか。
56　不動産に対する商事留置権を一般的には肯定するが、建物建築請負人の建物敷地に対する商事留置権の成否が問題となる事例では成立要件のいずれか（占有要件等）を操作して敷地に対する商事留置権を否定する見解である。
57　商事留置権の成立は認めたうえで、敷地の抵当権者と商事留置権の優劣は、抵当権設定登記と請負人の占有開始時もしくは商事留置権の成立時点の先後によって決める見解である。
58　仙台高判平成6.2.28判時1552号62頁。
59　肯定説として、東京高決平成6.2.7金法1438号38頁ほか。否定説として、東京高決平成6.12.19同頁ほか。
60　東京地方裁判所民事執行センター「建物建築工事請負人の建物の敷地に対する商事留置権の成否」金法1912号82頁（2010年）。

物が完成していない事案については商事留置権の成立を否定する確定判例があるものとして取り扱うべきであると解される状況とみてよく、買受人が不測の損害を被るおそれはほぼなくなったということができるとして従前の取扱いを変更し[62]、同事案については建物建築工事請負債権につき敷地に対する商事留置権は成立しないものとする取扱いに変更することとされた。

エ　執行裁判所におけるこのような取扱変更を踏まえ、また質権の代替として生まれてきた商事留置権の沿革からすれば、そもそも不動産は商事留置権の対象とならない旨明文化すべきである。旧競売法においては、不動産の競売について商事留置権が規定されていなかったことは前述したとおりである。

これに対し、現代では不動産も商品として流通しているとの見解もあるが、不動産に関しては登記によって権利保護すべきであって、公示機能を有しない商事留置権による保護によるべきでない。

この点、上記松岡論文も、商事留置権の対象から不動産を除外することが、建物建築請負人の建物敷地に対する商事留置権の成否問題の根本的解決の第一歩としてもっとも簡明と思われるとし、法制審議会担保・執行法制部会での議論も、この点では一致を見ていたとしている[63]。担保・執行法制の見直しに関する要綱中間試案においては、商事留置権は不動産については成立しないとの提案がなされていた[64]。

請負業者の保護は、商事留置権でなく不動産工事の先取特権による保護を検討すべきと考える[65]。不動産工事の先取特権による保護は、工事による増加分につ

---

[61] 東京高決平成22.7.26金法1906号75頁は、そもそも不動産は商事留置権の対象とならないとし、仮になるとしても取引目的外の物に占有を及ぼし、それがたまたま債務者所有であったという場合「商行為によって自己の占有に属した」とはいえないとした。また、東京高決平成22.9.9金法1912号95頁は、占有補助者の地位を有するにすぎない等として占有要件を否定した。

[62] 但し、建物が完成している今後さらに個別に検討する余地があるとしているが、この種事案で建物が完成していることは現実には少ないだろうとされている（東京地方裁判所民事執行センター前掲注60・84頁）。

[63] 松岡前掲注38・102頁。

[64] 中間試案「第1」「1」「(2)」。NBL734号68頁（2002年）。

いてのみ請負人の優先権が認められることから（民327条2項）、結論としても落ち着きがよい。

不動産工事の先取特権については、工事を始める前に予算額を登記することが必要とされており（民338条）、このことが不動産工事の先取特権の利用の低迷を招いているものであって、工事完了後直ちにその費用の額を登記すれば足りる旨改正すべきである[66]。

c 破産手続における取扱い

ア 別除権

商事留置権に優先弁済効を認めることにより、現行法のように一旦特別の先取特権とみなす必要はなく、端的に別除権とすべきである。

イ 留置的効力について

現行破産法上、商事留置権は破産手続において特別の先取特権とみなされる（破66条1項）関係から、破産によって商事留置権に基づく留置的効力が存続するかどうかについて、解釈上の争いを生じさせている[67]。

しかしながら、商事留置権を端的に別除権とする本提案によれば、留置的効力が存続するものとして解決される。

留置的効力消滅説における実質上の根拠としては、存続説によれば、留置権による競売を行った場合、本来商事留置権に優先するはずの他の先取特権者（破66条2項）の配当要求が認められない結果、留置権者が事実上の優先弁済を受ける

---

[65] 部会においては、建築請負人等の請負代金を担保する手段が奪われることになることから、その代償として建築請負代金を担保とする措置を別途講ずる必要があるとの指摘がなされ、同中間試案では、不動産工事の先取特権に関する提案が併せてなされている。中間試案「第1」「1」「(3)」。同補足説明 NBL735号10頁（2002年）。

[66] 林編前掲注9・221頁〔西原道雄〕。加藤木精一「不動産工事・保存の先取特権」星野英一ほか編『担保法の現代的諸問題〔別冊 NBL10号〕』（商事法務研究会、1983年）35頁。

[67] 破産管財人からの手形返還請求の拒絶を認めた最判平成10.7.14 民集52巻5号1261頁により、手形については留置的効力が存続する旨決着したものの、手形に止まらず他の目的物一般についても留置的効力が存続するのかどうか同判例の射程範囲には見解の相違がみられる（法曹会編『平成10年最高裁判例解説民事篇』686頁以下〔田中昌利〕。江頭憲治郎ほか編『商法（総則商行為）判例百選〔第5版〕』（有斐閣、2008年）96頁以下）。

事態になってしまうことなどが挙げられていた[68]。しかしながら、商事留置権による競売を形式的競売でなく担保権の実行としての競売にあらためることにより、他の先取特権者の配当要求が認められることから、消滅説が指摘するような事態は生じなくなるといえる。

d　民事再生手続における取扱い
ア　受戻し

現行民事再生法において、商事留置権は破産のように特別の先取特権とみなされていない。そのため、優先弁済権のない商事留置権について、再生債権である被担保債権を支払うことにより目的物の受戻しを行うことが可能か問題となる。

この点、実務上は、受戻しによる処理が行われており[69]、受戻しを認める根拠としては、同法41条1項9号に定める「別除権」から商事留置権が除外されていないことから、「特別の定めがある場合」（民再85条1項）として、再生債権の弁済禁止効に触れない等の説明がなされている[70]。

しかしながら、別除権といっても優先弁済権のない債権者に対する弁済であって有害性は大きなものがあり、別除権者の優先弁済権を前提に実質的な有害性の欠如を根拠とする受戻しの規律を商事留置権に適用することには慎重な意見も呈されている[71]。

商事留置権に優先弁済権を認めればこのような疑問は生じないこととなる。

イ　商事留置手形の取立充当約定に基づく充当

また、現行法上、商事留置権に優先弁済権が認められていないという問題は、民事再生手続における商事留置手形の取立充当約定に基づく充当の有効性の議論にも影を落としている。

すなわち、商事留置手形の取立充当約定に基づく充当の有効性については、東

68　法曹会編前掲注67・680頁。
69　木内監修前掲注53・223頁。
70　西謙二「民事再生手続における留置権及び非典型担保の扱いについて」民訴雑誌54号62頁（2008年）。
71　山本和彦「民事再生手続における手形商事留置権の扱い―東京地判平21.1.20を手掛かりとして―」金法1864号11頁（2009年）。

京高判平成21.9.9[72]において、商事留置権に優先弁済権は認められず、取立委任手形が金融取引の担保的な機能をしている実体が公知かつ周知されているとしても、その担保的機能が優先弁済権を含む担保権であり強行規定である民事再生法85条1項の適用を排するものとは到底いえない、また破産法や会社更生法の場合に比べ民事再生法において商事留置権の保護が劣るとしても立法政策の問題であるとして、充当は認められない旨判示した[73]。

ウ　同充当否定説の結論に従うと、金融機関は手形を取立てに出さず、そのまま留置する対応策を取ると思われ[74]、現行法の民事再生手続、会社更生手続において民事留置権に生じる「にらみ合い状態」が再び出現することとなる。このような状態は、留置権者、債務者双方にとって望ましくない[75]。

以上の問題は、商事留置権に優先弁済権が現行法上認められていないことによって生じている問題といえる。

同約定については、平成23年12月15日最高裁判決[76]により、別除権の行使に付随する合意として民事再生法上も有効であり、充当の有効性を認めるとの決着を見た。

しかしながら、手形のみならず、他の目的物一般（動産）についても同様の約定の有効性が認められるかについては未だ不明確と考えられ、商事留置権に優先弁済効を認めれば、かかる問題も解消されると考えられる。

e　会社更生における取扱い

消滅請求における円滑な処理が主に問題となるが、後述する。

---

[72] 金法1879号28頁以下。
[73] 東京地判平成21.1.20金法1861号26頁以下の控訴審に当たる。
[74] 筆者も、現にそのような対応をとる金融機関の実例に接している。
[75] なお、充当否定説を支持している山本和彦教授は、肯定説に対し解釈論の域をやや超えた部分があるのではないかとの印象を拭えないと評しており、また現行法を前提とすれば同否定説には再生債務者に交渉の余地を確保する意味合いがあるとしているが、このようなにらみ合いの状態自体そのものは望ましいものとは考えていないように思われる（伊藤眞ほか「＜座談会＞商事留置手形の取立充当契約と民事再生法との関係」金法1884号23頁（2009年））。
[76] 金法1937号4頁。

f 商事留置権の消滅請求制度

商事留置権につき、民事留置権のように倒産手続に入っても効力を失うこととしない場合、再建型手続における商事留置権の消滅請求制度の整備が重要となる。

ア 会社更生手続における商事留置権の消滅請求制度の要件の改正

現行会社更生手続においては、「事業の継続に欠くことができないものであるとき」（会更29条）に、商事留置権の消滅請求をなし得るとされている。

しかしながら、不可欠性の要件をどれだけ厳しく認定するかにもよるが、実際には代替性がないわけではなく、他から調達も可能であるが時間がかかり、留置権者の手元にある物を早期に手に入れたほうが事業がスムーズに回転するという場合に、留置目的物を解放して欲しいというニーズが存在する[77]。

上記不可欠性の要件は平成14年改正において導入されたものであるが、その趣旨は、前述したとおり、商事留置権に優先弁済権がないことによるものである。

とすれば、商事留置権に優先弁済権を認める本提案によれば、上記不可欠性の要件は必須でなく、必要性で足りるとすべきである。

イ 民事再生手続における商事留置権の消滅請求制度の導入

現行民事再生手続においては、破産手続や会社更生手続と異なり、商事留置権特有の消滅請求制度は設けられておらず、商事留置権の消滅は一般の担保権消滅請求制度に委ねられている。

しかしながら、民事再生手続における担保権消滅請求制度は「事業の継続に欠くことができないものであるとき」との要件（民再148）を課しており、上記のように代替性がないわけではないが事業継続に必要であるといった場合に商事留置権を消滅させることができない。

民事再生手続における担保権消滅請求制度導入に対する最大の反対理由は、優先弁済権の中身を切り下げられる担保権者（金融機関）が担保掛け目を厳しくすることにより金融の逼迫が生じてしまうという金融実務への負のインパクトへのおそれであった[78]。

---

77 伊藤ほか前掲注30・89頁〔田原睦夫発言〕。

そして、上記不可欠性の要件を課した趣旨は、目的物上の全ての担保権を消滅させるという強力な効果を有することから、再生手続の目的を達成するうえで必要最小限度の範囲に限定する必要があるからと説明されており[79]、担保権者の利益と事業再生を達成する利益との調整を図る線引きを不可欠性要件に置いたものである。

　しかしながら、商事留置権については、上記最大の反対理由が指摘する問題は生じない。

　また、本提案では不動産を商事留置権の目的物から除外しており、動産の場合には担保権者の実行時期選択の利益も不動産ほど大きくないと思われる。

　担保権一般を対象とするのでなく、留置的効力を消滅させるために商事留置権を対象とした制度を別途設けるのであれば、事業再生を達成する利益を保護するため、要件を不可欠性から必要性に切り下げることも許容されるというべきであって[80]、商事留置権特有の消滅請求制度の導入を提案する。

ウ　再建型手続における商事留置権の消滅請求制度の内容の改正

　被担保債権より目的物が高額な場合（不可分性に基づく留置）については、一般には消滅請求制度の対象外と考えられており[81]、弁済により解決するほかない[82]。

　これに対し、目的物より被担保債権が高額な場合、目的物の価額を支払えば受戻しできるはずだが、価額につき合意できなければ、消滅請求制度による他ない。しかしながら、一口に価額といっても、時価かそれとも処分価額か、さらに処分価額といっても早期売却価格か競売価格か等捉え方に幅があり[83]、さらにはある

---

[78] 『条解民再』699頁。
[79] 『一問一答民再』191～192頁。
[80] 一般の担保権消滅請求制度について必要性要件に切り下げる提案については、本書156頁以下の中森論考を参照。
[81] 『倒産法概説』153頁。伊藤前掲注30・87頁。
[82] 債務者と留置権者間で被担保債権額に争いがある場合、留置権の不可分性と相俟って、債務者としては目的物の事業上の必要性から、意に沿わない支払を強いられることになりかねないという問題がある。もっとも、この問題は、債権の存在及び額につき確定判決等の債務名義を要しない担保物権一般に潜む問題と考えられる。
[83] 伊藤前掲注30・87～91頁。

者（例えば債務者）にとっては価値があるが他の一般の者にとっては価値がないという場合もある。

　このように価額といっても一義的でないため、例えば、再建型手続申立時に、商品や半製品、原材料、金型等が第三者の倉庫や工場で保管中であったり、運送中であったりしたケースにおいて商事留置権が主張された場合、債務者としては、事業上の必要性からやむなく、価額に関し意に沿わない譲歩を強いられる場合がありうる。特に、目的物が市場流通性に劣り、競売となれば相当低額での競落しか期待できないような場合であっても、債務者からしてみればいわば足元を見られる形で譲歩を強いられるような場合には、弊害が大きいといえる。

　現行法の消滅請求制度は、弁済額が目的物の価額に満たないときであっても、相当期間内に不足額を弁済することを条件として、留置権者に対し留置権の目的物の返還を命じることができるとして、交渉に要する債務者の時間的制約に関し一定の配慮がなされているものの（会更29Ⅴ）、留置物に対する返還請求訴訟の提起を前提とする現行制度が実際に機能するのか、時間の関係からいって問題が生じうる[84]。

　そこで、破産手続における担保権消滅請求制度を参考とし、従来の商事留置権消滅請求制度の一オプションとして、以下の制度の創設を提案したい。

　すなわち、債務者より一定の金額の弁済を申し出、留置権者が同弁済による消滅を承諾しない場合に、債務者が競売申立ての催告を行った場合には一定期間内[85]に競売申立てを行わないかぎり、上記一定の金額の弁済により商事留置権は消滅するという制度である[86]。

　このような制度が創設されれば、市場流通性のない目的物[87]等について、同制

---

[84] 訴訟手続となれば、申立から第一回期日が入るまでだけでいっても約1カ月は要するし、鑑定等を行えば判決まで相応の期間を要する。
[85] 破産手続における担保消滅請求の催告期間は1カ月とされているが、民事再生手続・会社更生手続においては破産手続よりもより迅速な解決が必要とされ、例えば2週間等、より短くてもいいのではと考える。目的物は留置権者の占有化にあり、動産の見積りであれば2週間あれば債務者の提示額の多寡を判断するに十分な期間といえる場合も多いのではないかといえる。

度を梃子として、和解交渉により速やかでかつ適正な価額[88]での留置目的物の解放が実現しうると考えられる。

なお、あくまで一オプションであり、競売による市場への流出リスクは避けたいといった目的物については、債務者の選択により、従来どおりの商事留置権消滅請求制度及び同制度によることを前提とした和解交渉によるものとしたい。

エ　先取特権の消滅請求制度

留置権に関しては、特別の先取特権についても重複して成立する場合が多いところ[89]、破産により商事留置権の留置的効力が存続するかの議論の中で、先取特権の行使の目的の限度において占有を継続することは適法とする見解がある[90]。

しかしながら、先取特権は質権のように占有を伴う担保権ではないことからすれば、特別の先取特権から直接に占有権限を導くことができるのかについては、疑問なしとしない[91]。

もっとも、占有を認める考えもあり、破産手続において、商事留置権に対する消滅請求制度が実際上の必要性から導入されたのと同様、先取特権についても留置権と同様の消滅請求制度が必要ではないかと考えられる。

---

[86] なお、会社更生手続における開始決定後は、一般の担保権消滅請求制度と同様、留置権者への弁済でなく裁判所への納付となり、留置権者が競売申立てを行う場合には、担保権の実行禁止の解除によることとなる。

[87] 半製品はこれに該当する場合が多く、商品や原材料、金型についてはケースバイケースと思われる。

[88] 競売手続では、債務者からの買受申し出は禁止されており（民執191条・135条準用にかかる68条）、債務者から見た価額（一般には価値がないが債務者から見たら価値が高い場合）は担保権者に保障されていないと考えることも可能ではないか。

[89] 特に倉庫保管料に関し、商事留置権の成立には弁済期が到来していることが必要とされている関係から、弁済期到来前に第三者への譲渡や譲渡担保権の設定があった場合、商事留置権の行使が困難となり、代わりに動産保存の先取特権の主張がなされることも想定される。この点、実務ではあまり意識されずに商事留置権の主張がなされている場合があるように思われる。

[90] 法曹会編前掲注67・682頁〔田中〕。江藤ほか編前掲注67・97頁。

[91] 法曹会編前掲注67・682頁〔田中〕。

【現行法の概観】

	目的物	要件 (被担保債権に関する)	効力	
民事留置権	「他人の」「物」 (民295)	被担保債権と目的物との牽連関係	①留置することができる（民295）。 不可分性あり（民296）。 ②優先弁済権なし（民303・342・369参照。但し、果実の収受を除く。民297）。 　ⅰ　但し、不動産執行における引受主義（民執59Ⅳ、188）や、動産の場合、留置権者が目的物を執行官に提出することを拒む限り、差し押さえることができず（民執124）、担保権の実行としての動産競売は開始されないことから（民執190）、事実上の優先弁済的効力があると説かれる。 　ⅱ　また、滞納処分により換価したときは、国税に先立ち、また他の担保物権に最優先して配当される（国徴21）。 ※引換給付判決（最判S 33.3.13） ③競売権（民執195参照）。 ※留置の負担から留置権者を解放するための換価のための競売（形式的競売）と解するのが有力。優先弁済的効力ある果実の競売（その他商法753・757に基づく競売）は認める。 ※売却条件として消滅主義または引受主義のいずれによるか。配当要求を認め一般債権者と同様の割合で弁済を受けるのか等。 ④債務者の承諾なき使用等に基づく消滅請求（民298Ⅲ） ⑤代担保による消滅請求（民301）。	
			申立後開始決定まで（保全段階）	中止
				消滅
			開始決定の効果	中止
				消滅
			開始決定後	消滅
商人間の留置権	①債務者の所有する ②「物又は有価証券」 (商521) ※不動産が目的物となるか。	商人間においてその双方のために商行為となる行為によって生じた債権	留置することができる（商521）。 ※留置的効力以外については明文規定なく、その他効力については民事留置権の規定によると解するのが一般であり、民事留置権と同様、優先弁済的効力はないとされている。	
			申立後開始決定まで（保全段階）	中止
				消滅
			開始決定の効果	中止
				消滅
			開始決定後	消滅

破産	民事再生	会社更生
「破産財団に対してはその効力を失う」（破66Ⅲ）。	別除権とされない（民再53参照） →被担保債権は再生債権として計画によらずに弁済を受けることができず（民再85）、弁済を促す効果もないまま留置し続ける状態となる。 （和解（民再41Ⅰ⑥）により留置物を取り戻す方法はある。）	被担保債権は更生債権とされない（会更2⑩） →被担保債権は更生債権として計画によらずに弁済を受けることができず（会更47Ⅰ）、弁済を促す効果もないまま留置し続ける状態となる。 （少額を前提として、少額弁済許可や民法301条による代担保供与による消滅請求による処理が考えられるとされている。）
裁判所は、「必要があると認めるときは」、競売の中止を命ずることができる。但し、「申立人である債権者に不当な損害を及ぼすおそれがない場合」に限る（破24Ⅰ①）。 包括的禁止命令の対象ともなる（同25Ⅰ・Ⅲ）。	裁判所は、「必要があると認めるときは」、競売の中止を命ずることができる。但し、「申立人である再生債権者に不当な損害を及ぼすおそれがない場合」に限る（民再26Ⅰ②）。 包括的禁止命令の対象ともなる（民再27Ⅰ・Ⅲ）。	裁判所は、「必要があると認めるときは」、競売の中止を命ずることができる。但し、「申立人である更生債権者等に不当な損害を及ぼすおそれがない場合」に限る（会更24Ⅰ②）。 包括的禁止命令の対象ともなる（会更25Ⅰ・Ⅲ）。
	消滅請求の対象となっていない（民再148参照）。 但し、「事業の継続のために特に必要があると認めるとき」は中止した競売手続の取消ができる（民再26Ⅲ）。	
	競売は中止する（民再39Ⅰ）。	競売は中止する（会更50Ⅰ）。
破産手続の開始により破産財団に対してその効力を失う（破66Ⅲ）。開始決定による手続の中止を定めた破42には記載されていないが、破産手続になれば当然失効するからと説明されている）。 なお、免責許可の申立てがあり、かつ、破産手続廃止決定等があったときは、競売は中止され、免責許可決定の確定によりその効力を失う（破249Ⅰ・Ⅱ）。		
開始決定により既に消滅済み。	消滅請求の対象となっていない（民再148参照） 但し、「再生のため必要があると認めるとき」は競売手続の取消ができる（民再39Ⅱ後段）	消滅請求の対象となっていない（会更104Ⅰ参照）。
①特別の先取特権とみなす（破66Ⅰ）。 →別除権として破産手続によらない権利行使が認められる（破2Ⅸ、同65Ⅰ）。競売を申し立てて優先弁済を受けることができる。 ※留置的効力が継続するか （最判10.7.14民集52−5−1261。手形の事案。射程範囲に争いあり。） ②他の特別先取特権に後れる（破66Ⅱ）。	別除権となる（民再53）。いったん特別の先取特権とみなすという構成はとっていない。 ※受戻しが可能か（優先弁済がないこととの関係） ※約定に基づく手形取立金の被担保債権への弁済充当が認められるか（最判H23.12.15） ※他の担保物権との優先関係	被担保債権が更生担保権となる（会更2⑩） →更生計画の定めるところによらなければ、弁済をし、弁済を受けその他これを消滅させる行為をすることができない（会更47Ⅰ）。優先的更生債権・一般の更生債権に優先する順位が与えられる（会更168Ⅰ①・Ⅲ）。他の先取特権に後れるとの規定はない。 認可決定がなされれば担保権も消滅する（会更204Ⅰ）。
	裁判所は、「再生債権者の一般の利益に適合し、かつ、競売申立人に不当な損害を及ぼすおそれがないものと認めるとき」は競売の中止を命ずることができる（民再31Ⅰ）。	裁判所は、「必要があると認めるときは」、競売の中止を命ずることができる。但し、「申立人である更生債権者等に不当な損害を及ぼすおそれがない場合」に限る（会更24Ⅰ②）。
	消滅の必要があれば合意ベースで解決 ←申立てから開始決定まで比較的短期間とみられ手当せず。	商事留置権の消滅請求（会更29）「開始前会社の事業の継続に欠くことができないものであるとき」（平成14年改正） ※時価か処分価格か
特別の先取特権とみなされる（破66Ⅰ）。		競売は中止する（会更50Ⅰ）。
・商事留置権の消滅請求（破192）「継続されている事業に必要なものであるとき、その他当該財産の回復が破産財団の価値の維持又は増加に資するとき」（平成16年改正）—留置権者に弁済。 ・「当該財産を任意に売却して当該担保権を消滅させることが破産債権者の一般の利益に適合するとき」（破186）—裁判所に納付。	「当該財産が事業の継続に欠くことができないものであるとき」（民再148）—裁判所に納付。価額決定手続あり。 ※評価の基準　早期売却価格か競売価格か「評価は、財産を処分するものとしてしなければならない」（民再規則79Ⅰ）	「事業の更生のために必要であると認めるとき」（会更104）—裁判所に納付。価額決定手続あり。 ※評価の基準　早期売却価格か競売価格か（会更規則27条用にかかる民再規則79Ⅰ）

6 終わりに

　以上のとおり、留置権に関し改正提案内容を論じてきた。留置権に関し調査した感想を率直にいえば、如何にも複雑であるということであった。現行法の規律を一覧表の形としたのは、そのためである。
　本稿が、倒産法制における留置権のこれからのあり方を考えるにあたって、考察の一助となれば幸いである。

XIII 個人再生・個人の破産に関する改正提案
―住宅資金特別条項を中心に―

弁護士　新宅正人

1　はじめに

　個人の法的倒産手続としては、破産と個人再生が用意されている。

　個人の法的整理における担保権関係の最大の特徴は、個人再生における住宅資金特別条項である（通常再生でも利用可能であるが、ほとんどは個人再生で利用されている。）。住宅資金特別条項を含む個人再生について、施行10年を経る中で運用面でも様々な問題が指摘されている。

　本稿では、住宅資金特別条項を中心に、個人の破産手続、個人再生における実務上の問題点とこれに対する立法提言を論じる。

　なお、総花的に提案しているため、各制度について整合性を期しているものではなく、制度間で重複する提案も存する。

2　住宅資金特別条項の硬直性（個人再生）

(1)　問題意識

　「住宅」「住宅資金貸付債権」の要件該当性が厳格にすぎるのではないかという問題がある。

　すなわち、現行法では、「住宅」とは、「個人である再生債務者が所有し、自己の居住の用に供する建物であって、その床面積の2分の1以上に相当する部分が専ら自己の居住の用に供されるものをいう。ただし、当該建物が2以上ある場合には、これらの建物のうち、再生債務者が主として居住の用に供する一の建物に限る」（民再196条1号）とされている。また、「住宅資金貸付債権」は、「住宅の

建設若しくは購入に必要な資金（住宅の用に供する土地または借地権の取得に必要な資金を含む。）または住宅の改良に必要な資金の貸付けに係る分割払の定めのある再生債権であって、当該債権または当該債権に係る債務の保証人（保証を業とする者に限る。以下「保証会社」という。）の主たる債務者に対する求償権を担保するための抵当権が住宅に設定されているものをいう」（同条3号）と定義されている。極めて具体的かつ詳細な規定ぶりであるが、周辺領域にある事案において硬直的な運用がなされる素地があるともいえる。

(2) 住宅資金特別条項の趣旨

a 必要性

そもそも、住宅資金特別条項の趣旨は、個人債務者が生活の基盤である住宅を手放さずに経済的再生を果たすことができるようにするため、住宅に設定された別除権である抵当権等に関して特別な取扱いをすることとしたものとされている（『一問一答個再』12頁）。

b 許容性

もっとも、かかる取扱いは、倒産法の基本秩序である債権者平等の例外を許すものといえる。法がかかる例外を認めた理由は次のように説明されている。まず、住宅資金特別条項の内容は法定されているもので、かつ、内容も住宅ローン債権者に不利益とならないようにされている。他方、住宅ローン債権者以外の再生債権者が住宅資金特別条項に不満であれば、小規模個人再生の場合、再生計画案を否決すれば足りる（住宅ローン債権者には議決権がない。）。また、小規模・給与所得者等の違いを問わず、再生債務者に対する最低弁済額は、可処分所得要件や清算価値保障原則によって画されており、住宅資金特別条項の有無にかかわらず、他の再生債権者が不利益を被ることはない。加えて、オーバーローンの場合、住宅ローン債権者は、担保価値以上の弁済を受けることになるが、抵当権実行の時期選択権を奪われ、弁済期間も他の再生債権に比べて格段に長いことから、住宅ローン債権者を特段優遇するものではないといえる。むしろ、多額の住宅ローンを除外して弁済額が定められることから、一般的に他の再生債権者の弁済率は上

昇するという利益も受ける、というのが一般的な説明である（『一問一答個再』14〜18頁）。

　　c　定義への影響

　そして、前記のような「住宅」や「住宅資金貸付債権」の定義は、かかる住宅資金特別条項の必要性・許容性に合致しない事業用建物、他人の居住の用に供する建物を除外し（『一問一答個再』55頁）、住宅ローン減税の対象となる融資（租税特別措置法41条1項、4項、同法施行令26条4項、19項、20項）が金融実務上も住宅ローンとして取り扱われていることを参考に、同ローンの実質を伴うかを判断することができるようにと定められたものである（同62頁）。

　しかし、住宅資金特別条項の趣旨からみて、「住宅」や「住宅資金貸付債権」の範囲が狭すぎるのではないか、という問題がある。

(3)　解釈上の問題点

　　a　「住宅」について

　子がローンを組み、親名義で自宅建物を取得していたところ、その後、親が死亡して子が自宅建物を相続したという事案では、住宅資金貸付債権発生時に債務者（子）は、「住宅」の所有権を有していない。

　このような場合、原則として住宅資金貸付債権の発生時に再生債務者が「住宅」の所有権を有していることが住宅資金特別条項利用の要件であるとしつつ、当初から再生債務者の自宅の用に供する目的があったという特段の事情があるときには、例外的に住宅資金特別条項の利用と認めるという見解もある（『大阪再生物語』257頁）。

　しかし、住宅資金特別条項の趣旨からすれば、上記のような事案で同条項利用を原則的に制限する必要はない。また、条文上も、「住宅」の取得時期に明文の制限がないことからすれば、取得時期は解釈上も不問とすべきである。

　もっとも、このような問題が生じるのは、前記(1)のとおり「住宅」の定義を厳密に定めたこととも関係するといわざるを得ない。

　したがって、上記のような事案に疑義が生じないようにするため、住宅の取得

時期を問わないことを法文上明記すべきである。

　b 「住宅資金貸付債権」について
　ア　割賦代金

　割賦販売によって住宅を取得した場合、代金債権は、貸金ではなく分割の定めのある売買代金請求権であることから、形式的には「住宅資金貸付債権」に該当しないこととなる。

　しかし、住宅ローン減税の対象は、貸金だけでなく、①請負代金・売買代金で10年以上の分割払いのもの（租税特別措置法41条1項2号）、②中古住宅の取得対価に係る債務の承継に関する契約に基づく債務で10年以上の分割払いのもの（同項3号。ただし、独立行政法人都市再生機構等に限る。）を含むとされており、割賦代金も住宅ローンとしての実質を備えると評価されている。

　そして、住宅資金特別条項の趣旨からすれば、割賦代金を除外する積極的な理由はない。

　割賦代金も住宅資金貸付債権に準じるとして、住宅資金特別条項の適用が可能であるという解釈も示されており（『個再100問』163頁）、実務的にもそのような運用が報告されている。

　しかし、解釈上の疑義を払底するため、割賦代金等についても法文上「住宅資金貸付債権」に加えるべきである。

　イ　ペアローン

　いわゆる「ペアローン」とは、夫と妻（親と子の場合もある）が住宅を共有し、それぞれが同一金融機関から住宅ローンを借り入れ（①金融機関→夫、②金融機関→妻の2本の貸付金債権）、住宅全体に抵当権を設定する（例えば、①を被担保債権として抵当権Ⅰ、②を被担保債権として抵当権Ⅱが設定される。）場合をいう。

　この場合、夫にとって②は住宅資金貸付債権ではなく、抵当権Ⅱの存在は、民事再生法198条1項ただし書に抵触することとなる（妻についての①も同様である。）。

　しかし、同規定の趣旨は、住宅資金特別条項の対象以外の被担保債権によって抵当権が実行され、住宅資金特別条項が無意味となることを防止するところにあ

る（『一問一答個再』80頁）。とすれば、抵当権の実行が法律上または事実上ないのであれば、住宅資金特別条項の利用を認めてよいはずである。

現在の運用としては、夫婦双方の住宅資金特別条項付個人再生の申立てがあれば、同条項の利用を可としている裁判所が多い（判タ1119号99頁、『大阪再生物語』258頁、『個再100問』175頁、『個人再生の手引き』346頁、『破産・民再の実務（下）』462頁）。

しかし、妻に住宅ローン以外の債務がなければ、双方申立てで法的整理を強いられる負担は過剰といえる。

民事再生法198条１項ただし書の趣旨からすれば、夫婦双方申立てでなく、夫の単独申立てでも、抵当権Ⅱ実行の可能性が法律上または事実上なければ、住宅資金特別条項を認めることに問題はない。

そこで、ⅰ．申立てをしない他方債務者（前記事案であれば妻）の収入及び財産の状況、住宅ローンの弁済状況、他の負債の弁済状況から、他方債務者の住宅ローンが期限の利益を喪失して抵当権Ⅱが実行されるおそれながないこと、ⅱ．住宅ローン債権者が反対していないこと、ⅲ．住宅資金特別条項が他方債務者と同一であること（夫婦で条件が異なるのは好ましくないことから。）、ⅳ．ⅰ、ⅱ、ⅲについて個人再生委員の調査を経ることを要件として、一方債務者（前記事案であれば夫）の単独申立てによる住宅資金特別条項利用を認めるべきである（『個再100問』176頁、『破産・民再の実話（下）』463頁、『個人再生の手引』347頁）。ⅳの要件を課すのは、他方債務者が申立てを行っていないことに対する手続的な手当ての必要性からである。

解釈上も上記のような運用が望ましいが、立法論的な手当も併せて行うべきである。

　　ウ　連帯保証

住宅ローンについて、配偶者などの親族が連帯債務者または連帯保証人となることがある。親族が民事再生手続をとる場合、連帯債務を負担しているのであれば住宅資金特別条項の対象となるが、保証債務であれば貸付金でないことから住宅資金特別条項の対象とならないこととなる。

しかし、住宅ローンの連帯債務と連帯保証の間には、経済的にも当事者の感覚

としても変わるところはない。銀行の与信管理上の差異があるとの指摘はあるが、住宅資金特別条項利用の可否とは結びつける必然性はない。

しかるに、連帯保証人である親族が個人再生手続をとった場合に、住宅資金特別条項が利用できないとすると、次のような問題が生じるといわれている。すなわち、保証債務も他の再生債権と同様、再生計画案を立案するに際して最低弁済額を画する債権額基準の母数となる。そして、住宅ローンの保証債務は多額に上ることとから、弁済総額が上昇して再生計画案の履行可能性が低くなり、認可されないおそれが生じるという指摘である。また、弁済率自体は減少することから、他の再生債権者が反射的に不利益を被るということもいわれている。

前記のとおり、連帯債務と連帯保証で法形式上の差異はあるものの、経済的な相違は乏しく、いずれについても住宅資金特別条項の趣旨はあてはまる。したがって、連帯保証も「住宅」該当性などの要件を満たす限り、住特条項を利用することを認めるべきである（『個人再生の手引』348頁）。住宅ローン保証会社の求償権を保証する場合についても同様である。

このような取扱いを認めた場合も、「住宅」に設定された抵当権は主債務である住宅ローンであって、連帯保証人である親族との関係では住宅資金貸付債権には当たらず、民事再生法198条1項ただし書に抵触するというペアローンと同じ問題が生じる。この点については、前記(b)と同様とすべきである。

もっとも、そもそも主債務者が支払っている限り保証債務が現在化されることはなく（民再87条1項1号ないし3号に該当せず、232条1項によって現在化されない。）、期限付債権のまま計画上も支払わなくていいという指摘や（「個人再生手続におけるペアローン案件の住宅資金特別条項および住宅ローン債務の連帯保証債務の取扱い」銀法733号22頁（2011年））、主債務の弁済が継続するので事実上支払いを要しないという指摘がある（『個再100問』202頁、『倒産の法システム(2)』283頁）。とすれば、住宅ローンの連帯保証人が個人再生手続をとる際に履行可能性の点で困難を来すという指摘は、前提を欠くことになる。したがって、立法化の要否については、上記の点についてさらなる検討を要することに留意すべきである。

エ 諸費用ローン

　仲介手数料、登記手数料や住宅取得時の税金の支払のために住宅ローンとは別にローンが設定されることがある。これら諸費用ローンは、住宅ローン減税の対象でないことや、独立行政法人住宅金融支援機構の貸付の対象でないこと、本来の住宅ローンと比較して金利が高いことから、原則として住宅資金貸付債権には該当しないとされている。ただし、その使途と額によっては、例外的に住宅資金特別条項を定めることができるという運用もある（『はい６民』285頁、『個再100問』162頁）。

　しかし、そもそも諸費用ローンも、広義の住宅取得のための費用に充てる目的での借入れであり、住宅資金特別条項の趣旨は及ぶといえる。

　したがって、立法により住宅資金特別条項の対象とすることを明確化すべきである。

(4) **立法提案**
　a **「住宅」**
　○　「住宅」の取得時期は、住宅資金貸付債権発生と同時でなくともよく、申立時に再生債務者所有となっていれば足ることを明記する。
　b **「住宅資金貸付債権」**
　○　貸付金だけでなく、「住宅」の取得等に関する売買代金、請負工事代金、中古住宅の取得対価にかかる債務の承継に関する契約に基づく債務で分割払いのものも含むものとする。
　○　住宅資金貸付債権を主債務とする保証債務も含むものとする。
　○　住宅資金貸付債権を主債務とする保証会社の（将来の）求償権の保証債務も含むものとする。
　○　民事再生法198条１項ただし書（後順位担保権の存在による住宅資金特別条項利用不能）の例外に、ペアローンの他方債務者分の住宅ローン、再生債務者が連帯保証人である住宅ローンの主債務を加える。ただし、要件として、ⅰ．住宅ローンを被担保債権とする抵当権が実行されるおそれがないこと、ⅱ．

住宅ローン債権者が反対していないこと、ⅲ．住宅資金特別条項の内容が他方債務者と同一であること、ⅳ．ⅰ、ⅱ、ⅲについて個人再生委員の調査を経ることを要件とする。
○　仲介手数料、登記手数料、住宅取得にかかる各種税金に充てるための借入れも、住宅資金貸付債権に含むとする。

3　住宅資金特別条項における後順位担保権の存在（個人再生）

(1)　問題意識

住宅ローン以外を被担保債権とする後順位担保権が存在する場合、住宅資金特別条項が利用できないと規定されている（民再198条1項ただし書）。

阪神震災後に自宅を建て直した場合に、従前の住宅ローンが後順位で設定されることが多かったとされている（二重ローンの問題）。しかし、このような場合にも住宅資金特別条項が一律利用できないことは、不当にその利用可能性を狭めることになるのではないか。

(2)　検　　討

民事再生法198条1項ただし書の趣旨は、後順位担保権者が別除権を行使することで住宅資金特別条項が無意味となることの予防とされている。しかし、住宅ローンだけでオーバーローンであることが多く、後順位担保権が把握する担保目的物の価値はないことがほとんどである。したがって、平時であれば後順位担保権者が競売を申し立てても、無剰余取消しとなることが多い。

加えて、後順位担保権が価値把握している場合であっても、住宅の確保という住宅資金特別条項の趣旨からすれば、後順位担保権も住宅資金特別条項に取り込んでしまう必要性が高いといえる。もっとも、後順位担保権者は、住宅ローンと比較して高利をとっていることが通常であり、あまり住宅の交換価値に重きを置いていないか、将来的な期待にすぎないことが通常であるので、住宅ローンと同列の保護は行き過ぎである。

そこで、住宅に設定された担保権の被担保債権のうち、住宅ローン以外のものについては、担保目的物の価値を把握する部分は住宅資金特別条項の対象とし、これを超える部分は無担保の再生債権として計画弁済と対象とするべきである（住宅の後順位担保権について設定当初に把握した担保価値の範囲内でのみ特別の保護を受け、これを超える部分は無担保債権として扱うべきとするアメリカ連邦倒産法に関する全国倒産法調査委員会勧告（1997年）参照。野村豊弘ほか『倒産手続と民事実体法〔別冊ＮＢＬ60号〕』（商事法務研究会、2000年）129頁）。住宅ローン名目での借入れであるが、一部を他の用途に利用した場合（実質的な住宅ローン性に疑義がある場合）も同様とする。

　これに対しては、後順位担保権者の実行時期選択権、間接強制機能を奪うものであり、被担保債権の一部につき弁済があっても担保権は消滅しないとする不可分性に反するとの批判がありうる。

　しかし、前述のとおり、そもそも後順位担保権者は、個人再生の申立時にも無剰余のことが多いので、その期待を裏切るものではない。申立時に後順位部分について無剰余でない場合も、設定時は無剰余であったことが多く、住宅資金特別条項の対象として、担保部分も分割弁済の対象となったとしても、やはり後順位担保権者の期待を大きく害するものではないといえるであろう。

　そして、倒産手続の開始は、担保権の実行に等しいといえ、その価値把握が目的物価値に限定され、実行時選択権が後退することも正当化され得ると考え得る（伊藤進「担保権消滅請求制度の担保理論上の問題」ジュリ1166号96頁（1999年）参照）。

　また、個人再生の手続開始によって財産管理の法的性質は一変し、債務者に対する弁済圧力という利益は既に機能できない局面を迎えているということも指摘できる（四宮章夫「新再建型手続と担保権の取扱い」銀法563号5頁（1999年）参照）。

　そもそも担保権の不可分性は、政策的な担保権の強化に過ぎず、住宅の保護という住特条項の趣旨の前では不可分性は後退しても正当化されうるであろう（山本和彦「新再建型手続における担保権の処遇と国際倒産」ＮＢＬ655号29頁（1998年）、木内道祥「新再建型手続における担保権の取扱い」判タ991号12頁（1999年）、『倒産の法システム(2)』294頁参照）。

ただし、後順位担保権者に対する担保物の評価(被担保部分の評価)に関する手続保障のために、価額査定手続を設けるべきである。

住宅ローンの後順位担保権者についてこのような制度を採用したとしても、住宅資金特別条項の利用が可能となり、弁済原資を分配する母数が減少するわけであるから、現行制度と比較して他の再生債権者の取分が少なくなるわけではない。また、他の別除権者と比して後順位担保権者が有利になるものでもない。

なお、住宅ローンの後順位担保権のみを消滅させる特別な担保権消滅請求の導入も考えられる。この場合には、後順位担保権者は即時担保部分の回収が可能となるので、後順位担保権者の保護に厚い。

(3) 立法提案
- 住宅に設定された担保権の被担保債権のうち、住宅ローン以外のものについては、担保目的物の価値を把握する部分は住宅資金特別条項の対象とする。
- 民事再生法198条1項ただし書を廃止する。
- 住宅ローンの後順位担保権者が住宅の価額(債権の被担保部分の金額)に不服がある場合のために、価額査定手続を導入する。
- または、住宅に設定された住宅ローン以外を被担保債権とする後順位担保権のみを消滅させる特別な担保権消滅請求を導入する。

4 住宅資金特別条項における住宅資金貸付債権者の保護の範囲(個人再生)

(1) 問題意識
住宅ローンの全額の支払が保障される現行法は、住宅ローン債権者の保護に厚すぎるのではないか。

(2) 検　討
住宅ローン債権者は、金利は低いものの長期間の貸付であることから、十分な

利益を得ている。

　他方、債務者の弁済可能性を適正に評価せずに住宅ローンを組ませているのではないかという疑問が生じるものも散見される。

　住宅ローンを抱えて多重債務に陥った者も、住宅ローンを組んだときに既に多重債務に陥っていることは少なく（多重債務者であればローン審査が通らないことが通常である。）、結局、住宅ローンの支払のために多重債務者となった者が多いと考えられる。にもかかわらず、このような多重債務者が個人再生手続をとった場合に、ひとり住宅ローン債権者のみ担保価値を上回る全額が保護されるとすることは、他の再生債権者や別除権者と比較して不平等ではないかという疑問が生じる。

　そこで、住宅ローン債権者についても、前記2の後順位担保権者同様、住宅資金特別条項で保護されるのは把握する担保価値部分に限定すべきであると考える。

　方法としては、①前記3の主位的提案と同じく、担保価値把握部分のみ住宅資金特別条項の対象とし、その余は通常の再生債権として処遇するか、②前記3の予備的提案と同じく、特別な担保権消滅請求制度を導入するなどが考えられる。

　しかし、②は、住宅ローンでは担保価値把握部分が多額となることから、非現実的である。

　①の方法であれば、平時においても、住宅ローンの支払が滞った場合に住宅ローン債権者が住宅から回収できるという期待は住宅の価値に限定されているのであるから、その期待を裏切るものではない。また、余剰の再生債権部分は小規模個人再生では議決権を有し、給与所得者等再生では意見聴取の主体となることから、住宅ローン債権者の権利保障が弱すぎることはない。

　もっとも、①によれば、住宅ローンの余剰部分は多額となることが通常であることから、小規模個人再生では住宅ローン債権者が反対して再生計画案が否決されてしまう可能性が高くなる。しかし、この点は、給与所得者等再生を利用することで克服可能である。

　なお、このような制度を導入するとしても、従前の約定型（民再199条1項）等

によって円滑な住宅資金特別条項の利用ができていることは無視できず、新制度の導入によって同条項の利用が阻害されることは避けるべきである。したがって、上記のような住宅資金特別条項は、現行の同条項と選択的に利用できることとすべきである。

(3) 立法提案

○ 住宅に設定された担保権の被担保債権のうち、住宅ローンについても、担保目的物の価値を把握する部分のみが対象となる住宅資金特別条項の型を創設する。

○ 住宅ローン債権者が住宅の価額（債権の被担保部分の金額）に不服がある場合のために、価額査定手続を導入する。

5 支払不能後の住宅資金貸付債権の弁済と否認（個人再生）

(1) 問題意識

住宅資金特別条項を利用する場合、受任通知（支払停止）後も住宅ローンの支払を継続することが通常である。

保険を解約して住宅ローン滞納分を払った場合に否認対象行為として清算価値に上乗せされるとする東京高決平成22.10.22判タ1343号244頁があり、かかる支払いが否認対象行為となるかが問題とされている。

(2) 検　　討

個人再生では、否認権の行使は適用が除外されており（民再238条、245条は第6章2節を適用除外）、清算価値に上乗せとなるかという点のみが問題となる。しかし、破産に移行した場合に否認の対象となるとすれば、住宅ローン債権者は、受任通知後の受領を拒む可能性が生じる。そうすると、住宅資金特別条項の利用がスムーズにいかなくなるおそれがある。

担保目的物によって担保されている部分の債務の支払は、有害性を欠き偏頗行

為否認の対象とならないとされている（『倒産の法システム(2)』296頁。なお、同様の別除権者に対する弁済は免責不許可事由としての偏頗弁済に当たらないとするものとして、『条解破産』1586頁参照）。

しかし、前記(1)のような裁判例も現れていることから、確認的にこの点を法律上も明確にすべきである。

(3) 立法提案
○　別除権の被担保債権のうち担保目的物で担保されている部分の弁済は、偏頗行為否認の対象とならないことを明記する

6　消費者と担保権消滅・別除権協定（個人再生）

(1) 問題意識
事業用資産以外は、「事業の継続に欠くことができないもの」（民再148条1項）の要件を満たさず、担保権消滅制度は利用できないとされている。

しかし、消費者の経済的再生にためには、所有する担保権付物件について担保権消滅手続の利用を認めるべき場面があるのではないかではないかという問題が示されている。

(2) 検　　討
消費者が担保権消滅利用を希望する典型例は、自動車ローンの残った所有権留保付自動車である（なお、住宅ローンの残る自宅も同様だが、住宅ローン・自宅価額ともに多額に上り、一括弁済は困難なことから、担保権消滅における分割弁済が認められない限り、現実には利用不能であろう。）。

しかし、民事再生上の担保権消滅制度は、その要件から事業者以外は利用できないとされている。

また、その影響か、実務上、非事業用資産の別除権協定は認められないことが多い（要許可事項（民再41条1項8号）ではないものの、事業にとって不必要な弁済

協定は民再85条1項に違反し、民再231条1項、174条2項1号で再生計画の不認可事由となるとされている(『大阪再生物語』231頁。但し、『個人再生の手引』243頁は別除権協定を肯定。)。

個人再生において、事業の再生と経済生活の再生は等価なはずである(民再1条)。そして、消費者が経済生活の再生を図るためには、これに不可欠な物件について担保権消滅制度の利用を認める必要性は高い。

担保権消滅制度は、担保権者の実行時期選択権や担保権の不可分性に反するという批判もあり得るが、個人再生手続においてその目的のためにはこれらの原理が後退する場面もあり得ることは、前記2(2)のとおりである。

また、経済生活の再生に不可欠な物件を維持できれば、再生債務者の将来の収入の維持・増大に資し、再生債権者に対する弁済が増大し得るといえる(以上につき、『倒産の法システム(2)』284頁、294頁、311頁参照。ただし、最後の点は疑問を呈している。)。

また、担保権消滅制度の対象を消費者にも広げることで、裁判所がこれを否定しない根拠となり得るとともに、別除権者が別除権協定に応じる要因となる。

したがって、消費者の経済的再生に不可欠な物件について、担保権消滅を認めるべきである。

(3) 立法提案

○ 担保権消滅手続について、個人再生における特則として、事業の継続に欠くことのできないものに加え、経済生活の再生に欠くことができないものに関しても利用を可能とする規定を加える。

7 清算価値と自由財産拡張制度(個人再生)

(1) 問題意識

破産した場合に認められるべき自由財産拡張部分があっても、現在の実務では、清算価値を構成するとされている。しかし、個人再生でも清算価値保障原則の適

用にあたって自由財産拡張（破34条4項）を考慮すべきではないか。

(2) **検　　討**
　清算価値保障原則の趣旨からは、破産になった際に破産財団を形成せず、配当原資とならない部分について、個人再生においても清算価値から控除されるべきである。
　現在、多くの裁判所で詳細な自由財産拡張運用基準が設けられている。したがって、恣意的な判断がなされるおそれは少なく、また、予測可能性も確保され得る。
　もっとも、破産手続における自由財産拡張では、破産者の利益と異議申立権のない破産債権者の利害のバランスをとる観点から、破産管財人の意見を聴くこととされている（破34条5項）。個人再生においては、同様の任務を個人再生委員に担わせればよいと考えられる。

(3) **立法提案**
　○　個人再生における清算価値保障原則の考慮において、個人再生委員が破産法34条4項の事情を考慮して破産の場合に自由財産として拡張すべき財産と判断するものについては、これを除外するとの規定を設ける。

8　否認権の行使（個人再生）

(1) **問題意識**
　個人再生では否認権の行使は適用が除外されており（民再238条、245条は第6章2節を適用除外）、否認対象行為があっても単に清算価値に上乗せされるだけである。
　しかし、再生債務者は、否認権の行使によって弁済原資を取り戻せるわけではないにもかかわらず、清算価値保障原則によって弁済額が底上げされ、二重負担となり得る。また、早期回収した再生債権者は、結果的に他の再生債権者より多額の弁済をうけることとなり、債権者平等が回復されるわけではない。

そこで、個人再生委員に否認権行使権限を付与することなどを検討すべきではないか。

(2) 検　　討
　特に個人再生の場合に否認権の問題が顕著にあらわれるのは、申立代理人が着任しても天引きをやめない地方公務員等共済組合や、給与の差押えを取り下げず取立てを続ける債権者がいる場合である。
　個人再生における否認権適用除外の立法趣旨は、否認権行使を認めると決着までに長期間を要し、それまで清算価値が不明となって再生計画を付議等できなくなり、簡易迅速な個人再生制度の趣旨が大きく損なわれるからであると説明されている（『一問一答個再』269頁）。
　しかし、清算価値の算定は現行制度と同じく全額が否認されることを前提に行い、これと否認権行使の結果を切り離すことで、上記のような不都合は生じなくなる。
　前記(1)のとおり、個人再生で否認権行使が否定されていることによる弊害は大きく、上記不都合が回避されるのであれば、否認権制度を個人再生でも導入すべきである。
　この場合、否認権の行使者は、通常再生における監督委員に相当する個人再生委員が考えられる。もっとも、上記のとおり清算価値の算定において否認対象行為部分をみなし計上するのであれば、再生債務者自身に行使させたとしても、否認権行使を手抜きするおそれは比較的少ないといえること、全く否認対象行為の是正が行われない現行制度と比較すれば、再生債務者が否認権行使を躊躇する可能性があるとしても問題は少ないこと、簡易迅速を旨とする個人再生手続からすれば、必置機関ではない個人再生委員の選任を要することは手続的に重くなることを考慮すると、再生債務者自身により否認権を行使しうるとする制度も考えられる。

(3) 立法提案
  ○ 民事再生法238条、245条を改正し、個人再生においても個人再生委員または再生債務者が否認権を行使できることとする。
  ○ この場合に、清算価値保障原則（民再174条2項4号）との関係では、否認権によって取り戻されるべき財産全額を加算することを定める。

9 同時廃止と自由財産拡張（破産）

(1) 問題意識
　破産法は、自由財産拡張の判断において、「破産管財人の意見を聴かなければならない」（破34条5項）としている。自由財産拡張の裁判に対して破産債権者に異議申立権がなく、これを補うのが破産管財人の意見であるとされている。
　しかし、破産管財人が選任されると、裁判所の運用によって異なるが、同時廃止と比較して少なくとも20万円程度の費用を要することになる。しかし、破産者にとっては過大な負担となることから、その経済的再生のためには、同時廃止でも自由財産拡張を認めるべきとする要請がある。
　同時廃止手続においても自由財産拡張を認めることで、破産管財人の職務が自由財産拡張の調査だけという事案におけるコストを回避できないか。

(2) 検　　討
　現在、自由財産拡張は各裁判所で詳細な基準が定められており、恣意的な判断がなされ、破産債権者の利益を害する危険はほとんどない（事業再生と債権管理109号94頁（2005年）、118号107頁（2008年））。また、裁判所は、破産管財人の意見がなくとも、同時廃止の可否の判断においては破産者の有する財産面の評価を日常的に行っており、その能力に問題はないはずである。破産法34条4項が定める他の規範的な要素の判断も、同様に規範的要素が定められている裁量免責の可否の場面では、裁判所が通常に行っており、やはり問題がないといえる。
　同時廃止の場合に破産債権者に異議申立権がない点の担保は、免責意見と同様、

債権者に意見申述の機会を設ければ足ると考えられる。実務上、破産債権者から破産管財人に対して自由財産拡張について何らかの意見が寄せられることはほとんどなく、これによって破産債権者の手続保障が害されるとはいえないであろう。

なお、折衷的な案としては、現行破産法制定時に検討された免責調査官（「破産法等の見直しに関する中間試案」第2部第2免責手続関係後注3(b)）類似の制度として調査委員を新設し、または保全管理人の職務として、拡張の可否を判断させる方法もあり得る。この場合、破産管財人に比して低廉な費用とすることにより、破産者の経済的負担を軽減させることとする。

また、前記のとおり、各裁判所において詳細な自由財産拡張基準が定められていることから、本来的自由財産を定める破産法34条3項を改正して、これらの基準を取り込んでしまう方法も考えられる。

(3) 立法提案

○ 破産法34条5項を改正し、自由財産拡張の判断にあたっては、破産管財人が選任された場合はその意見を聴かなければならず、同時廃止の場合は破産債権者に意見申述の機会を与え、これを考慮する、とする。

○ または、同時廃止の場合は、保全管理人ないしは新設する調査委員の意見を聴かなければならないとする。

○ 破産法34条3項を改正し、現在定型的に拡張が認められる財産を本来的自由財産とする。

10 ライフライン契約・賃貸借契約等と財団の管理権（破産）

(1) 問題意識

a ライフライン契約等の帰趨

契約関係を全て解消する法人の破産と異なり、開始決定後も経済生活が継続する個人の場合、ライフライン契約・賃貸借契約に対する破産管財人の管理処分権が最終的にどのように整理されているかが不明である。

権利義務が複合されている（義務を伴う）契約を管財人の一方的意思表示で財団から放棄することができると考えることは困難であろう。仮にこれが可能であれば、法人も含め、財団に不利な契約は全て放棄すればいいことになってしまうからである。

しかし、個人のライフライン契約等は、どこかの時点で財団の管理権を離れていることは間違いないはずである。構成としては、黙示の契約解除（破産管財人と相手方）と黙示の新契約締結（破産者と相手方）が同時に行われていると考えるか、破産者による黙示の免責的な契約引受が考えられる。しかし、いずれも擬制的にすぎるといわざるを得ないことから、この点を立法的に明確にすべきではないか。

b　破産法55条2項による財団債権化

これに関連して、継続的供給契約について、申立後開始決定までの部分を財団債権化する破産法55条2項が、清算型である破産手続において合理性を有するかについても検討を要する。

(2)　検　　討

a　ライフライン契約等の帰趨

前記(1)のとおり、破産者が継続使用する契約に関する権利関係の明確化のため、個人破産における破産管財人が管理する双務契約について、自由財産拡張と同様、裁判所の決定または裁判所の許可により、破産管財人の管理権からの離脱（管理権の破産者への復帰）を認める制度を創設すべきである。

もっとも、労働契約、在学契約など一身専属的な契約は、そもそも財団に属しないので、許可は不要である。

決定・許可は自由財産拡張と同じく、運用上、類型化して黙示で行うことが考えられる。これは、そもそも自由財産拡張において、預金や保険、敷金の拡張を認めたとき、預金契約、保険契約、賃貸借契約も財団から離脱しているはずであることから、ライフライン契約も同様の扱いでいいと考えられるからである。

ただし、破産管財人が決定・許可を得る前に履行選択した場合は、相手方の破

産財団との契約関係に入ったという期待を保護すべきであるから、離脱はできないものとする。

離脱を認めることにより、債権者は、開始決定後に破産者が利用分した部分について、財団から支払われなくなることになる。しかし、ライフライン供給業者が開始決定後の破産者利用分について、財団から支払を受けるという期待を抱いていることはほとんどなく、破産者から支払を受ければ足ると考えていることが通常である。また、開始後の利用部分は、非破産債権であって免責の対象とはならず、かつ、破産者の経済状況は改善されているはずであるから、破産者からの回収は通常容易である。したがって、開始後利用部分を財団債権化するなどしなくとも、債権者の保護に欠けるとはいえないと考えられる。

b 破産法55条2項による財団債権化

個人破産の場合、運用的には、破産法55条2項に該当する部分についても、破産者が利用継続する契約については、破産者が新得財産から支払っていることが多いと思われる。

破産法55条2項は、平成16年の破産法改正時に、民事再生法50条2項、会社更生法62条2項と平仄を合わせるものとして設けられたものである。その趣旨は、継続的供給契約について、開始決定前の代金未納を理由に供給を拒めないとすることの補償的意味合いと、日割計算の事務処理上の困難性にあるとされている（『一問一答破産』83頁）。

確かに、大規模事件などでは継続的供給契約の継続が重要であり、破産法55条2項は有益であるとの指摘もある（『新破産法の基本構造』274頁〔田原睦夫発言〕）。しかし、そもそも清算型である破産において、継続的供給契約を継続すべき場面が原則型であるとするのは疑問である。そこで、民事再生や会社更生と異なり、継続的供給契約の継続を容易とするための財団債権化は、破産管財人が履行を選択した場合にのみ例外的にのみ認めるとすべきである。

(3) 立法提案

○ 個人破産における破産管財人が管理する双務契約について、裁判所の決定

または裁判所の許可により、破産管財人の管理権からの離脱（管理権の破産者への復帰）を認める制度を新設する。
○　契約関係の離脱ができる契約類型に関する要件を法律上定める（各裁判所の運用指針が定立されることを期待する。）。
○　破産法55条2項は、破産管財人が履行を選択した場合のみに限定する。

あとがきに代えて

　本書は、倒産実務にたずさわる若手の研究者と実務家から倒産法改正の提言をとりまとめた論文集である。読者の皆さんには、日常の実務経験に裏打ちされた確かな視点とバランスのある解決の方向性を看取して頂けたものと確信している。それゆえ、私が、これら論文をいまさら論評するまでもない、と思う。あとがきに代えて、改めて各論文の内容を鳥瞰しておきたい。
　第1部の杉本論文と木村論文は、倒産手続における理想的なプライオリティルールを模索し提案するものである。
　杉本論文は、限られたパイの中で、最も先鋭的に利害が衝突する租税債権と労働債権について、これまでの改正経緯の検証を踏まえて租税債権にさらなる譲歩を求めるとともに、未払賃金の立替払いについて立法的解決をうながす。また、商取引債権については優先弁済の必要性・合理性を説いた上で、優先弁済の範囲を、期間、負債総額の比率、要件で絞り込むという具体的提言をする。
　木村論文は、杉本論文を受けて、租税債権と労働債権の倒産法制における取り扱いについて、極めて精緻かつ詳細に、現行制度の諸問題を整理してその解決の指針とその方向性を提示している。その提案は、実体法的規律の改正に留まらず、手続に関する合理化案まで、極めて具体的である。
　第2部は、大局的視点から、新たな再建型手続を模索する野上・北野論文、私的整理から法的整理への移行問題を取り上げる軸丸・清水論文、倒産実務家をいつも悩ます敷金問題の解決を目指す山形論文、そして、倒産法公序から実体法に切り込もうとする稲田論文と、極めて多彩である。
　野上・北野論文は、実務家の感覚を基本に据え、DIP型手続の特性を活かしながら担保権や優先債権に一定の拘束を加えた再建型手続について、監督委員・否認・役員責任査定・財産評定・可決要件・担保権の処遇にまで検討を加えることにより、再生手続と更生手続の近い将来の融合を示唆している。
　軸丸・清水論文は、今日的論点を取り上げている。すなわち、私的整理段階における商取引債権、DIPファイナンス、スポンサー選定結果、そして、私的整理

段階に特定銀行に集約された預金債権について、その後法的倒産手続に移行した場合にどのように取り扱うべきか、従来の議論を整理しつつ、その両手続を活かすための具体的提言が行われている。

山形論文は、再生手続における敷金返還請求権について、再生債務者の行動、賃借人の行動、そして計画次第で、その結果に著しい違いが生じている現状を分析紹介したうえで、錯綜した論争を整理して、賃借人間の実質的平等を確保するために、6カ月ルールへの1本化を提案する。

稲田論文は、所有権留保特約付売買とファイナンスリース契約の倒産解除特約、停止条件付債権譲渡契約と否認、弁済充当合意の有効性、商事留置手形の取立充当の有効性、担保価値維持義務違反等に関する最高裁判決の分析を通じて、実体法ルールを制約する倒産法的公序を明らかにして、予測可能性と法的安定性を高めるために具体的立法提案を行う。

第3部は、担保権を主たるテーマとする7本の論文で構成される。

藤本論文は、会社更生法における担保目的物の評価基準を巡る変遷を丁寧に検証した後、更生計画に見られる処分価額連動方式が一般に承認されている事実から担保目的物の利用目的を勘案した評価基準を設けることの必要性や、現行の時価基準の矛盾から担保権者の把握する価値は処分価額に一元化する方向性を示唆し、そして、その橋渡しとして、更生手続においても担保権の実行を許容する制度や担保権の実行禁止による担保価値の毀損を防ぐための救済制度の必要性を説いている。

中森論文は、民事再生法上の担保権消滅請求制度を取り上げる。木内弁護士のはしがきにも紹介されているように、担保権消滅請求制度は、弁護士実務家、それも法制審議会委員であった大阪弁護士会所属の田原睦夫弁護士（現最高裁判事）に叱咤された木内弁護士をはじめとする当時の中堅倒産弁護士らの発案によるものである。10年の運用を経て、その要件を「事業再生のために必要」と緩和すること、清算型再生手続においては破産法における制度設計思想を取り込むこと、さらに実務の要請に応えて納付金の分納を認める別除権協定型担保権消滅制度を創設することなど、従来の発想を超える斬新な提案がなされている。

野村論文は、担保権者と一般債権者との衡平の観点から、倒産手続における担保権者の地位の再考を迫る論点が提示されている。それは、管財人の経験者であればいつも疑問に思いながら解決できない課題でもある。固定資産税など担保目的財産の価値を維持するためのコストを一般債権者に負担させている矛盾を解消するための提案、その延長として、倒産手続開始後の物上代位権の制約、さらに、担保目的財産の任意売却時の財団組み入れの制度化などを提案する。

　赫論文は、集合動産譲渡担保と集合債権譲渡担保を検討対象とするものであり、いささか難解ではあるが、平時における取り扱いとも連動するだけに民法改正に関与する者としても興味が尽きない。赫論文は、担保権実行後もその後に搬入された動産やその後に発生した債権にも担保権の効力が及ぶとした上で、倒産法秩序からの修正を試みる。担保権の実行に対しては、中止命令に加えて、禁止命令そして取消命令制度の創設を提案する。

　堀野論文は、前の倒産法改正に際して断念したリース契約の倒産手続への取り込みを目ざし、リース債権の法的性質やその担保の内容を明らかにしたうえ、リース契約の特殊性を踏まえた実効性のある担保権実行の中止命令のあり方について具体的立法提案を行い、さらに、担保権消滅請求制度のリース契約への適用のあり方を検討するものである。

　平井論文は、倒産手続における留置権の処遇について詳細な立法変遷過程を検証した後、倒産時にとどまらず平時における留置権にも切り込む意欲的提案である。民事留置権は競売権を否定したうえ倒産手続においては失効させ、商事留置権は優先弁済権能を認めて別除権として強化する方向性を示唆したうえで、担保権消滅請求制度の改善を提案する。

　最後の新宅論文は、個人再生における住宅資金特別条項の硬直性に疑問を投げかけ、住宅ローン債権者の担保権者としての地位の適正化を図ることにより、個人再生にとって重要な位置を占める住宅を確保するための提言をする。具体的には、住宅資金貸付債権の範囲を拡張する、被担保債権の範囲を価額に連動させる、担保権消滅請求制度の対象とするなどである。

　このように本書に納められた13編の論文は、いずれも実務経験に基づく貴重な

提案にあふれている。債権者間の権利関係を適切に調整して事業の再生を図り、また清算することを目的とする倒産法は、公正かつ衡平な手続として倒産債務者や倒産債権者ら国民各層の信頼を得てこそ初めてその期待された役割・機能を果たすことができる。その為には、不断の見直しが必要である。本書が、その国民の期待に答えるための貴重な資料となるであろうことを確信するのは、私だけではないであろう。

2012年1月

弁護士　中井　康之

提言 倒産法改正

平成24年3月2日　第1刷発行

編　者　　倒産法改正研究会
発行者　　倉　田　　勲
印刷所　　文唱堂印刷株式会社

〒160-8520　東京都新宿区南元町19
発 行 所　一般社団法人 金融財政事情研究会
　編集部　　TEL 03（3355）1758　FAX 03（3355）3763
　販　　売　株式会社きんざい
　販売受付　TEL 03（3358）2891　FAX 03（3358）0037
　　　　　　URL http://www.kinzai.jp/

・本書の内容の一部あるいは全部を無断で複写・複製・転訳載すること、および磁気または光記録媒体、コンピュータネットワーク上等へ入力することは、法律で認められた場合を除き、著作者および出版社の権利の侵害となります。
・落丁・乱丁本はお取替えいたします。価格はカバーに表示してあります。

ISBN978-4-322-11982-4